古代歷史文化 研究輯刊

十九編

王明蓀 主編

第27冊

孟子家族文化研究（下）

朱松美 著

國家圖書館出版品預行編目資料

孟子家族文化研究（下）／朱松美 著 — 初版 — 新北市：花
木蘭文化事業有限公司，2018〔民107〕
目 4+240 面；19×26 公分
（古代歷史文化研究輯刊 十九編；第 27 冊）
ISBN 978-986-485-423-3（精裝）
1.（周）孟軻 2. 家族史
618   107002322

ISBN-978-986-485-423-3

9 789864 854233

古代歷史文化研究輯刊
十九編　第二七冊　　　　　　　ISBN：978-986-485-423-3

孟子家族文化研究（下）

作　　　者　朱松美
主　　　編　王明蓀
總 編 輯　杜潔祥
副總編輯　楊嘉樂
編　　　輯　許郁翎、王筑　美術編輯　陳逸婷
出　　　版　花木蘭文化事業有限公司
發 行 人　高小娟
聯絡地址　235 新北市中和區中安街七二號十三樓
　　　　　　電話：02-2923-1455／傳眞：02-2923-1452
網　　　址　http://www.huamulan.tw 信箱 hml 810518@gmail.com
印　　　刷　普羅文化出版廣告事業
初　　　版　2018 年 3 月
全書字數　449412 字
定　　　價　十九編 39 冊（精裝）台幣 100,000 元

孟子家族文化研究（下）

朱松美 著

目

次

第三章　府廟林墓及其文化內涵

　　伴隨孟子地位的崛起，孟子府廟林墓的修建也經歷了一個由無到有、由小到大的發展歷程。能夠形成今日所見規模，其中既有國家政治的支持，也有地方士人與孟子後裔的努力。孟子府廟林墓，作爲普通意義上的中國傳統經濟、政治、觀念文化之下儒家文化的形象化體現，是探尋和考察中國文化特別是儒家文化的獨特窗口。

第一節　孟府建築及其文化意義

　　孟府建築是孟子府廟林墓建設的主體，其建築風格及其彰顯出的文化特色，是儒家文化和中國文化的濃縮。

一、建築歷史

　　孟府是孟子嫡系後裔居住的宅第。今日所見的孟府，位於鄒城南郊，以一街之隔與孟廟毗鄰。自元文宗至順二年（公元 1331 年）封孟子爲「鄒國亞聖公」後，孟府又被稱爲「亞聖府」。

　　孟府始建於何時何地，因年代久遠、資料乏載已無法考證。關於孟府故宅的最早記錄，首見於明太祖洪武六年（公元 1373 年）所立的《孟子宗傳祖圖》碑。碑至今猶存於孟廟啓聖殿門前東側迴廊下，碑文有孟子四十八代孫鄒縣令孟潤於金衛紹王大安三年（公元 1211 年）寫的《孟氏家譜序》，文中記載了宋仁宗景祐四年（公元 1037 年）孟子四十五代孫孟寧被兗州知府孔道輔薦於朝廷，授迪功郎，「迪功新故宅」〔註1〕的情況。由此可以推見，孟府「故

〔註 1〕 碑文收入劉培桂編著《孟子林廟歷代石刻集》，濟南：齊魯書社 2005 年版，第 100 頁。

宅」始建時間應早於孟寧所在的宋仁宗景祐年間。至於此「故宅」究竟建於何時、何地,資料所限,已不可考。

今日所見孟府,從其與孟廟毗鄰的布局情況看,初建時間應是與宋徽宗宣和三年(公元 1121 年)孟廟第三次遷建於此時同建〔註 2〕。後歷經兩次重大破壞〔註 3〕和兩次重建,最終由孟廣均於清道光年間奉旨修葺擴建至今日規模。

二、建築布局

從建築格局看,孟府是一座典型的府、衙一體的古建築群。平面呈長方形,佔地面積約二萬平方米。前後七進院落,共含樓、堂、閣、室一百四十八間。主體建築依次為大門、禮門、儀門、大堂、世恩堂、賜書樓、後上房、緣綠樓等,沿南北中軸線依次展開。以大堂為界,前為官衙,後為內宅。整體布局嚴謹、典雅而不失威嚴、大氣。

孟府大門為三楹,正中高懸藍底金字「亞聖府」匾額。臺階兩旁為須彌座上馬石,兩側威武的石獅,與黑漆大門上高大威猛的彩繪門神相呼應,彰

〔註 2〕 車干《孟府》,濟寧市政協文史資料委員會、鄒縣政協文史資料委員會編《孟子家世》,北京:中國文史出版社 1991 年版,第 174 頁。另見鄒城市孟子學術研究會、孟氏宗親聯誼會編《孟子與孟氏宗族》,北京:中國文史出版社 2005年版,第 258 頁。

〔註 3〕 第一次大破壞是明熹宗天啟二年(公元 1622 年)魯西南徐鴻儒領導的白蓮教(又稱「聞香教」)起義。起義軍攻佔鄒城,焚毀了孟廟和孟府,並殃及中庸書院、孟母斷機處。孟子第六十代孫孟承光及其母孔氏和長子孟宏略被殺。此事見載於熹宗天啟三年(公元 1623 年)山東巡撫趙彥所撰《重建孟夫子廟成碑記》:「今上之二年五月間,白蓮、聞香等教突然沸起,盤據鄒滕者半載。孟子廟及子思、子張、斷機諸祠悉罹兵燹,一切殿廡垣墉無不殘毀。孟博士宅夷為平地矣。所存者僅一正殿耳」(趙彥《重建孟夫子廟成碑記》,原石存孟廟養氣門外北側道左,現已毀。孟府藏舊拓,後收入孟廣均編清德宗光緒本《重纂三千志》卷八〈藝文三〉(苗楓林《孔子文化大全》,濟南:山東友誼出版社 1989年版,第 487 頁)及劉培桂編著《孟子林廟歷代石刻集》,濟南:齊魯書社 2005年版,第 303~305 頁),「亞聖廟裔博士承光,率其徒力戰不屈,罵賊死。焚其居,戕其母子」(文震孟《重建亞聖廟碑》,原石存孟廟養氣門外北側道左,現已毀。文收入孟廣均編清德宗光緒本《重纂三遷志》卷八〈藝文三〉,苗楓林主編《孔子文化大全》,濟南:山東友誼出版社 1989 年,第 498 頁。另收入劉培桂編著《孟子林廟歷代石刻集》,濟南:齊魯書社 2005 年版,第 308~309頁)。第二次大破壞是清康熙七年(公元 1668 年)發生的地震,之後,重建於清康熙十二年(公元 1673 年)。(詳見下「孟廟」部份)

顯著千年「聖人之家」卓然不凡的氣質。

　　禮門面闊三楹，正中門額書「禮門義路」四字，取義於《孟子·萬章下》「夫義，路也；禮，門也。惟君子能由是路，出入是門也」。三啓門洞中，六扇黑漆大門的中間兩扇彩繪威武雄壯的執刀武士，兩側四扇彩繪溫文恭謹的執笏文官，寓意文武兼備。

　　儀門建築別具一格。是一座兩側不與垣牆連屬的獨立的全木結構門楣，因門上方前後綴有四個倒垂的木雕花蕾，又名「垂花門」。垂花門平時關閉，只有在孟府婚喪大典、迎接聖旨及府內重大祭祀儀式時，才在禮炮聲中徐徐開啓，是禮儀的體現，故稱「儀門」。垂花門富麗堂皇的雕飾，既體現了宅主的審美情趣、性格愛好和文化素養，也彰顯著宅主的財力和權勢，代表著這座封建府邸的地位和威嚴。

　　大堂是孟府的主體建築。正廳五楹，硬山單簷，建於高聳的臺基之上。周圍繞以精緻石欄，在參天古檜的映襯下顯得格外莊嚴、巍峨。堂前簷下正中懸掛著清雍正帝親手賜書孟子六十五代孫孟衍泰的「七篇貽矩」匾額。臺基下左右兩側的日咎和嘉量，仿皇宮建置，宣示著孟府的權力與威嚴。堂內正中擺放有文具印璽的公案兩側，依次陳列著「世襲翰林院」、「五經博士」、「肅靜」、「迴避」的官銜牌及旗、鑼、傘、扇等執事器具，氣象森嚴，是孟府大堂宣讀聖旨、申飭家規、頒佈族譜、處理公務之地。堂前的左右廂房是孟府管理祀田、庶務、禮樂生等的辦公所在。大堂並排東、西兩側各建有孟氏宗族的家祠「五代祠」（因供奉孟氏當代翰博以上五代先祖木主，故稱）和孟氏後裔接待宴請賓客的「見山堂」。

　　大堂之後爲孟府內宅，以內宅門與外府隔開，意味著內家眷而外公務。內宅門內是沿南北中軸依次展開的四進院落，是中國北方典型的四合院建築。第一進世恩堂院取意於孟子後裔世代蒙受皇恩，是孟子嫡裔翰博的居所。主體建築世恩堂面闊五楹，內存清末民國字畫和床榻櫥櫃等生活用具。東西兩側各有配房五楹，是孟府糧倉庫房、管理帳目、統理司務之地。其後的賜書樓院、上房院和緣綠樓院顧名思義，是孟府存放帝王聖旨、欽賜墨寶、古籍文獻、族譜檔案之地，也是孟氏近族眷屬居住、消遣、賞花之處。最後是孟府後花園。作爲私家花園，孟府後花園面積雖然不大，但園內曲徑通幽，花木扶疏，石榴、玉蘭交相輝映，夏天花香四溢，秋日碩果累累，體現著中國人崇尚自然，人地和諧的哲學理念。

在孟府西側，還附建有孟氏私塾家學建築，是孟氏後裔家學教學所在地。家學整體建築由前學、後學和孟氏小學樓組成。前、後學的前身是設立於清末的三遷書院。三遷書院廢後，於民國初年始創。前、後學均爲家塾式學校，前學爲孟氏近支後裔品學兼優者就讀之所，後學則只收納翰博子弟就讀。孟氏小學樓是由孟子七十四代孫孟繁驥任亞聖奉祀官期間，於民國三十二年（公元 1943 年）創立，由私塾性質漸擴成囊括所有孟氏子弟的家族小學〔註4〕。

千百年來，孟子嫡裔子孫就是在這樣一座府、衙合一的建築群中，恪守「禮門義路家規矩」的祖訓，修德立行，詩禮傳家。

三、建築文化

孟府自始建至今已歷八百餘年，與一般的官僚家族宅第相比，其興於儒學、府衙合一的建築特點，使之成爲中國特有的家國同構政治文化的典型象徵。

建築，作爲文化的重要組成部份，總是以其特有的空間文化形態，反映著一定民族人們的哲學、倫理和審美，表達著他們的宇宙觀、人生觀和審美觀。中國傳統建築深受中國傳統文化，特別是儒家和道家文化的浸淫，在建築理念、建築布局、建築型制及其建築樣式上，都表現出了迥異於西方的獨有特點，反映著中國人天人合一、親近自然、尊卑有序、等級有差、人本關懷等傳統哲學、倫理和審美理念，這一切均在孟府建築中體現得淋漓盡致。

首先是天人合一的建築理念。「道法自然」（《老子》二十五章）、天人合一是中國傳統哲學的核心概念。這一哲學觀念滲透、引導了中國建築，形成了中國建築與自然相諧相融的建築風格，其突出特點是強調建築與自然的和諧，人與自然的統一，無論是園林建築、宗教建築還是民居建築都體現出這一特點。具體表現是：一，在建築形式上，建築不是高聳於大地，向空間發展，而是在地面上以南北爲中軸，沿地平線前後左右平面鋪開；二，在建築布局裝飾上，表現爲庭院果樹、藤蘿的布置，花木、盆景的點綴與花園的曲徑通幽、枝葉扶疏相互輝映，彰顯人與自然的合一與和諧；三，在建築材料上，強調取之自然，建築材料全部取之自然界的山石、樹木，以自然榫卯架構而成。孟府建築的南北中軸，左右對稱展開，及附屬的庭院花木與花園設置，正是中國傳統天人合一的哲學理念在建築風格上的反映。

〔註 4〕鄒城市孟子學術研究會、孟氏宗親聯誼會編《孟子與孟氏宗族》，北京：中國文史出版社 2005 年版，第 264 頁。

　　其次，家族群體意識的建築設計。站在文化的角度審視中國建築，它又是人倫關係的空間展現。中國建築中，無論是宮殿建築還是民居建築，均以建築群而非獨立的個體建築形貌呈現。格局設計上結構方正，逶迆交錯，勾心鬥角，氣勢雄渾。由一個個簡單的基本單位，搭配、組合成一個複雜制約、錯落有致的建築群體。對稱中顯示變化，多樣中蘊含統一。在這樣的建築組群中，每一座單個建築都失去了獨立存在的價值，依賴於整體的存在而存在。單個建築的空間布局與型制安排，也完全由群體組合的整體布局而左右。孟府正是這樣一個家族建築群體的典型。主體建築以中軸為主線鋪展，形成主體院落南北縱深推進，附屬院落東西橫向延展，中間以曲徑、迴廊連屬，形成相互呼應而又統一有序的長方形建築群落。這正是中國家族群體與儒家人倫秩序文化特徵在空間上的體現。中國傳統文化反饋著中國人在古老的農耕文明下對於人與自然關係的理解和詮釋。農耕文明之下固土重遷的民族心理強固了濃厚的血緣家族意識。對自然環境的強烈依賴，又決定了中國人對自然的親近與敬畏。中國傳統文明的綿延不輟，更決定了中國傳統文化不斷隨著歷史的進展而延伸。這種種因素的整合，決定或規導著中國文化中原始血緣意識和家族群體意識的濃厚。人的生存方式由無血緣意識下「群之可聚，相與利之」（《呂氏春秋‧恃君覽》）的原始「群」居特徵，遷演為血緣意識下聚族而居的「家族群居」特徵，並隨著血緣關係的延續而長期流傳和保存下來，千年不變。

　　再次，等級倫理的建築布局。儒家最長於體認中國血緣家族文化精髓，其倫理等級思想可謂最貼切地反映了對中國血緣家族文化的深刻理解。反過來，儒家倫理文化又強化了中國的血緣家族文化特徵。儒家倡導的孝悌為本，尊卑有等，上下有序的社會等級倫理，固化為中國人牢固的心理意識，浸潤到中國文化的方方面面，也同樣體現在中國建築文化之中。中國傳統的民居建築格局是軸線清晰，院落分明的四合院。主體建築位於南北中軸線上，坐北朝南，室外地基高聳，室內寬敞明亮，由長輩或主人居住。與東西兩側對稱展開由晚輩或僕人居住的低矮狹小的廂房形成鮮明的人倫等級對比。兩者在規模、型制乃至地勢高低、房屋朝向上的巨大反差，成為家族成員身份、地位、權力尊卑的象徵。孟府建築格局的分佈正是如此，大堂、世恩堂、賜書樓院、上房院、緣綠院等以南北中軸依次排列，地基高崇，寬闊而明亮，象徵著家長的尊嚴與權力；左右附屬廂房，低矮而幽暗，象徵著家族普通成

員與僕從地位的卑微。清晰地體現了家族「貴賤有等，長幼有差，貧富輕重皆有稱者」(《荀子‧富國》)的尊卑關係和等級秩序。所以殷海光總結說：「中國的建築形式簡直就是一種聲威符號。……在傳統中國，我們一看住宅，就大致可以看出其中主人的地位、歷史、身份和聲威之大小。」〔註5〕

最後，人本精神的建築型制。傳統中國是農業大國，「一份耕耘一份收穫」的農耕生活塑造了中國人「重實際，黜玄想」的民族文化心理取向。這種「大人不華，君子務實」〔註6〕心理取向，就像一劑過濾劑，過濾了中國人對宗教的濃厚興致，也強化著中國人對人本的關懷。它回答了爲什麼在中國兩千年文化歷程中，雖有種種本土的和外來的宗教，卻使中國人始終難以陷入宗教迷狂。使中國人的世俗、入世情結始終壓倒對神異、出世的嚮往，人們無意於去彼岸世界尋求解脫，卻樂此不疲地希冀於此岸世界的希聖成賢，成就立德、立言、立功的人生「三不朽」。這種重現實、黜玄想的人本精神，使得中國建築在建造型制上，不是通過建築高聳入雲，將人的注意力引向神秘幽遠的天國，而是通過建築的平面鋪開，將人的注意力引向現實人間；在內部空間的安排上，則表現爲拒斥空曠，趨向平易和便利人倫日用的空間組合；在建築材料的運用上，拒絕人工合成材料，鍾情於象徵自然與生命活力的天然木材等等，使人充分感受到生活的自然、安適與實用，以及與環境的和諧與安寧。

第二節　孟廟建築的歷史與布局

孟廟建築是孟子家族建築的另一個重要組成部份。孟廟的建築歷史及其布局，更典型地體現了國家政治對孟子家族的關懷，以有形的形式體現了中國建築和祭祀文化的特點。

一、建築歷史

孟廟的建築歷史經歷了三次大規模遷建和歷代不斷的修葺擴建，才形成了今天我們所看到的規模和形制。

〔註 5〕殷海光《中國文化的展望》，上海：上海三聯書店 2002 年版，第 136 頁。
〔註 6〕王符《潛夫論》卷十〈敘錄〉，《四庫全書》(696 冊)，上海：上海古籍出版社 1987 年版，第 430 頁。

　　孟廟又稱「亞聖廟」，是祭祀孟子的場所。從北宋仁宗景祐四年（公元 1037
年）孔道輔訪孟子墓於四基山並建廟致祭算起，孟廟至今已三改其址。

　　關於孟廟始建的情況，載於景祐五年（公元 1038 年）孫復所撰的《新
建孟子廟記》。碑文記述了景祐四年（公元 1037 年）孔子四十五代孫孔道輔
訪孟子墓於四基山之陽，並「旁冢為廟」，以歲時祭享〔註7〕的情況，這是關
於孟廟的最早記載。在此後的神宗元豐六年（公元 1083 年），即詔封鄒國公
的次年，又詔孟子配食孔子廟，並一度「更新廟貌」〔註8〕。但是，因為四
基山的孟廟「距城三十餘里」，路途遙遠，不便祭祀。在此番更新之前，又
曾「別營」新廟於東郭，此事詳見於孫傅的《先師鄒國公孟子廟記》：「孟子
葬鄒之四基山，旁冢為廟，歲久弗治。政和四年，部使者以聞，賜錢三百萬
新之。列一品戟於門。又賜田百畝以給守者。而廟距城三十餘里。先是，嘗
別營廟於邑之東郭，以便禮謁」〔註9〕。不過，由於「別營」的「東郭之廟」
地頗湫隘，「瀕水亟壞」，至徽宗宣和三年（公元 1121 年），「不四十年凡五

〔註7〕　此碑應是四基山孟廟最早的一塊石碑，後幾經遷移，清宣宗道光十四年（公
元 1834 年）由孟子七十代孫孟廣均移至孟子林享殿西夾室至今。碑文收入劉
培桂編著《孟子林廟歷代石刻集》，濟南：齊魯書社 2005 年版，第 1～4 頁。
〔註8〕　此次更新修葺是朝廷應朝奉郎權發遣兗州軍州事兼提取濟單州兵馬巡檢公事
李梴奏請：「臣竊守是邦，聞其廟在鄒鎮東北隅，制度極陋，棟宇已壞，僅存
其名」，詔由京東路轉運司下發兗州府，將修文宣王廟剩餘之錢，「於數內郿
三百貫文修孟子廟」。見神宗元豐七年五月四日《太常寺牒》和元豐七年九月
十九日京（東路轉運司牒），牒文由鄒縣令魚敏夫於哲宗元祐元年（公元 1086
年）三月初一日刻石，石現鑲嵌於孟廟致敬門內院甬道東側磚壁。牒文收入
劉培桂主編《孟子林廟歷代石刻集》，濟南：齊魯書社 2005 年版，第 6～7 頁。
〔註9〕　孫傅《先師鄒國公孟子廟記》，現存孟廟亞聖殿內。碑文收入劉培桂編著《孟
子林廟歷代石刻集》，濟南：齊魯書社 2005 年版，第 9 頁。至於四基山之廟
的存廢，由孫傅《先師鄒國公孟子廟記》城南孟廟「與山中廟輪奐相輝」的
碑文記載可知，至宋徽宗宣和四年（公元 1122 年）城南之廟建後依然存世。
金代趙伯成於金衛紹王大安三年（公元 1211 年）《重修鄒國公廟記》中也有：
「距鄒僅一舍，在四基亦有孟塋之舊祠宇儼立。於縣之南，就文明之地而廟
復建」的記載。元末，鄭質於元順帝至正三年（公元 1343 年）所撰《思本堂
記》有：「四基山右麓，鄒國亞聖公墓前祭堂，歲久摧毀。至正二年春，五十
二代孫族長孟惟讓，出廟帛楮幣千餘緡重建……不事華飾，務閎攸久」（元鄭
質《思本堂記》，碑現存孟子林享殿西夾室。碑文收入劉培桂編著《孟子林廟
歷代石刻集》，濟南：齊魯書社 2005 年版，第 72 頁），這是所見四基山廟最
後的一次修葺，此廟「攸久」至何時，以至最終何時徹底摧毀，史無明載。
但至少，據以上資料可以推見，四基山之廟自北宋仁宗景祐四年（公元 1037
年）始建，至明初，閱 300 年之久。

更修矣』」〔註10〕，只得於徽宗宣和三年於城南再建新廟。

　　孫傳的《先師鄒國公孟子廟記》清楚地顯示出：最初的孟廟乃傍冢而建，建於四基山之陽的孟子墓側。北宋神宗時，爲方便祭祀，曾在四基山孟廟外城東郭「別營」東郭之廟。孫傳碑記中「先是」一詞的意思表達得非常明確，在政和四年朝廷賜錢三百萬「新」四基山之廟之前，就已經「別營」廟於邑之東郭。至於此「東郭之廟」所建的具體時間，《廟記》雖然沒有明確記載，但從「元豐七年」「詔更新廟貌」，以及至「宣和三年」「不四十年」的敘述，可以大致推算出東郭之廟的「別營」時間應在元豐初，即北宋神宗元豐五年或六年〔註11〕之間。東郭之廟雖然距城內近了，達到了「便禮謁」的目的，但又一個棘手問題緊隨而來，那就是「地頗湫隘」。因爲地勢低窪，「瀕水亟壞，不四十年凡五更修」，因而又於宋徽宗宣和三年（公元1121年）縣士徐敏請求縣令朱缶許之，「遂以私錢二百萬，徙廟於南門之外道左。鄉人資之錢者又數十萬，而後廟成」〔註12〕，此即孟廟今址。

　　至此，完成了孟廟自四基山至城東郭再至城南門的三次大規模遷建。元代張頔《鄒國公廟碑銘》簡述了三遷經過：「騶孟子廟，有宋景祐四年，孔公道輔守兗州建於墓旁。後自墓旁徙縣東郭。宣和三年，令朱缶復徙南門外」〔註13〕。明太祖洪武六年（公元1373年），孟子五十四代孫孟思諒將三處孟廟繪圖分別以「四基山墳廟圖」、「宋東廓之廟」、「宋南門外廟制」鑴刻於《孟氏宗傳祖圖》碑碑陰〔註14〕。

〔註10〕 孫傳《先師鄒國公孟子廟記》，現存孟廟亞聖殿內。碑文收入劉培桂編著《孟子林廟歷代石刻集》，濟南：齊魯書社2005年版，第9～11頁。

〔註11〕 注：元豐七年東郭之廟已建，而由宣和三年倒退四十年，恰值神宗元豐四年，而「不四十年」，說明自建至宣和三年不到四十年，由此推算，東郭之廟「別營」時間必在北宋神宗元豐四年——七年之間，約元豐五年或六年。

〔註12〕 孫傳《先師鄒國公孟子廟記》，現存孟廟亞聖殿內。文收入劉培桂編著《孟子林廟歷代石刻集》，濟南：齊魯書社2005年版，第9頁。另孟廣均編清德宗光緒本《重纂三遷志》卷四〈祀典〉有：「宣和三年，縣令朱缶從邑人徐綏請，改建孟子廟於鄒之南門外，監察御史孫傳爲之記。」（苗楓林主編《孔子文化大全》，濟南：山東友誼書社1989年，第218頁）

〔註13〕 張頔撰，《鄒國公廟碑銘》，碑由達魯花赤忽哥赤於元成宗元貞元年（公元1295年）八月朔日立石，現存孟廟啓聖殿院甬道東側。碑文收入劉培桂編著《孟子林廟歷代石刻集》，濟南：齊魯書社2005年版，第25～26頁。

〔註14〕 《孟氏宗傳祖圖》碑，現存孟廟啓聖殿門前東側迴廊下。碑文收入劉培桂編著《孟子林廟歷代石刻集》，濟南：齊魯書社2005年版，第95～100頁。

關於宣和三年所建南門孟廟初成時的規模，孫傅曾於《先師鄒國公孟子廟記》中略有概述：「總四十楹。中爲殿，安神棲，繪群弟子像於兩序。又爲孟氏家廟於其東。以揚雄、韓愈嘗推尊孟子，故又爲祠於其西。重門夾廡，壯麗閎偉，與山中之廟輪奐相輝矣。」〔註 15〕可見，當年即具「壯麗閎偉」的規模。不過，現在所見到的孟廟早已不是宣和之舊觀。宣和南門孟廟建成後，又歷經金、元、明、清八百年興廢、重修與增建。據明軒《孟廟歷代修葺概況》統計，南門孟廟自建成之後迄今，有史可查的重大修葺，達三十八次之多〔註 16〕，以朝代計：金代一次，元代六次，明代二十次，清代十三次。以修葺方式計：其中重修、補修二十二次，重建五次，增建九次，帝王敕修增建四次。即若其中的重修、補修不會大改框架，然而其重建、增建則必日益遠離原貌。而無論如何，大趨勢是可以肯定的，即每一次重建增建，其「壯麗閎偉」的規模，當更勝當年。總括起來，隨著朝代的演進，大致經歷了以下四個階段的修建、增建過程：

第一階段：金代的廢建。從公元 1127 年金滅北宋，到公元 1234 年南宋蒙古聯合滅金，金朝在中原統治近一個半世紀。其間，除了與南宋朝廷之間頻繁的拉鋸式戰和外，也不斷遇到來自北方各族的抵抗。在統治與反統治的政治與文化碰撞中，原處於奴隸制階段的大金政權，總算在進入中原半個世紀之後的世宗、章宗時期完成了向封建制的體制蛻變。與此同時，以落後文化勢位進入中原先進文化勢位的大金政權，在文化觀念和文化政策的變化上也體現了「征服者被征服」的文化取向──金政權接受了以儒家文化爲代表的漢文化作爲官方文化。正如大金奉訓大夫、知泰定軍節度副使趙伯成所感慨的：「大哉！聖人之道，天下日用久而無弊者也。上焉！唐、虞、禹、湯、文、武之君，其道行，其教立，仁義禮樂刑政靡所不備，而民用丕變，日趨於治矣。下逮周公、孔子，得帝王所傳之道，而無位以行，作爲經術垂訓闡教，俾天下後世恒必由之，聖日皎然，輝映千古。……今令之能以教化治民，崇重儒術，可謂知所先矣。」在這樣的文化認知和背景下，大金對孟廟的重視和修建便成了順理成章的事情。金章宗泰和八年（公元 1208 年）夏六月，王瑀任鄒縣令，「視事之初，敬

〔註15〕 孫傅《先師鄒國公孟子廟記》，碑現存於孟廟亞聖殿內。文收入劉培桂編著《孟子林廟歷代石刻集》，濟南：齊魯書社 2005 年版，第 9 頁。

〔註16〕 明軒《孟廟歷代修葺概況》，載濟寧市政協文史資料委員會、鄒縣政協文史資料委員會《孟子家世》，北京：中國文史出版社 1991 年版，第 143 頁及 150 ～152 頁列表。

謁祠下，徘徊瞻視，議遽新之」，但「方思政利民力，未暇給」，「越明年，吏民治和，皆服其教」，才「作新其廟。正殿奕奕，廊廡延接，四回而周，外達通衢，重門以闢，增其宏麗。又東北別立其室，以尊考妣。」〔註17〕

但是，隨著女真貴族在中原統治時間延伸而出現的貪欲日熾，稅賦日重，造成了民族和社會矛盾的激化，「百姓多逃」〔註18〕，反抗不斷。金宣宗貞祐二年（公元 1214 年），山東、河北等地爆發的「紅襖軍」起義，一度攻佔鄒縣，搗毀了孟廟，張頥《鄒國公廟碑銘》記載了這件事：「甲戌（即貞祐二年）毀於兵，惟門垣在。」〔註19〕這場戰火之後，孟廟毀壞殆盡。

第二階段：元代的廢建。孟廟於金宣宗貞祐二年被毀後，北方接連遭遇了蒙古興起，宋金和戰、南宋抗蒙和南宋滅亡，戰火綿延半個世紀。期間，雖有孟子五十代孫孟德昌「資力四方」，試圖重修孟廟，但在戰火紛飛的年代，又談何容易，孟廟的修建「閱歲既久，僅成一堂」，「餘皆力不及」〔註20〕。直到元代建立以後，在元成宗元貞元年（公元 1295 年），才由「進義副尉達魯花赤木忽難、從仕郎鄒縣尹司居敬、主簿兼尉趙國祥，以建學餘貲崇兩廡與堂稱，凡十四間，新其階庭級道。」孟廟終於又恢復了正殿五間、孟母殿三間、兩廡十四間、戟門三間、齋廳三間〔註21〕的基本規模。後來，元泰定帝泰定四年（公元1327 年）又由「監縣帖哥出贍廟之資於民」，「縣尹楊欽、主簿鄭惟良亦相協贊，俾孟族長惟恭洎邑人毛翼董其役」〔註22〕，增建了邾

〔註17〕 以上均引自金大安三年（公元 1211 年）趙伯成撰《重修鄒國公廟記》，現存孟廟啓聖殿院甬道東側。碑文收入孟廣均編清德宗光緒本《重纂三遷志》卷七〈藝文二〉，苗楓林主編《孔子文化大全》，濟南：山東友誼出版社 1989 年，第 412～413 頁。另收入劉培桂編著《孟子林廟歷代石刻集》，濟南：齊魯書社 2005 年版，第 15～16 頁。

〔註18〕 脫脫等《金史》卷四七〈志第二十八·食貨二〉，北京：中華書局 1975 年版，第 1061 頁。

〔註19〕 碑現存孟廟啓聖殿院甬道東側。文收入劉培桂編著《孟子林廟歷代石刻集》，濟南：齊魯書社 2005 年版，第 25 頁。

〔註20〕 見張頥《鄒國公廟碑銘》碑文，及該碑陰鄒縣尹司居敬所撰《鄒孟子廟碑陰記》，碑現存孟廟啓聖殿院甬道東側。碑文收入劉培桂編著《孟子林廟歷代石刻集》，濟南：齊魯書社 2005 年版，第 25～27 頁。

〔註21〕 見張頥《鄒國公廟碑銘》碑文，及該碑陰鄒縣尹司居敬所撰《鄒孟子廟碑陰記》，碑現存孟廟啓聖殿院甬道東側。碑文收入劉培桂編著《孟子林廟歷代石刻集》，濟南：齊魯書社 2005 年版，第 25～27 頁。

〔註22〕 曹元用於元泰定帝致和元年（公元 1328 年）五月撰《邾國公祠堂記》，碑現存孟廟啓聖殿院甬道東側。碑文收入劉培桂編著《孟子林廟歷代石刻集》，濟

國公祠堂（即現在的孟廟寢殿）。

　　元文宗至順二年（公元 1331 年），在孟子五十二代孫孟惟恭「廟貌雖崇，齋宿之室、賓尸之堂闕焉未建，非所以思嚴誠而尊神貺」的極力推動下，由鄉先生李儼、馬亨等「告於邑大夫，謀之鄉之善士」，創建孟廟西院的「致嚴堂」，「爲燕堂三間，廟西南向，以尊神貺；爲齋室五間，堂西東向，以嚴思誠。……費錢二千五百緡。名其堂曰『致嚴』」〔註23〕。其後，有元一代，又經鄒縣尹張銓於順帝至元二年（公元 1336 年）的重修，耗資較大〔註24〕而規模仍舊。

　　元順帝時，元朝統治日薄西山，民間宗教組織再度活躍。至正十一年（公元 1351 年）爆發的「紅巾軍」大起義，攻佔山東包括鄒縣在內的多個州縣。鄒縣孟廟再度毀於戰火。洪武四年（公元 1371 年）張煥的《孟氏宗支之記》石刻記載了這場劫難：「我鄒國亞聖公五十三代孫之訓，世守宗祧。值前元兵亂，攜家避兵，游於關、陝、秦、晉間，殆十五餘年，卒於亂時。嫡子思諒尙幼。及治稍平，思諒方弱冠，侍母氏歸鄒。至正間任本縣主簿，守引祀事。祖庭毀頹荒蕪，止存遺基。豐祀之禮闕如也。」〔註25〕孟廟經此次元末戰亂，淪爲一片瓦礫。

　　第三階段：明代的廢建。與尊孔崇儒的政治需求相契合，明朝建立伊始便極爲重視對孟子府廟的建設。據資料顯示，明代在從太祖洪武四年（公元 1371 年）山東僉事鄭本與鄒縣令桂孟等重修孟廟算起，至憲宗成化四年（公元 1468 年）止的近百年的時間裏，僅由地方官吏主導的重建、增建即達十一次之多。每次大修間隔平均不到十年，其頻繁度位居歷代之首，由此也可見推見明代對孟子的尊崇程度。

　　　　南：齊魯書社 2005 年版，第 56 頁。另見孟廣均編清德宗光緒本《重纂三遷志》卷七〈藝文二〉，苗楓林主編《孔子文化大全》，濟南：山東友誼出版社 1989 年，第 437 頁。

〔註23〕陳繹曾於文宗至順二年（公元 1331 年）撰《致嚴堂記》，碑現存孟廟致敬門內院東壁。文收入劉培桂編著《孟子林廟歷代石刻集》，濟南：齊魯書社 2005 年版，第 64 頁。

〔註24〕「資以緡計者，三千三百有奇；米以石計者，六十有一；工以數計者，四千一百。凡八閱月而訖功。」見鄭質《鄒國亞聖公廟興造記》，碑見存孟廟啓聖殿院甬道東側。另見劉培桂編著《孟子林廟歷代石刻集》，濟南：齊魯書社 2005 年版，第 68 頁。

〔註25〕石刻現鑲嵌於孟廟啓聖門外東側北壁。文收入劉培桂編著《孟子林廟歷代石刻集》，濟南：齊魯書社 2005 年版，第 90 頁。

　　明代對孟廟的修建，規模最大的一次是孝宗弘治十年（公元 1497 年）的敕修增建，時任禮部尚書兼武英殿大學士的劉健撰寫的《大明重修亞聖廟記》碑文完整地記錄了這件事：「洪武、永樂、正統間，屢嘗修葺。由正統迄今，歲久復敝。五十七代孫、翰林院世襲五經博士元以爲言。我聖天子方弘文治於天下，特下有司命修之。時都察院右僉都御史、光州熊翀巡撫山東，奉命惟謹。而兗州知府龔君弘、同知余君濬實承委以行，遂相與協謀即事。始於弘治丙辰二月，明年丁巳三月工乃訖。廟址拓於舊，其廣三十弓，縱百五十弓有奇。中爲殿寢、東西廡。殿祀孟子，以樂正克配。廡以祀他弟子公孫丑以下。左爲殿寢，祀邾國公。右孟氏之家廟，致嚴有堂，庖廩有舍。以及便戶重門，凡爲楹六十有四，俱仍舊規易以新之，而輪奐壯麗有加焉。」〔註 26〕以上敘述可見，此次施工由帝王下令、都察院、兗州知府、縣令層層配合，用時一年餘。其規模之大，裝潢之奢可見一斑。其立體透雕盤龍戲珠的碑額及刻工極精的碑文，透露著非凡的皇家氣派，顯示著其在孟廟修建史上的重要地位。

　　但是，這次大規模建設的成果，在明熹宗天啓年間的農民起義中再次化爲烏有。明代張居正改革失敗後，政治愈加黑暗。神宗朱翊鈞深居內宮，縱情聲色，不理朝政，中央財政入不敷出，朝廷吏治敗壞，宮廷廢立夾雜著黨派之爭和宦官專權。地方官吏豪紳「求田問舍而無底止」〔註 27〕，「民食草木」、「以石爲糧」乃至「民相食」〔註 28〕。殘酷的生存環境催生了各種宗教的產生，白蓮教、羅祖教、南無教、淨空教、大成教等名目繁多的民間宗教，一時間起於「輦轂之下」，遍於大江南北。熹宗天啓二年（公元 1622 年）在山東鄆城一帶爆發的徐鴻儒起義，於同年五月攻入鄒縣，孟府、孟廟及中庸書院等多處建築被夷爲平地。文震孟天啓四年所撰《重建亞聖廟碑》記述了這一事件：「越二年夏五，妖賊構變，遂起自東兗，破滕及鄒，蹂躪亞聖之廟。」這是有明一代孟廟遭受的最大的一次破壞。事後，自天啓三年（公元 1623 年）二月迄於五月，又由鄒縣令毛芬奉旨募捐重建，歷三個月告竣，共建成：「大殿七楹，寢殿五楹，邾國公前後殿各五楹，東西廡各七楹，齋房四楹，家廟三楹，祭器庫、省牲房各三楹；亞聖坊，繼往、開來坊各一；承聖門、鍾靈、毓秀門各一；垣墉頹壞者亦

〔註 26〕劉健《大明重修亞聖廟記》，碑現存孟廟啓聖殿院甬道西側。另見劉培桂編著《孟子林廟歷代石刻集》，濟南：齊魯書社 2005 年版，第 174～175 頁。

〔註 27〕陳夢雷編《古今圖書集成》第六十一卷〈食貨典‧劉同升《限田均民議》〉，臺灣：鼎文書局中華民國六十六年（公元 1987 年）版，第 621 頁。

〔註 28〕張廷玉等《明史》卷三十〈五行志三〉，北京：中華書局 1974 年版，第 510 頁。

罔不勤。計費僅九百三十三金」〔註29〕。次年（天啟四年，公元 1624 年），兗
州守孫朝肅又針對祠廟的「瓦礫荊蓁，荒楚滿目」，「邑置勸募……不逾三旬，
鳩錢三百萬。以其半重修祠廟，半建廄宅。庀工伐材，晝夜力作。凡三閱月始
告成事。殿寢齋廡，門庭坊表，翼翼岩岩，煥然舊觀」〔註30〕。

　　第四階段：清代的廢建。毛芬和孫朝肅重建的孟廟，經明末戰亂，又徹
底毀於清康熙七年（公元 1668 年）的郯城大地震，這就是劉芳躅《重修亞聖
廟碑》所說的：「康熙戊申之六月，地變大震，傾圮滋甚。」時右副都御史劉
芳躅任山東巡撫，「按部至鄒。瞻謁之下，目擊大賢師弟在風雨中，惻然久之，
益悽愴不忍去。而宗子即以重修狀請」，便「毅然領其事，捐俸百金。學使楊
毓蘭亦捐百金」並「置募簿分傳六郡」，再獲「銀二百四十金。隨給付縣，佸
計重修。會同宗子孟貞仁，擇六十四代族生孟尚錦督其事。設榻廟中，竭日
夜而盡區畫之。為之開陶場，為之起爐鑄，為之採材木，為之選工匠，為之
僦徒役，為之辦丹堊。……肇於癸丑正月之十八日，迄四月終落成。正殿兩
廡歸焉，與闕里之堂遙相輝映。」〔註31〕此次地震及孟子廟宇的損毀與維修，
除以上記載外，孔子六十四代孫翰林院檢討、山西學政孔尚先為孟子六十三
代孫孟貞珮寫的《墓誌》中也有提及：「戊申山東地震，兄弟皆罹覆壓，公獨
脫不死，慨然曰：『天留此身，得非有所用耶？既天能仕於國，吾將施諸家。』
遂以承宗祧、振遺緒為己任。……目擊祖廟傾圮，謀諸宗子，願得捐助而修
之。會上命重修周公、孟子廟，遣祭立碑，公偕邑佐林君督工倡率，鳩工庀
材，期年而竣。」〔註32〕工程從康熙癸丑年（公元 1673 年）一月始至四月，

〔註29〕趙彥《重建孟夫子廟成碑記》，原石存孟廟養氣門外北側道左，現已毀。孟府藏
　　　　舊拓。文收入孟廣均編清德宗光緒本《重纂三遷志》卷八〈藝文三〉（苗楓林主
　　　　編《孔子文化大全》，濟南：山東友誼出版社 1989 年，第 490 頁）及劉培桂編著
　　　　《孟子林廟歷代石刻集》，濟南：齊魯書社 2005 年版，第 303～305 頁。
〔註30〕文震孟《重建亞聖廟碑》，原石存孟廟養氣門外北側道左，現已毀。孟府藏舊拓，
　　　　後收入孟廣均編清德宗光緒本《重纂三遷志》卷八〈藝文三〉（苗楓林主編《孔
　　　　子文化大全》，濟南：山東友誼出版社 1989 年，第 498～501 頁）及劉培桂編著
　　　　《孟子林廟歷代石刻集》，濟南：齊魯書社 2005 年版，第 308～309 頁。
〔註31〕劉芳躅《重修亞聖廟碑》，原石立於孟廟養氣門外南側，現已毀。碑文收入孟
　　　　衍泰編清世宗雍正本《三遷志》卷八和清孟廣均編清德宗光緒本《重纂三遷
　　　　志》卷八〈藝文三〉（苗楓林主編《孔子文化大全》，濟南：山東友誼出版社
　　　　1989 年，第 502～504 頁）及劉培桂編著《孟子林廟歷代石刻集》，濟南：齊
　　　　魯書社 2005 年版，第 319 頁。
〔註32〕孔尚先《亞聖六十三代孫山西平陽府絳州清軍同知玉珂孟公墓誌銘》，碑文見
　　　　孟衍泰編清世宗雍正本《三遷志》卷十〈祭謁〉。碑文收入劉培桂編著《孟子

歷時四個月完工。此次孟廟大修後，終康熙朝又有四次大規模修建，如二十三年（公元 1684 年）山東巡撫張鵬重修，二十六年（公元 1687 年）內務府廣儲司員外郎皂保、工部都水司員外郎卞永式等奉旨造《御製孟子廟碑》並增修孟廟，以及五十五年（公元 1716 年）和五十八年（公元 1719 年）鄒縣令婁一均主持的兩次重修〔註 33〕。其後，在仁宗嘉慶元年（公元 1796 年）、十年（公元 1805 年），宣宗道光二十二年（公元 1842 年），及穆宗同治四年（公元 1865 年）、同治十二年（公元 1873 年），也時有修葺。甚至在宣統元年（公元 1909 年），清帝國已是風雨飄搖的危局之下，還由山東巡撫孫寶琦主持，「籌拔公款，並勸募官紳」，「修舉廢墜」，對孟廟「並孟母祠、孟林、亞聖故里同時興工」〔註 34〕進行維修。為此，孟子七十三代孫孟慶棠專門立碑感德：「當此時事棘艱，庫款奇窘，非得諸大君子之悉心籌辦，不遺餘力，我廟林各工焉得一律重新哉！今當大工告蕆，輪奐可觀，上足垂聖朝優禮之典，下足洽士林服教之忱」〔註 35〕。這也是封建王朝對孟廟的最後一次修葺。

二、建築布局

　　經過歷代不斷的修葺擴建，今日所見孟廟規模已遠比當年宏偉壯麗。不過在總體建築布局上依然遵循了中國傳統的建築風格，以南北中軸排列，左右對稱展開的長方形古建築群的樣式呈現。在南北長四百多米，東西寬九十多米，總計佔地四萬多平方米的長方形區域內，建有殿宇六十四楹，碑亭兩座，木門坊四座，石坊一座，整體建築布局方正嚴謹，錯落有致。

　　中軸線上，自南向北依次為欞星門、亞聖廟坊、泰山氣象門、承聖門、亞聖殿和最後的寢殿。

　　　　林廟歷代石刻集》，濟南：齊魯書社 2005 年版，第 337 頁。

〔註 33〕 分別見孟廣均編清德宗光緒本《重纂三遷志》卷八〈藝文三〉，孟廟承聖門外東側康熙御碑亭，婁一均康熙五十五年《重修孟廟碑記》和康熙五十八年《重修孟廟碑記》。碑文均收入劉培桂編著《孟子林廟歷代石刻集》，濟南：齊魯書社 2005 年版，第 326～327、328～329、343～344、348～349 頁。

〔註 34〕 孫寶琦於溥儀宣統三年（公元 1911 年）撰《重修孟廟碑記》，碑現存孟廟承聖門外西側。另見劉培桂編著《孟子林廟歷代石刻集》，濟南：齊魯書社 2005 年版，第 451 頁。

〔註 35〕 孟慶棠於溥儀宣統三年（公元 1911 年）撰《重修亞聖廟林感德碑記》，碑現存孟廟承聖門外西側。另見劉培桂編著《孟子林廟歷代石刻集》，濟南：齊魯書社 2005 年版，第 453 頁。

　　欞星門爲一木結構門坊，據丁寶楨清德宗光緒二年（公元 1876 年）所撰《重修亞聖孟子廟碑》記載，此坊爲清穆宗同治十二年（公元 1873 年），在他任山東巡撫期間重修孟廟時所建〔註36〕。坊額上楷書「欞星門」三個貼金大字，爲其親自手書，係取天上文星下凡，地上尊聖如天之意。一般而言，欞星門的建築樣式按照南、北方不同地域習俗和審美觀的不同而有所不同。在總的特徵上，北方尚簡潔，突出氣勢之宏；南方尚精緻，彰顯雕刻之美。但是，地處北方的孟廟欞星門卻兼具了北方的宏偉和南方的華麗。另外，坊內院落的東、西兩側，分別立有「繼往聖」和「開來學」兩個東西相向的門坊。此坊與欞星門坊同時建造，寓意表彰孟子「繼孔子之往，開儒學之來」的歷史功績。

　　亞聖廟坊是一四柱三門的石質門坊，從存於石坊東側的明萬曆九年所立《鄒國亞聖公廟》碑文可知，這座門坊爲明代孟廟大門。具體建築年代不甚清楚，大致應該不出明萬曆九年之前。

　　泰山氣象門，是取意於朱熹：「仲尼，天地也。顏子，和風慶雲也。孟子，泰山岩岩之氣象也。」〔註37〕爲一歇山式斗拱承托門樓，三啓門洞，高大巍峨，寓意皓然的聖賢氣象。

　　承聖門與致敬門、啓賢門三門並列，分別開啓了孟廟的中、西、東三路。西院致敬門院內牆垣上鑲嵌著歷代名人祭謁孟廟的題詠碑刻；東院中軸甬道兩側集中豎立著眾多有關歷代孟廟修葺、封贈的碑刻，這就是所謂堪稱孟廟歷史長廊〔註38〕的「孟廟碑林」。門前左側是重簷斗拱，綠色琉璃瓦覆頂的康

〔註36〕　丁寶楨《重修亞聖孟廟碑》：「孟廟之在鄒，雖非通祀，而天下宗之矣。顧以軍事方殷，失修良久，於心怵然。東省肅清之歲壬申，始得籌款鳩工，爲修葺計。派委道員陳錦，縣令王恩湛、耿天九，邑紳董炳、孫文岐等履勘估計。除欞星門、繼往、開來坊平地起造外，正院門殿再重，東院邾國公、宣獻夫人殿，西院家廟、致嚴堂，凡棟宇臺砌、垣扉龕案之朽窳無用，及高廣失宜、文不中度者，更新之、易置之什七八。加置天震井、古柏石欄，立焚帛池於殿之西北。自癸酉二月初十日興工，凡八閱月，並述聖廟、斷機堂藏事。計費銀一萬七千餘兩。」碑現存孟廟啓聖殿院甬道西側。另見劉培桂編著《孟子林墓歷代石刻集》，濟南：齊魯書社 2005 年版，第 444 頁。

〔註37〕　朱熹、呂祖謙《近思錄》卷十四〈聖賢〉，《四庫全書》（699 冊），上海：上海古籍出版社 1987 年版，第 119 頁。

〔註38〕　注：此碑林中共保存孟廟歷代碑碣二百八十多塊。涵蓋了秦、漢、晉、唐、宋、金、元、明、清多個朝代，篆、隸、行、草、楷多種字體，以及政治、

熙《御製孟子廟碑》亭，左右方各有出入孟廟的主要通道「知言門」、「養氣門」和孟廟祭祀時準備犧牲與祭器的「省牲所」、「祭器庫」。

亞聖殿是孟廟的主體建築，廣七楹，其重簷歇山式建築樣式，綠色琉璃瓦覆頂及飯脊上的七隻「飯獸」，無不彰顯著這座孟廟主殿僅次於皇家的王者風範〔註39〕。大殿正中門額和東、西兩側抱柱上分別爲乾隆皇帝御賜：「道闡尼山」橫匾和「尊王言必稱堯舜，憂世心同切禹顏」楹聯。殿內亞聖孟子塑像上方，橫懸雍正帝手書：「守先待後」金匾。殿院東、西側有安放配祀神位的東、西廡各七楹，前有天震井和乾隆御碑亭。這是孟廟中文化內涵最爲豐富的所在。

寢殿是孟廟主軸的最後一座建築。始建於元成宗元貞元年（公元 1295年），原名爲「邾國公祠堂」，是供奉孟子父母的殿堂。明弘治十年（公元 1497年），增修孟廟時改爲「寢殿」，成爲祭祀孟子夫人田氏的專祠〔註40〕。

以上主體建築與西路的致嚴堂、祧主祠、焚帛池和東路的啓聖殿、孟母殿共同構成了中國傳統南北中軸、左右對稱、參差有別、高低錯落的建築群落。巍峨的建築與上百年的蒼松、翠柏、銀杏、古槐、紫藤相互輝映，宣示著千年貴族廟堂的威言與凝重。趙炯的詩恰當地反映出了這種威言與凝重：「森森古柏啼幽鳥，落落殘碑鎖綠苔。氣象泰山難料想，綱常大道孰修裁。聖賢門下莫云躁，欲待無言似未來。」〔註41〕

經濟、軍事、文化多方面內容，實爲研究我國古代歷史與文化的珍貴資料。幾與西安碑林、曲阜孔廟碑林相垺。

〔註39〕我國古建築的屋頂、飯獸號稱中國建築之冠冕。由最初排泄積水、穩定飯脊的實用價值逐步發展爲等級的象徵。屋頂以重簷廡殿頂最高貴，重簷歇山頂位居其次。飯獸則以數量的多少決定等級的高低，除古宮太和殿爲特殊的十個外，其餘由九、七、五、三，隨住宅主人等級身份由高到低依次降低。此外，屋頂瓦的顏色也以黃色琉璃瓦、綠色琉璃瓦和黑陶瓦分別代表著皇家、貴族王侯和普通之家的等級之分。孟廟亞聖殿的重簷歇山式綠色琉璃瓦屋頂和飯脊上的七個飯獸，都代表著孟廟僅次於皇家和孔廟的貴族王侯的等級和氣派。

〔註40〕見元曹元用於泰定帝致和元年（公元 1328 年）撰《邾國公祠堂記》，現存孟廟啓聖殿院甬道東側；明劉健於孝宗弘治十年（公元 1497 年）撰《重修鄒縣孟子廟記》，現存孟廟啓聖殿院甬道西側。另見劉培桂編著《孟子林廟歷代石刻集》，濟南：齊魯書社 2005 年第 55、174 頁。

〔註41〕明趙炯《謁亞聖廟》，石刻現鑲嵌於孟廟致敬門內院東壁。另見劉培桂著《孟廟歷代碑文題詠選注》，濟南：泰山出版社 2009 年版，第 262 頁。

第三節 孟子林墓建設

孟子林墓建設，既是儒家和中國傳統喪葬文化的體現，也彰顯著國家政治對孟子家族的關注與關懷。

一、中國墓葬文化與孟子林墓的興建

墓葬，作爲人類的一種文化行爲和現象，是隨著人類文明的誕生而誕生的。考古發現顯示，中國的墓葬習俗早在史前就與靈魂不滅觀念的產生共生。在歷史發展長河中，經歷了由不死的靈魂到權力的體現再到情感寄託與等級秩序維繫的三個階段性發展。

《孟子・滕文公上》有：「上世嘗有不葬其親者，其親死，則舉而委之於壑。他日過之，狐狸食之，蠅蚋姑嘬之。其顙有泚，睨而不視。……歸反虆（盛土器）梩（鏟土器）而掩之。」《孟子》描述了上古雛形時期的葬俗。無獨有偶，《禮記・檀弓上》和《周易・繫辭下》也都有「古也墓而不墳」、「古之葬者，厚衣之以薪，……葬之中野不封不樹」的類似記載。這是人類初期尚無生死觀念的反映。

根據考古發現，從距今一萬年前的舊石器時代晚期開始，人類就已經有了死亡與靈魂不滅觀念，隨之產生了相應的喪葬儀式。公元 1933 年我國考古工作者在北京周口店山頂洞發現了山頂洞人上室、下室和下窖三層的居住遺址。在下室墳墓區的屍骨周圍，發現了裝飾品、生產工具和紅色的赤鐵礦粉。萬年以前的祖先似乎在用特定的形式表達著某種願望或信仰。這應該是靈魂不死觀念在喪葬習俗上的反映。個中緣由，恩格斯曾在《路德維希・費爾巴哈和德國古典哲學的終結》進行過推測性分析：「在遠古時代，人們還完全不知道自己身體的構造，並且受夢中景象的影響，於是就產生一種觀念：他們的思維和感覺不是他們身體的活動，而是一種獨特的、寓於這個身體之中而在人死亡時就離開身體的靈魂之活動。從這個時候起，人們不得不思考這種靈魂對外部世界的關係。既然靈魂在人死時離開肉身而繼續活著，那麼，就沒有任何理由去設想它本身還會死亡；這樣就產生了靈魂不死的觀念。」〔註42〕既然靈魂是不死的，那麼，就會產生生者對死者靈魂的某種美好的渴求和

〔註42〕 恩格斯《路德維希・費爾巴哈和德國古典哲學的終結》，《馬恩選集》（4 卷），
　　　　 北京：人民出版社 1972 年版，第 219～220 頁。

祈盼，這是原始喪葬習俗產生的心理因素。包括此後新石器時代仰韶遺址的公共墓地和紅山文化的大規模石冢，都以外在物化的形式表達著早期先民內在的觀念世界——靈魂不死與祖先崇拜。

可見，喪葬習俗的源頭本出於人的親情。但是，隨著私有制的出現，這一觀念也隨著人的異化而異化。源出於親情的喪葬習俗，摻雜進了等級、專制的殘酷而浸泡在了被奴役者的鮮血裏。權力在握的奴隸主或者後來的某些殘暴的君主，在「視死如生」的觀念驅使下，除了建造更大的墓葬、隨葬更多的陪葬品以外，甚至用活人殉葬。商代安陽侯家莊西北崗和武官村王陵大墓動輒幾百人的大規模殺殉，是專制與特權在喪葬習俗上的典型反映。

然而，隨著人類文明的進步，這種權威在喪葬上的殘酷終被艱難地摒棄。崇尚「天地之性，惟人為貴」（《孝經·聖治章》），強調仁愛至上的孔子應該算作率先抨擊喪葬殘忍的先驅之一。《孟子·梁惠王上》有引述孔子的話：「仲尼曰：『始作俑者，其無後乎！』為其像人而用之也。」以像人形的俑殉葬都反對，更遑論殺人以殉。

以孔子為先驅，儒家的喪葬理念是超越奴隸制的殘酷，在更高層次上向史前人情的回歸——由孝的情感寄託出發，以家族組織的牢固與穩定求得社會秩序的安定。《論語》、《禮記》中有大量孔子關於喪葬重在情感體現的記述。《禮記·檀弓》記載孔子將父母合葬後，「古也墓而不墳，今丘也，東西南北之人也，不可以弗識也，於是封之，崇四尺。」〔註43〕為了表述懷念情感而封墳祭墓，實屬發乎人情。這正是孔子重視「民、食、喪、祭」（《論語·堯曰》），主張「喪事不敢不勉」（《論語·子罕》）的理論落腳點。正因以此為基點，孔子在關於喪俗的論述中總是不厭其煩地表達著不事華麗形式，注重哀思表達的喪葬理念。《論語·子張》：「喪至乎哀而止。」《論語·子罕》：「麻冕，禮也，今也純，儉，吾從眾。」《論語·八佾》「禮，與其奢也，寧儉；喪，與其易也，寧戚。」從現存的《禮記》、《周禮》、《儀禮》、《呂氏春秋》等早期文獻看，從「不封不樹」到「又封又樹」，從祭於墓到祭於廟，新的墓葬封樹制度從發乎情到止乎禮，成為新一輪等級秩序的維繫要素。這一演化過程，在周代就已完成了，《周禮·地官司徒·冢人》「以爵等為丘封之度，與其樹數」的記載就說明了這一點。

被埋葬的是死者，而執行埋葬的則是生者。因而，喪葬反映的是生者的

〔註43〕阮元《十三經注疏》（上冊），北京：中華書局1980年版，第1275頁。

意識，是活著的人的思想在一定社會條件、傳統觀念、宗教教義、社會意識等諸多方面規約下的現實體現。正因為中國墓葬制度及其葬俗發源於親情流露，又糅合了親族、權力、等級等凝聚家族與民族情感的諸種複雜因素，因而成為團結宗法家族，培養忠孝精神，維繫國家穩定的重要途徑和手段。

　　首先，活著的人對死去的人所盡的種種義務，是與死者有關的各方關係在死者身後的延伸。史前的喪葬儀式源於靈魂不死觀念。那時候，人們確信人雖然死了但靈魂永恆，由此產生了對死者靈魂的祈求與崇拜。原始宗教觀念由此產生。但東周以後，隨著人神關係的顛倒，喪葬儀式也由祖先崇拜轉向人的情感舒發與維繫。所謂：「祭者，所以追養繼孝也。孝者，畜也。順於道，不逆於倫，是之謂畜。是故孝子之事親也，有三道焉：生則養，沒則喪，喪畢則祭。養則觀其順也，喪則觀其哀也，祭則觀其敬而時也。盡此三道者，孝子之行也。」(《禮記‧祭統》)借助對死者的追念儀式，實現生者之間的關係維繫，這正是死者與生者關係延伸的體現。

　　其次，通過生者與死者的關係延伸與維護，達到「慎終追遠，民德歸厚」(《論語‧學而》)的教化目的。農耕社會下，生產經驗的獲得依賴於先輩的經驗傳授和行為示範。同樣，人際關係的維繫也依賴於上下代之間的情感與道德傳遞。即後代人由血緣感恩而衍生出的道德意識的承續。這就把家庭血親情義自然地擴延到了社會文化意義。如此一來，在「家國同構」的社會結構模式下，諸如聚族而葬〔註44〕、墓前緬懷與歲時而祭等的喪葬形式，成為凝聚家族關係、維繫家族秩序的紐帶，並由此成為調整社會關係、維護社會秩序的基礎。

　　再次，通過喪葬儀制體現社會等級秩序。隨著東周以後新的社會等級秩序的確立，喪葬儀制也越來越成為這一新的等級秩序的體現者。無論是喪期、喪服、喪葬儀式排序、站位、職司的不同，還是墳墓「昭穆」的排列、封土高低及植樹數量、種類的不同，乃至於葬區的大小、石獸的種類、墓碑的尺寸等〔註45〕，都以其特有的方式，鞏固和強化著社會等級與尊卑觀念。《易傳》

〔註44〕　注：文獻顯示，聚族而葬已於周代形成，《周禮‧地官司徒》有「令國民族葬，而掌其禁令」的「墓大夫」一職。

〔註45〕　《禮記‧祭統》記有：「昭穆者，所以別父子遠近長幼親疏之序而無亂也」；《周禮‧地官司徒》記有：「先王之葬居中，以昭穆為左右。凡諸侯居左右以前，卿大夫士居後，各以其族……以爵等為上封之度，與其樹數。」賈公彥疏曰：「尊者丘高而樹多，卑者封下而樹少」。另外班固《白虎通義》引《春秋‧含

的表達很精闢：「天尊地卑，乾坤定矣；卑高以陳，貴賤位矣」（《周易・繫辭上》），對於君主專制而言，尊卑等級是它的基礎和保障。

植根於中國文化的深厚沃土，是儒家兩千年盛而不衰的重要原因。在喪葬理念及其儀制上，儒家既吸收了中國文化的滋養，又反過來引導或規範了中國的喪葬儀制與習俗。在這樣的文化背景之下，孟子林墓的營建、祭享儀制及其功用必然與中國傳統喪葬制度相統一。

今日所見孟子墓位於山東鄒城市東北三十里的四基山麓。如前述，孟子地位是在唐宋以後，在儒家為應對新的社會需求而發生的新的理論論證過程中不斷上升的。所以，在孟子歿後，唐宋以前的千餘年間，其生前事蹟及死後葬地與其低下的社會地位相適應，長期湮沒無聞。這種狀況一直持續到宋代，在孟子學術與政治地位明顯提高的社會大環境下，在孔子後裔孔道輔的重視下開始興盛起來。

作為孔子四十五代孫，孔道輔一直以弘揚儒學自任。北宋仁宗景祐三年（公元 1036 年），孔道輔始知兗州府，「以恢張大教興復斯文為己任，常謂諸儒之有大功於聖門者，無生於孟子」，且適逢「鄒昔為孟子之里，今為所治之屬邑」，以為「當訪其墓而表之，新其祠以祀之，以旌其烈」，於是「以其官吏博求之，果於邑之東北三十里有山曰四基，四基之陽得其墓焉〔註 46〕。遂命去其榛莽，肇其堂宇，以公孫丑、萬章之徒配。」〔註 47〕從此，孟子墓才得以確認，以後元、明、清各代不斷擴建維護，祭享不斷。

二、孟子林墓的擴建與維護

孟子林墓自宋代由孔道輔發掘並興建以來，歷經元、明、清各朝，在崇儒尊孟的社會大背景下，不斷得到維護和擴建，最終達到今日的規模。

元代承續了唐宋以來的尊孟政策。元世祖至元十四年（公元 1277 年），

文嘉》也有「天子墳高三仞，樹以松；諸侯半之，樹似柏；大夫八尺，樹以欒；士四尺，樹以槐；庶人無墳，樹以楊柳」的記載。（班固《白虎通義》卷下〈崩薨〉，《四庫全書》（850 冊），上海：上海古籍出版社 1987 年版，第 73 頁）

〔註 46〕注：孔道輔確認孟子墓在四基之陽的依據，史無明載，今見較早記載為孫弼於金宣宗貞祐元年（公元 1213 年）所撰《鄒公墳廟之碑》引晉郭璞云：「邾城北有繹山，繹山北有牙山，牙山北有唐口山，唐口山北有陽山，陽山北有孟軻冢焉。今四基山者是也。」而晉郭璞的結論又源於何，無考。

〔註 47〕孫復《新建孟子廟記》碑，現存孟子林享殿西夾室。碑文另見劉培桂主編《孟子林廟歷代石刻集》，濟南：齊魯書社 2005 年版，第 2 頁。

時任山東提刑的霍天祥於孟子墓前立碑，碑額題爲：「先師鄒國公墓」〔註48〕，孟子墓始有正式墓碑。元成宗元貞元年（公元 1295 年），鄒縣尹司居敬在重修孟廟、孟子故居、子思講堂的同時，「葺孟子墓、齋廬，琢石爲危坐像，冠章甫衣逢掖，俾觀者有考乎古。」〔註49〕

　　明代短暫的刪《孟》罷享風波對於明代的尊孟並沒有產生太大的影響。自第一任皇帝太祖朱元璋始，到最後一任皇帝思宗朱由檢止，對孟子林墓的關注與修建，三百年間基本沒有中斷。其中規模最大的是明世宗嘉靖四十一年（公元 1562 年）由鄒縣令章時鸞主持的一次。此次維修，在孟子墓已「蕩然一空，僅存遺址」的情況下，「創建正殿五楹，左右廂房各三楹，二門三楹。奠制有案，出入有階，啓閉有戶，周衛有垣。備極堅致，視前制益爲廣闊」，不僅如此，還「置田五十畝，歲入其租，以爲祭祀、修理之具」，並「督諭族人每春領俸銀二兩，樹柏檜三千餘株。望之蔚然深季，殆非昔比」〔註 50〕。此次修建，不僅達到了空前規模，且實現了林、墓相映的建造格局和風格，奠定了今日孟子林的基本規模。

　　清代自康熙三十六年（公元 1697 年）大通政吳涵奉命祭闕里捐金修孟子墓，到宣統二年（公元 1910 年）山東巡撫孫寶琦撥公款、募官紳修葺林墓止，三百年間也曾不間斷地修建。其中宣宗道光十四年（公元 1834 年）孟廣均在修葺享殿的同時，還重立「亞聖孟子墓碑」於孟子墓前，即今日所見的墓前碑。

　　總之，宋、元、明、清四朝，以政府支持爲主，由地方官僚和孟子後裔承辦，通過政府撥款、私人捐助及孟氏後裔自行籌資等多種籌資方式，不間斷地對孟子林墓進行擴建和維護。其中有確切資料可查的就不下數十次，見下表〔註51〕：

〔註48〕今已不存。見孟廣均編清德宗光緒本《重纂三遷志》卷首〈御製文〉，苗楓林主編《孔子文化大全》，濟南：山東友誼書社 1989 年，第 213 頁。

〔註49〕元張頙《孟子墓碑》，現存孟子林享殿西夾室。碑文收入劉培桂主編《孟子林廟歷代石刻集》，濟南：齊魯書社 2005 年版，第 31 頁。

〔註50〕朱觀烶《重建亞聖林享堂記》，現存孟林享殿內東首。文收入劉培桂主編《孟子林廟歷代石刻集》，濟南：齊魯書社 2005 年版，第 237 頁。

〔註51〕注：本表主要參照孟府、孟廟及孟子林墓碑記石刻，以及孟廣均編清德宗光緒本《重纂三遷志》、劉培桂《孟子林墓何以千古不泯》（收入劉培桂著《孟子與孟子故里》，北京：中國文史出版社 2001 年版，第 128～135 頁）等材料整理而成。

朝代	時　　間	修建	立碑（題額）	置地（數量）	植林（株）
1	仁宗景祐四年（公元 1037 年）	孔道輔			
元	世祖至元十四年（公元 1277 年）		霍天祥（先師鄒國公墓）		
	成宗元貞元年（公元 1295 年）	司居敬			
	泰定帝泰定五年（公元 1328 年）			朝廷（30 頃）	
	順帝至正二年（公元 1342 年）	孟惟讓			
明	宣宗宣德九年（公元 1434 年）	魯惠王			
	代宗景泰六年（公元 1455 年）			朝廷（7 頃 31 畝 4 分）	
	世宗嘉靖四十一年（公元 1562 年）	章時鸞		章時鸞（50 畝）	章時鸞（3000 株）
	明穆宗隆慶元年（公元 1567 年）				孟氏族長孟衍崇、舉事孟繼梅（柏、楊數十株）
	神宗萬曆三十五年（公元 1607 年）			胡繼先（35 畝）	
	神宗萬曆四十六年（公元 1618 年）			李鳳翔（30 畝）	
	熹宗天啓三年（公元 1623 年）			毛芬（數量無）	
清	聖祖康熙三十六年（公元 1623 年）	吳涵			
	聖祖康熙五十年（公元 1711 年）			婁一均（6 畝）	
	世宗雍正十年（公元 1732 年）	孟衍泰			
	仁宗嘉慶二年（公元 1797 年）	孟傳槤			
	宣宗道光十四年（公元 1834 年）		孟廣均（亞聖孟子墓）		
	浦儀宣統二年（公元 1910 年）	孫寶琦			

　　自宋迄於清，孟子墓歷經千年風雨，屢經傾圮，又幾度重建，終成蔚然大觀。今日所見的孟子林墓，一千五百米神道之後，是七千多株柏、檜、柞、楊、榆、槐、楓、楷各類樹木簇擁、覆蓋的佔地九百多畝的茫茫林海。林海之中，就是兀然挺立的孟子墓、享殿及其環繞周圍的孟氏家族後裔的墳墓。它們與環繞周圍根鬚裸露，卻依然枝繁葉茂、生機盎然的檜柏交相輝映，在歷代歲時祭祀的禮樂聲中〔註52〕，見證著中國歷史的悠久和中國文化的厚重。

第四節　中國祭祀文化與孟子林廟祭祀

　　所謂：「國之大事，在祀與戎。」〔註53〕祭祀是古代中國國家與家族生活的大事。祭祀文化的興盛，在中國起源極早，在實踐中也始終被不折不扣地嚴格執行著。孟子林廟祭祀既沿襲了中國古老的祭祀文化傳統，同時，也是自孔子以來重視和提倡的儒家祭祀文化的重要體現。

一、中國祭祀文化與孔子的祭祀觀

　　許慎《說文解字》以「以手持肉」向神靈致敬解「祭」〔註54〕。由此可見，祭祀的原義是以豐厚的禮品，恭敬的態度和隆重的儀式向神靈致以敬意，以求得神靈幫助實現人力難爲的願望。

　　祭禮產生於早期生產力低下情況下人類對自然界不可抗力的崇敬與膜拜。《禮記·祭法》記載了中國早期祖先多神崇拜的情況：「燔柴於泰壇，祭天也；瘞埋於泰折，祭地也。用騂犢，埋少牢於泰昭，祭時也。相近於坎壇，

〔註52〕　注：關於孟子墓祭的程序方式，與廟祭大體相同或略簡，至於其祭祀時間，限於史料缺乏詳細情況已無從可考。從現存明代的兩塊石碑，神宗萬曆三十六年（公元 1608 年）胡繼先《增置四基山孟夫子墓陵祭田記》和萬曆四十六年（公元 1618 年）李鳳翔《捐俸銀置習祭田記》的記載，前者記爲：「除春、秋廟祭外，祭以伍月之伍日，柒月之望日，玖月之玖日」，而後者則記爲：「每歲十月初一日，備辦豬羊祭品香帛等物，永祀孟夫子墓前。」（公元前者現存於孟子林享殿西夾室，後者現存於孟廟致敬門內院甬道東碑壁西側。兩篇碑文均收入劉培桂主編《孟子林廟歷代石刻集》，濟南：齊魯書社 2005 年版，第 274、290 頁）相隔十年而祭祀時間不同，可以推見，孟子墓的祭祀時間依朝代和時間的不同而各異，並無定規。

〔註53〕　《左傳·成公十三年》，阮元《十三經注疏》（下冊），北京：中華書局 1980 年版，第 1911 頁。

〔註54〕　許慎《說文解字》，北京：中華書局 1963 年版，第 8 頁。

祭寒暑也。王宮，祭日也。夜明，祭月也。幽宗，祭星也。雩宗，祭水旱也。四坎壇，祭四方也。山林川谷丘陵能出雲，爲風雨，見怪物，皆曰神。有天下者，祭百神。」隨著生產力水平的提高和對自然災害抵禦能力的增強，這種早期的萬物有靈論逐漸凝練爲以天神、地祇和人鬼爲對象的祭祀禮制與祭祀傳統。其中的「人鬼」，是父系社會以來由靈魂不死觀發展而來的男性祖先崇拜。至周代，內在的思想觀念逐漸外化爲繁瑣的祭祀禮制，成爲嚴密而複雜的周代禮制的重要組成部份。關於這一點，早期文獻在理論和實踐上都不乏有力佐證。《禮記・祭統》有：「凡治人之道，莫急於禮；禮有五經，莫重於祭。夫祭者，非物自然至者也，自中出，生於心也」；後者如《周禮・天官冢宰》中負責「以八則治都鄙」的「太宰」，治都鄙的第一則就是「祭祀，以馭其神」。《尚書・金縢》中還有周公「爲三壇同墠。爲壇於南方北面，周公立焉，植璧秉珪，乃告大王王季文王」的記載。周公就曾因爲武王有疾，而設壇、墠祭周朝三代先祖大王、王季與文王。

周代祭祀制與其他禮制一樣，都是建立在以親親爲核心的血緣等級之上。所謂：「天地之祭，宗廟之事，父子之道，君臣之義，倫（順）也。」〔註55〕不同的等級身份，其祭祀對象、儀制乃至於祭品都有嚴格規範，形式繁複而又自成體系。至春秋時期，隨著人神關係的顛倒，祭祀的內涵也悄然發生了變化，由對祖先的敬畏與祈求，轉化爲「致意思慕之情」的倫理表達。此後，由秦漢迄於明清，祭祀由上層帝王推廣於社會大眾，成爲一般百姓愼終追遠的心靈寄託。所謂：「禮者，履也，所以事神致福也。」〔註56〕由此而逐漸凝練成爲一種傳統，承載了收拾人心，凝聚親情，維繫家族和睦的重大社會職責而千年不衰。

隨著隋唐以後家族組織的重建，到宋代，以二程和朱熹爲代表的理學家們再次強調了祭祀的重要，並結合社會現實，對祭祀儀制提出了新的創見。

程頤指出：「四時祭用仲月。時祭之外，更有三祭：冬至祭始祖，立春祭先祖，季秋祭禰。他則不祭。冬至，陽之始也。立春者，生物之始也。季秋者，成物之始也。祭始祖，無主用祝，以妣配於廟中，正位事之。祭先祖，亦無主。先祖者，自始祖而下，高祖而上，非一人也，故設二位。常祭止於

〔註55〕《禮記・禮器》，阮元《十三經注疏》（下冊），北京：中華書局 1980 年版，第 1431 頁。

〔註56〕許愼《說文解字》，北京：中華書局 1963 年版，第 7 頁。

高祖而下。旁觀有後者自爲祭，無後者祭之別位。……家必有廟，廟中異位，廟必有主，其大略如此。且如豺獺皆知報本，今士大夫家多忽此，厚於奉養而薄於祖先，甚不可也。」〔註57〕

　　朱熹沿著程頤的思路繼續論證：「冠婚喪祭，禮之大者，今人都不理會。豺獺皆知報本。今士大夫家多忽此，厚於奉養而薄於先祖，甚不可也。某嘗修六禮，大略家必有廟，廟必有主。以上即當祧也。」並設計了包含月祭、四時祭和忌日祭在內的三種祭祀形式：「月朔必薦新，冬至祭始祖，立春祭先祖，季秋祭禰，忌日遷主祭於正寢。凡事死之禮，當厚於奉生者。人家能存得此等事數件，雖幼者可使漸知禮義。」〔註58〕朱熹對祭祀的重視，貫徹了孟子「養生者不足以當大事，惟送死可以當大事」（《孟子・離婁下》）的喪祭理念。通過歲時祭祀，不斷強化子孫的報本思想，時時拉緊彼此之間的親密關係，以增強家族凝聚力、共榮感和共屬意識。這樣代代相傳、耳濡目染綿延下來，便可取得維護社會教化，維繫社會秩序的良好效果。所以，《禮記・祭統》明確闡述爲：「夫祭之爲物大矣。其興物備矣。順以備者也，其教之本與。是故君子之教也，外則教之以尊其君長，內則教之以孝於其親，是故明君在上，則諸臣服從，崇事宗廟社稷，則子孫順孝。」〔註59〕

　　明代方孝孺在《童氏族譜序》中，也不厭其煩地長篇論述了維繫家族組織長期存續的意義和有效途徑：「有天下而不能爲千載之慮者，必不能享百年之安。爲一家而無數世之計者，必不獲樂其終身。事變之生，固非智計之所能盡備也，然古之賢者寧使思慮出於事物之外，而不使事物遺乎思慮之表。方其燕安無事之時，日夜之所營爲，恒恐一事之未周而啓將來之患，一時之或懈而基無窮之憂。人固疑其爲計之過也，而不知必如是，然後可委諸天命。……孝悌忠信以持其身，誠恪祠祭，以奉其祖，明譜牒，敘長幼親疏之分，以睦其族，累世積德，以求無獲罪於天。修此則存，廢此則亡，此人之所識也。」〔註60〕方孝孺所強調的家系繼絕，從家族血緣的傳承指向家族遺

〔註57〕程顥、程頤《二程遺書》卷十八〈伊川先生語四〉，上海：上海古籍出版社 1992 年版，第 189 頁。

〔註58〕朱熹、呂祖謙編選《近思錄》卷九〈制度〉，北京：中國三峽出版社 2008 年版，第 149 頁。

〔註59〕阮元《十三經注疏》（下冊），北京：中華書局 1980 年版，第 1604 頁。

〔註60〕方孝孺《遜志齋集》卷十三〈序・童氏族譜序〉，《四庫全書》（1235 冊），上海：上海古籍出版社 1987 年版，第 384 頁。

風與家族榮譽的傳承，即所謂「名門家系」的延續。

徐揚傑在總結了歷史上不同地域的祭祀形式後提出：對於一般封建家族，特別是宋以後的封建家族而言，祖祭的種類主要包括寢祭、墓祭和祠祭三種，亦即所謂「祭各不同，有家祭（即寢祭），有祠堂之祭，有塋墓之祭」〔註61〕：寢祭是家族中個體小家庭在家中的祖祭。在家庭住宅的正房或廳堂的正中處，設龕供奉自己小家庭直系祖先（一般到高祖為止，高祖以上的牌位遷至祠堂）的牌位。形式包括朔望祭、中元饋祖、除夕祭龕和祖先誕忌祭；墓祭也叫掃墓，是家族中比寢祭規格高一級的祭祀，僅次於祠祭。祭祀形式或為春、秋兩祭，或為清明一祭，或為其他約定的祭日（如孟府就規定五月五日，七月七日祭）。屆時，族人前往由始祖開始的祖先墓前依次獻祭。墓祭儀式完畢後，再查看祖墓是否有倒塌毀壞的情況，或當即修整或另擇吉日修葺。徐揚傑指出：墓祭的本意，原在於對死去的祖先寄託哀思，以不忘家族本源。但明清以後，墓祭多已違離本意，蛻變為或顯示家族勢力以威懾族眾與異姓家族，或作為族眾藉以遊覽、宴飲的機會；祠祭也叫廟祭或族祭。祭所在祠堂或家廟。這裡既是家族祖先靈魂的棲身之所，也是家族凝聚力的象徵所在。祠（廟）祭本源於墓祭，漢代以後傍墓建祠（廟），而有祠（廟）祭。所以宋濂有：「古者墓無祠，庶人唯祭其禰，禮也。至漢嘗祠墓矣，祭嘗及高祖」〔註62〕的說法。祠祭的形式以春、秋大祭為主，這也是家族中最隆重、最盛大的祭祀儀式，包括置備祭品，主祭的宗子、族長及各級執事人員提前演習和正式祭祀幾個步驟。

從祭祀禮制的內部結構和組織系統看，祭期、祭儀和祭品構成了傳統祭祀的三大要素。對此，在早期記載和解釋周代禮典的《周禮》、《儀禮》和《禮記》中都有詳細論述。之後，因時間和地域、或理論闡述與社會實踐的不同，雖然在內涵上出現較大的差異。但總體來看，每一要素中又都有恆久且共同強調的內容。這些內容超越了時間和地域界限，成為在全國範圍和相當長時間內普遍適用的傳統祭祀禮制。

關於祭祀時間的間隔期限，特別強調間隔時間的疏密中允。如《禮記‧祭義》中所規定的：「祭不欲數，數則煩，煩則不敬；祭不欲疏，疏則怠，怠

〔註61〕徐揚傑《中國家族制度史》，北京：人民出版社1992年版，第357頁。
〔註62〕宋濂《文憲集》卷二〈記‧平陽林氏祠學記〉，《四庫全書》（1223冊），上海：
　　　　上海古籍出版社1987年版，第285頁。

則忘。是故君子合諸天道，春禘秋嘗。」鄭玄注：「忘與不敬，違禮莫大焉。合於天道，因四時之變化，孝子感時念親則以此祭之也。春禘者，夏殷禮也。」朱熹還據此詳定了時祭、月祭和忌日祭。但這相對於繁忙的生計仍不失過密，因而春、秋祭和忌日祭成爲較爲普遍盛行的祭期。

對於祭祀儀制，強調祭祀者態度的虔誠。所謂：「夫祭者，非自外至者也，自中出生於心也。心怵而奉之以禮，是故唯賢者能盡祭之義。……忠臣以事其君，孝子以事其親，其本一也。……是故賢者之祭也，致其誠信，與其忠敬，奉之以物，道之以禮，安之以樂，參之以時，明薦之而已矣。」（《禮記·祭統》）「祭祀，與其敬不足而禮有餘也，不若禮不足而敬有餘也。」（《禮記·檀弓》）

對於祭品（包括禮器），強調依照祭祀者身份等級的不同，在所用祭器與祭品種類、多寡方面的不可僭越。如《禮記·禮器》所說：「先王之制禮也，不可多也，不可寡也，唯其稱也。是故君子大牢而祭，謂之禮。匹夫大牢而祭，謂之攘（盜竊）。」

除此之外，還有一個祭祀場所的問題。祭祀場所雖然會因地域及祭祀者身份的不同而不同。但在總的趨勢上，經歷了由原始、質樸的掃地而祭、除地而墠，到簡單加工的封土爲壇、掘地爲坎，最終演變爲複雜、奢華的建廟、立墓的三段式變遷歷程〔註63〕。

作爲植根於中國血緣與家族文化之上的儒家文化，當然最能體現中國與血緣家族直接相關的祭祀文化。《禮記·祭統》記有：「昔者周公旦有勳勞於

〔註63〕 注：從祭祀儀制的發展變化歷程看，祭祀場所經歷了三大變革期：早期祭祀講求儀式的質樸，對於祭祀場所沒有固定的要求，常依祭祀對象的不同而隨地獻祭，故有「至敬不壇，掃地而祭」（《禮記·禮器》，阮元《十三經注疏》（下冊），北京：中華書局1980年版，第1433頁）和「除地爲墠」（《禮記·祭法》「設廟祧壇墠而祭之」條下注，阮元《十三經注疏》（下冊），北京：中華書局1980年版，第1589頁）的記載。以後，隨著祭祀儀制的正規化，又逐漸有了「封土爲壇」、「掘地爲坎」作爲祭祀場所。壇高起以寓爲陽，坎下陷以寓爲陰，故有「祭山林丘陵於壇，川谷於坎」（《禮記·祭法》「埋少牢於泰昭」條下注，阮元《十三經注疏》（下冊），北京：中華書局1980年版，第1588頁）「祭日於壇，祭月於坎，以別幽明，以制上下」（《禮記·祭義》，阮元《十三經注疏》（下冊），北京：中華書局1980年版，第1595頁）的說法。其後，又在壇、坎的基礎上進一步築牆爲屋，陳祖先靈位於宮爲廟，埋祖先之體於地爲墓。宮廟、陵墓，成爲祭祀，特別是祭祖的最後、最複雜、最高級的人工祭祀場所。可見，祭祀場所也經歷了由低級到高級，由簡單到複雜，由質樸到奢華的發展歷程。

天下，周公既沒，成王、康王追念周公之所以勳勞者，而欲尊魯，故賜之以重祭。外祭則郊、社是也；內祭則大嘗、禘是也。」這段論述，典型體現了儒家文化對中國祭祀文化的張揚。

　　頗受魯風浸潤的儒學創立者孔子，爲了擺脫禮崩樂壞的社會亂象，寄希望於經由親親、敬宗、睦族的途徑重塑社會等級秩序。以孝爲本，事鬼祭祖理所當然地成爲實現這一目標的入手處。客觀地看，孔子對鬼神與祭祀其實抱有理智的實用主義態度的。《論語・八佾》的「祭如在，祭神如神在」，是後人論證孔子無神論的主要依據。「祭如在」的潛在意義是：作爲祭祀對象的神只不過是祭祀者心中的「存在」，而非客觀的眞實存在。也就是說，祭祀對象的存在與否，依賴於主體「我」的主觀認可。這裡，一個「如」字，把祭祀對象即「神」的眞實性懸置起來。而它的眞實表述應該是：祭祀者主體「我」並不一定必須確認祭祀客體「神」的眞實存在與否，重要的是通過祭神的儀式和過程，強化一種體驗，即對祖先的懷念，並以此拉近祖先與子孫間的血緣聯繫。如此一來，外在客觀的「神」便消解、內化爲一種主觀的精神信仰和寄託。相應地，對外在祖先神靈的希求也就內化爲對主體自我的一種約束或激勵，並幻化成一種現實的心靈安頓。在這樣的語義下，我們不難發現，孔子在如何對待鬼神的問題上秉持了一種騎牆術的態度。這一態度我們從「子路問事鬼神，子曰：『未能事人，焉能事鬼。』敢問死，子曰：『未知生，焉知死』」（《論語・子路》）的對答中看得更清楚。劉向《說苑》中的一段記載似乎可以貼切地揭示孔子這一矛盾心理的深層玄奧：「子貢問孔子：『死人有知無知也？』孔子曰：『吾欲言死者有知也，恐孝子順孫妨生以送死也。欲言無知，恐不孝子孫棄而不葬也。賜，欲知死人有知將無知也，死徐自知之，猶未晚也。』」〔註64〕若答死而有知，恐子孫以死害生；若答死而無知，恐子孫拋棄親情。矛盾糾結的結果就只有採用騎牆術，將這一問題暫時懸置，留待死後解決。事實是，在現實中，孔子並不認同鬼神的客觀存在，但客觀存在的人又眞切地需要一種源自親情的人文化規約，至於其中原因，孟子曾提醒過：「人，飽食暖衣逸居而無教，則近於禽獸」（《孟子・滕文公上》）。通過祭祀祖先、敬畏神靈，實現對人的行爲約束，是體現人之爲人的必要途徑。它一方面爲祭祀者提供一種精神超越，使之在現實的人生中樹立起一種超現

〔註64〕劉向《說苑》卷十八〈辨物〉，《四庫全書》（696 冊），上海：上海古籍出版社 1987 年版，第 166 頁。

實的神性或崇高性；另一方面爲現實的人生提供一種精神規約，使人在這樣
的精神規約下擺脫原始生物性的肆無忌憚與爲所欲爲。正是在這個意義上，
孔子提出「所重民、食、喪、祭」（《論語・堯曰》）的主張。從這個角度而言，
孔子對喪、祭的重視，是以血緣親情維繫社會秩序的人生大智慧。明乎這一
點，是準確而深刻地理解儒家所倡導，然而在今天我們看來過於煩瑣、大可
不必的中國傳統祭祀文化的關鍵。

二、孟子林廟祭祀儀制及其文化內涵

孟子林廟祭祀制度植根於中國源遠流長的祭祀文化，又特別滲透進了經
過宋儒深化和改造的祭祀精神，是中國傳統祭祀禮儀與儒家祭祀文化的融會
與典型體現。孫復《新建孟子廟記》，對於當年兗州守孔道輔尋訪孟子墓並建
廟以奉祭祀的目的性闡述集中說明了這一問題：「孟子力平二豎之禍而不得血
食於後，茲其闕也甚矣。祭法曰：能禦大災則祀之，能捍大患則祀之。孟子
可謂能禦大災能捍大患者也。且鄒昔爲孟子之里，今爲所治之屬邑，吾當訪
其墓而表之，新其祠而祀之，以旌其烈。」〔註65〕此後，孟氏歷代宗子都以
「主鬯」的身份奉守宗廟祭祀，千年相承不改。從現在存世不多的材料看，
孟子林廟祭祀無論是祭時、祭儀，還是祭器、祭品，都有一整套嚴格的制度
規範。簡單概括一下，有如下幾個特點：

其一，祭期與祭祀形式多樣而頻繁。從祭期看，孟子林廟祭祀基本執行
了朱熹提倡的祭時設計。孟子七十代孫孟廣均在向朝廷申請斷機堂祭品的移
文中稱：「鄒邑爲聖賢梓里，祠祀甚多，除春、秋二丁正祭外，如二仲丁、清
明、中元、七月望、十月朔等日，祭品乃蒙歷代賢父臺籌撥，承制迄今，相
沿未泯。」〔註66〕孟廣均編清穆宗同治本《孟子世家譜》有明代欽定祭期與
祭品的規定，「祭期：二月上丁，八月上丁，生辰忌辰，正月元旦，上元冬至
日致祭。孟母斷機堂春秋中旬丁日，羊豕各一致祭。墓祭三月清明，十月朔

〔註65〕孫復《新建孟子廟記》碑，現存孟子林享殿西夾室內。碑文另見劉培桂編著
　　　《孟子林廟歷代石刻集》，濟南：齊魯書社 2005 年版，第 2 頁。其中所提到
　　　的「祭法」爲《禮記・祭法》，原文爲：「夫聖王之制祭祀也，法施於民則祀
　　　之，以死勤事則祀之，以勞定國則祀之，能禦大災則祀之，年捍大患則祀之。」
　　　（阮元《十三經注疏》（下冊），北京：中華書局 1980 年版，第 1590 頁）
〔註66〕班昭《孟母頌》碑，原存孟母斷機堂，已毀。孟府藏舊拓，現存鄒城市博物
　　　館。文收入劉培桂主編《孟子林廟歷代石刻集》，濟南：齊魯書社 2005 年版，
　　　第 410 頁。

雨林，羊豕各一致祭」〔註67〕。可見，孟子林墓有著複雜且自成體系的祭祀制度。概而言之，從祭期看，有每月朔、望日（初一和十五日）小祭，每年春、秋兩季丁祭（分別爲仲春二月上旬逢丁日和仲秋八月上旬逢丁日）和孟子忌辰（冬至日）大祭三種；從祭祀形式看，有定期和不定期二種。定期的又分家祭和官祭兩種。家祭由孟氏家族自主，屆時於孟廟亞聖殿前，由宗子主持，族人陪祭。官祭由中央或地方官員承祭。其中前者又叫「遣官致祭」〔註68〕，即由政府差遣官員赴鄒縣承祭，由地方官員陪祭。清高宗乾隆皇帝每次南巡、東巡，都在闕里祭孔的同時，委派官員分祭孟廟，如高宗乾隆十三年（公元 1748 年）、二十一年（公元 1756 年）、三十六年（公元 1771 年）、四十九年（公元 1784 年）、五十五年（公元 1790 年）南巡闕里，就曾遣光祿大寺卿吳應枚、內閣學士兼禮部侍郎錢維城、光祿寺卿申甫、刑部侍郎杜毓林、內閣學士兼禮部侍郎翁方綱分祭鄒縣孟廟。孟廣均等在《重纂三遷志》中也有「本朝遣官致祭之禮，乾隆時凡數次舉行此禮，爲博士官署所司存。故記載宜詳」〔註69〕的按語。後者一般於家祭之後，由鄒縣知縣等地方長官發起，縣學教諭等地方輔官陪同全體家族成員參與。從祭祀地點看，除孟廟主祭場外，斷機堂、孟子墓、孟母墓、故里祠、旌忠祠和祧主祠等也都有定期祭祀：斷機堂祭於每年仲春和仲秋中丁日（二月中旬逢丁日和八月中旬逢丁日）兩次；孟子墓祭於每年清明前一日、十月朔前一夕和臘日（十二月初八）三次；孟母墓祭於清明日和十月朔日二次；故里祠祭於每年正月朔日（初一）、二月二日、十一月望日（十五）和臘日（十二月初八）四次；旌忠祠祭於每年上巳日（原本爲三月上旬的巳日，後演變爲三月初三）和重陽日（九月初九）

〔註67〕孟廣均編清穆宗同治本《孟子世家譜》卷首〈前代恩例〉，現存鄒城市文物局。另孟廣均編清德宗光緒本《重纂三遷志》卷四〈祀典〉，也有祭期的記載：「祭期，每歲仲春仲秋上丁日冬至日廟祭中丁日斷機堂祭清明前一日十月朔前一夕臘日四基山墓祭清明日十月朔日馬鞍山墓祭正月朔日二月二日十一月望日（俗傳爲孟子忌辰）臘日故里祠祭上巳日重陽日旌忠祠祭立春日伏日臘日春秋上丁日祧主祠祭。」（苗楓林主編《孔子文化大全》，濟南：山東友誼書社1989 年版，第 251 頁）

〔註68〕來保、李玉鳴《欽定大清通禮》卷十一〈遣官釋典顏曾孔孟四氏〉：「亞聖孟子之禮各遣官一人齋祝文（翰林院隨時擬撰），香帛分詣所在專廟，行禮陳設與京師太學四配每位器數同，祭日有司供具遣官行禮如祭。」（《四庫全書》（655冊），上海：上海古籍出版社 1987 年版，第 194～195 頁）

〔註69〕孟廣均編清德宗光緒本《重纂三遷志》卷四〈祀典〉，苗楓林主編《孔子文化大全》，濟南：山東友誼書社 1989 年版，第 209～211、250～251 頁。

二次；祧主祠祭於每年立春日，入伏日，臘日和春、秋上丁日五次。這些祭祀在祭儀上比孟廟有所簡化。如此算來，除去每月朔、望日的小祭，孟子林廟僅中等以上規模的定期祭祀每年就有二十多次，若再加上政府不定期的「遣官致祭」，幾乎平均每月兩次以上。這樣的祭祀頻率的確堪稱頻繁。

其二，祭祀儀式隆重而煩瑣。孟廟的祭祀儀式因祭祀形式的不同而在繁簡程度上各有不同，但其主要程序大同小異。以春秋丁祭爲例，祭儀的主要構成是：

一，主持者。一般由宗子主鬯擔任承祭官。宗子在父母之喪的三年和堂叔伯父母之喪的二十一日內，由族長代替。

二，準備。祭祀前兩日，主祭者於亞聖殿西側的致嚴堂（原名齋宿所）住宿、沐浴、更衣、素食（不飲酒、不吃葷），以示對祖先神的誠敬。祭祀前一日，承祭者率所有執事人員在承聖門下演習祀儀並「省牲」（檢查祭品是否完備）。祭祀之日，早上寅時初刻點火炬，稱「庭燎」〔註70〕。之後，關閉亞聖殿門，開啓平日一直關閉著的欞星門。承祭官穿博士朝服，陪祭官穿公服，按年齡、官爵或職位高低排列。在正式祭祀儀式前二刻，與祭者先由啓聖門進啓聖殿，祭啓聖邾國公。之後，在承祭官率領下，按順序入欞星門，再由承聖門東偏門至亞聖殿前。三通擂鼓後，亞聖殿大門徐徐打開。承祭官、陪祭官及各執事者在贊禮生「各司其事」、「各就其位」的唱贊聲中，各就各位，各司其職。

三，正式儀式。包括三個環節：一是「瘞毛血」，執事禮生將犧牲的毛血送到瘞埋所掩埋〔註71〕。二是「迎神」，行二跪六叩〔註72〕禮。三是行「三獻

〔註70〕 賈公彥《儀禮‧燕禮》「宵則庶子執燭於阼階上」條下注：「在地曰燎，執之曰燭，於地廣設之則曰大燭，其燎亦名大燭。」（阮元《十三經注疏》（上冊），北京：中華書局1980年版，第1024頁）孔疑達《詩‧小雅‧庭燎》疏：「庭燎者，樹之於庭，燎之爲明，是燭之大者。故云：庭燎，大燭也。」（阮元《十三經注疏》（上冊），北京：中華書局1980年版，第432頁）庭燎的目的除了照明，並用於驅邪和祭神祭祖，周秦以後在宮廷和民間廣泛流行。

〔註71〕 也稱「瘞血」，爲祭祀的前奏。故《通典‧禮三》有：「祭地以瘞血爲先，然後行正祭。」（杜佑《通典》卷四十三〈禮三〉，杭州：浙江古籍出版社2000年版，第247頁）祭祀前一日，將用於獻祭的犧牲宰殺後，取血盛於乾淨容器中，次日祭祀的首件事即由執行禮生瘞於坎中，此即孫復《新建孟子廟記》所謂的「血食」。

〔註72〕 注：據孟子七十五代嫡次猶孫孟祥居稱，所謂「二跪六叩」，歷史禮儀制度相沿而成。祭至聖孔子以三跪九叩、八佾、太牢（牛、豕、羊）；祭亞聖孟子以二跪六叩、六佾、少牢（豕、羊）。

禮」:「初獻禮」,主祭者先到盥洗所澆水洗手,然後由司尊者向酒爵內酌酒。之後,至亞聖位前,跪上香、獻帛、奠酒、行一叩禮。起立,復位,由引禮生引領依次到先賢樂正子位及東西廡各先賢、先儒位前如上復演一遍。回到亞聖殿前下跪,由承祭官「讀祝」〔註 73〕,讀畢行一叩禮,復位。之後,接踵而行「再獻禮」和「終獻禮」,程序除不再盥洗外,其餘與初獻禮同。與亞聖殿前行三獻禮的同時,分派陪祭者至寢殿、祧主祠獻祭,儀式從簡。

四,飲福受胙。先是承祭人至受胙所,跪飲一杯祭祀用的酒,稱「福酒」,吃一點祭神后的祭肉,稱「受胙」,行三叩禮;然後「撤饌」(祭禮完畢後,將撤下的祭酒和祭肉分與眾祭人。象徵與祭者分享神享用後的祭品,寓意神賜福予與祭人)、「辭神」,行二跪六叩禮。

焚帛。司帛者捧帛,司祝者捧祝,至焚帛池焚燒。其時,承祭官西向站立,稱「望燎」。之後,回到亞聖殿前,典祀告畢,亞聖殿大門重新關上〔註 74〕。

以上儀式進行的整個過程中,始終伴隨著樂工奏樂。由孟廣均主編的清光緒本《重纂三遷志》卷四〈祀典〉闢「樂章」一節專記鄒國公釋典的樂章。從記載看,孟廟丁祭無單獨樂章,概與帝王幸太學行釋奠禮時酌獻孟子所用樂章同。這些樂章隨時代不同而有所變化。如宋徽宗時有「成安之曲」,金世宗時有「泰寧之曲」,元成宗時有「誠明之典」,而明洪武二十六年曾以國詔的形式「頒大成樂於天下」,清代又改為「中和韶樂」。司樂者也從初期的專職樂戶向後期的「民間樂戶」〔註 75〕轉變。現存《孟府檔案》仍保留有亞聖府傳樂工演習祭儀的諭單,樂工或七名,或十一名,概依年代不同而數額不等。

其三,禮器和祭品多樣而豐厚。祭品是獻祭祖先神的供品。祭品以牛、羊、豕三牲是否全備而有太牢與少牢之分。牛、羊、豕三牲俱全稱太牢。只有羊、豕而無牛的稱少牢。祭祀用太牢抑或少牢,視祭祀對象或祭者等級身份的不同而定。《禮記·王制》有「天子社稷皆大牢,諸侯社稷皆少牢」的記述。以故鄭玄在《儀禮·少牢饋食禮》「少牢饋食禮」條下注:「禮將祭祀必

〔註 73〕 即祝告神的祝文,明、清兩代孟廟祝文由皇帝頒定格式。一般行文格式為:維×年×月×日第×代嫡孫世襲翰林院五經博士×,敢昭告於先祖鄒國亞聖公曰:「言必仁義,道維堯舜。扶植紀綱,千載攸賴。今茲仲春(秋),謹備牲帛醴齊粢盛庶品,用伸虔祭,謹告。」

〔註 74〕 以上祭儀詳見孟廣均編清德宗光緒本《重纂三遷志》卷四〈祀典〉,苗楓林主編《孔子文化大全》,濟南:山東友誼出版社 1989 年版,第 245~250 頁。

〔註 75〕 孟廣均編清德宗光緒本《重纂三遷志》卷四〈祀典〉,苗楓林主編《孔子文化大全》,濟南:山東友誼出版社 1989 年版,第 251~254 頁。

先擇牲，繫於牢而芻之。羊、豕曰少牢，諸侯之卿大夫祭宗廟之牲。」〔註76〕
以此顯示相應的等級規格。孟子封公爵，為大夫，故祭祀用少牢。按這一規
格，孟子林廟祭祀用羊、豬為犧牲，此外再加黍、稷、稻、粱等糧食，榛、
菱、芡、棗、栗、菹、醢等脯、荣、醬、羹類。祭品的完備取意於「夫祭也
者，必夫婦親之。所以備外內之官也。官備則具備。水草之菹，陸立之醢，
小物備矣；三牲之俎，八簋之實，美物備矣；昆蟲之異，草木之實，陰陽之
物備矣」（《禮記‧祭統》）的祭禮目的和準則。本著虔誠、敬畏的祭祀原則，
祭品的製法極其講究〔註77〕，《三遷志》專門記載了孟府十分考究的祭品製法：

> 太羹：用淡牛肉汁，如無，以羊肉汁代之。和羹：用豬脊膂肉
> 切薄片，滾湯焯過，漉起，然後用鹽、醬、醋拌勻，腰子切荔枝形，
> 蓋面。臨發用淡牛肉熱汁澆上。黍稷：用米，揀過完潔，滾湯撈起，
> 只如撈飯法制造。稻粱：稻用白粳米，粱用粟米。揀過完潔，滾湯
> 撈起，亦如常飯法。形鹽〔註78〕：用篩過潔淨白鹽。槁魚：用白魚
> 一尾，大者約一斤，小者十二兩。以白鹽少許淹過，曬乾。臨用時
> 溫水洗淨，酒浸片時。棗栗：棗用膠棗或紅鮮棗皆可，需揀潔淨者；
> 栗用揀過大者。如無以核桃、龍眼、荔枝代之。榛：榛用潔淨者；
> 如無亦以上數果代之。菱芡：菱用菱米或鮮菱，須潔淨為主；芡是
> 雞頭米，須潔將為主。鹿脯：活鹿一隻，取肉一塊。如無，麕獐代
> 之。黑餅白餅：黑用蕎麥麵造，白用小麥麵造。內用砂糖為餡，印
> 作圓龍餅子。醓醢：用豬脊肉細切小方塊，用鹽、酒、蔥、花椒、
> 蒔蘿、茴香拌酢。鹿醢：用鹿肉切作小方塊，用油、鹽、蔥、花椒、
> 蒔蘿、茴香拌勻作酢；兔醢：用兔肉照鹿醢製法。魚醢：用魚照鹿
> 醢製法。韭菹、芹菹：韭切去本末，取中三寸；芹切作長段，須潔
> 淨，淡用。如無時用其根亦可。菁菹、筍菹：菁菜略經沸湯；筍如
> 乾，煮過，以水洗淨，俱切作長片，淡用〔註79〕。

〔註76〕阮元《十三經注疏》（上冊），北京：中華書局1980年版，第1196頁。

〔註77〕《周禮‧天官冢宰》有掌「祭祀共冰鑑」的「凌人」，掌「四籩之實」的「籩
人」，掌「四豆之實」的「醢人」，掌「祭禮之齏菹」的「醯人」，掌祭祀之形
鹽的「鹽人」等，專門負責管理祭品製作。

〔註78〕鄭玄《周禮》「鹽人，掌鹽之政令」條下注：「形鹽，鹽之似虎形。」（阮元《十
三經注疏》（上冊），北京：中華書局1980年版，第675頁）

〔註79〕孟衍泰編清世宗雍正本《三遷志》卷五〈禮儀‧祭品製法〉，臺灣孟氏宗親會
民國七十二年（公元1988年）重印，贈孟祥居家藏本。

　　禮器是盛放祭品的器具。中國祭祀傳統始終強調以禮器和祭品的豐盛表示祭儀的隆重與祭者態度的虔誠。《禮記》專設〈禮器〉一篇，開宗明義：「禮器，是故大備。大備，盛德也。」以廟堂之上：「洞洞乎其敬也，屬屬乎其忠也，勿勿乎其欲其饗之也」，達「天道至教，聖人至德」，所以，「備服器」，是「仁之至也」。就祭品的種類而言，因為祭祀本就是以生人之所獲，獻饗於祖先，因而以全為上，如《禮記》所說：「三牲魚臘，四海九州之美味也。籩豆之薦，四時之和氣也。內金，示和也。束帛加璧，尊德也。龜為前列，先知也。金次之，見情也。丹、漆、絲、纊、竹、箭，與眾共財也。其餘無常貨，各以其國之所有，則致遠物也。」（《禮記・禮器》）鑒於孟子對於儒家及其國家政治的特殊地位，清高宗於乾隆十四年（公元 1749 年）曾親自頒定孟廟祭器，原文如下：

　　　　乾隆十四年正月二十五日，內閣奉上諭：

　　　　國家崇禮先聖先賢，秩祀惟謹。闕里文廟祭器自皇考世宗憲皇帝時製造頒發。宮牆美富穆然，見隆古典型。乃者各壇廟升馨薦享，亦既悉用古制矣。惟茲元聖周公廟及四氏先賢祠，朕於東巡之次，特命修葺。今輪奐翼如，而器具未備，非所以重明禋將誠愙也。該撫準泰其飭有司遵定式敬謹成造，俾奠獻幾楹，執事有望，肅巨典焉。欽此。欽遵。

　　　　嗣於乾隆十五年五月內奉頒亞聖孟子廟祭器：

　　　　正位（照文廟四配例）：獻爵三隻，鉶一件，簠二件，簋二件，豆八件，竹籩四件，竹帛匣一件。

　　　　配位樂正子（照文廟十哲例）：獻爵一隻，簠一件，簋一件，豆四件，竹籩十二件，竹帛匣一件。

　　　　東廡三龕（照文廟先儒例）：獻爵三隻，簠三件，簋三件，豆十二件，竹籩十二件，竹帛匣一件。

　　　　西廡三龕（照文廟先儒例）：獻爵三隻，簠三件，簋三件，豆十二件，竹籩十二件，竹帛匣一件〔註80〕。

　　以帝王權威的形式，欽定孟廟祭器的規制，於此可見政治對孟廟祭祀儀

〔註80〕　《御頒亞聖孟子廟祭器碑》，現存孟廟致敬門前東側。碑文收入劉培桂主編《孟子林廟歷代石刻集》，濟南：齊魯書社 2005 年版，第 365～366 頁。

制的重視。孟廟祭祖，除竹製的籩（盛果脯）、篚（盛帛）和青銅的爵（用於奠酒的三足酒器）、簠、簋（食器，前者爲方形，後者爲圓形，用於盛黍、稷、稻、粱等）、鉶（獻羹）、豆（盛穀物或肉、菜的高腳食器）、俎（盛犧牲的大形禮器）、香爐外，還有不同材質的燭臺、盥盤、祝版等，種類繁多，質地考究，體現出了明顯的等級差異〔註81〕。

第五節　孟府文物與典籍

作爲中國文化的物化體現，孟府在歲月滄桑中積累、映像著中國和儒家文化厚重的文化底蘊。除了莊嚴華美的歷朝建築外，孟府的府藏文物是最能體現孟府文化的要件。作爲千年府邸，孟府中的府藏文物本應很多，但兵燹戰火、政治動盪、自然災害等各種自然與人爲因素疊加，致使大量文物流失損壞。即便如此，粗略概覽，尚且足以使我們訝異於其文化底蘊的豐厚。

概略而言，孟府文物大致包含了三大種類：一類是與帝王有關的聖旨誥封等政治類文物；一類是玉石陶器、青銅木雕、碑碣石刻等器物類文物；一類是家譜志乘、府藏檔案等典籍類文物。

一、政治類文物

孟府的政治類文物，主要包括帝王加封孟子後裔及其封蔭妻、子的聖旨詔書封誥等。因爲年代久遠、世事動盪，這類文物因各種人爲或非人爲原因毀壞嚴重。現在存世的多屬清代後期道、咸以後，也多有蟲蝕鼠齧的狀況。這些文物原本放置在孟府賜書樓，後爲加強管理和保護，幾經轉移，現大部份收藏於鄒城市博物館。詳見下表〔註82〕：

序號	名　稱	時　間	備　註
1	關於授翰林院五經博士加四級孟繼烺爲文林郎及封孟繼烺之妻楊氏爲孺人的聖旨	道光八年十月九日	

〔註81〕以上材料均參見《孟府檔案》、孟廣均編清德宗光緒本《重纂三遷志》；孫長之《孟子林廟祭祀制度》，收入濟寧市政協文史資料委員會、鄒縣政協文史資料委員會編《孟子家世》，北京：中國文史出版社1991年版，第166～173頁；鄒城市孟子學術研究會、孟氏宗親聯誼會編《孟子與孟氏宗族》，北京：中國文史出版社2005年版，第206頁。

〔註82〕注：此表據鄒城市文物局提供《孟府檔案目錄》（手抄）整理而成。

2	關於贈孟廣均之父徵仕郎翰林院五經博士加一級封孟廣均之母太孺人的聖旨	道光十五年十月十日	
3	關於給孟廣均加三級及其妻封蔭的詔書	道光三十年一月二十六日	滿文、漢文
4	關於贈孟廣均之父為文林郎封孟廣均之母為太孺人的聖旨	道光三十年一月二十六日	
5	關於加封孟廣均主事銜藍翎及封孟廣均妻為安人的聖旨	咸豐五年十月二十日	斷裂
6	關於封孟昭銓徵仕郎及妻王氏為孺人的聖旨	同治十二年二月十二日	
7	關於嘉封孟昭銓父母的聖旨	同治十二年二月十二日	滿文
8	關於嘉封孟昭銓父母覃恩的聖旨	光緒元年一月二十日	
9	關於孟昭銓加封二級及其妻封蔭的詔書	光緒元年一月二十日	破損
10	關於孟昭全加封二級及其父母封蔭的詔書	光緒十五年二月十七日	蟲蛀
11	關於授孟昭銓為文林郎贈孟昭銓之妻王氏為孺人的聖旨	光緒十五年二月十七日	
12	關於贈封孟慶堂父母的聖旨	光緒三十一年七月一日	字跡不清
13	關於嘉獎孟慶堂兄嫂的聖旨	光緒三十一年七月一日	字跡不清

二、器物類文物

孟府中的許多器物歷經時間積澱與洗禮都已成為彌足診貴的文物。在這些文物中，除了原孟府後裔的生活用具外，還有三類值得重點關注：

第一類是自宋代迄於民國的大量碑碣刻石及其廟記題詠。劉培桂的《孟子林廟歷代石刻集》是迄今為止在這一方面功力最深也是最系統的整理成果。此類文物又可在內容上分為三大類：一是由創建、重修而成的廟記、墓記；二是由祭祀、拜謁而成的祭文、題詠、謁記；三是由帝王對孟子後裔封贈優免的詔敕、牓牒，約計四百多篇〔註83〕。這些碑碣題詠對於孟府文化、儒家文化乃至於中國文化的政治學、歷史學、文字學和文獻學等的研究都具有極大價值，如北宋神宗元豐六年（公元1083年）詔封孟子為鄒國公的《尚書省牒》刻石；元仁宗延祐三年（公元1316年）追封孟子父母為邾國公、邾國宣獻夫人的《聖詔褒崇孟父孟母封號之碑》、元文宗至順二年（公元1331年）加贈孟子為鄒國亞聖公的《皇元聖製》碑及清聖祖康熙於二十六年（公

〔註83〕劉培桂編著《孟子林廟歷代石刻集·前言》，濟南：齊魯書社2005年版。

元 1687 年）頒立的《御製孟子廟碑》、清高宗於乾隆十三年（農曆戊辰，公元 1748 年）御書《亞聖孟子贊》等，展現了孟子及其孟府的政治化歷程，其文化學意義是不言而喻的。而宋仁宗景祐四年（公元 1037 年）孫復所撰《新建孟子廟記》、宋宣和四年（公元 1122 年）孫傅所撰《先師鄒國公孟子廟記》碑及金宣宗貞祐元年（公元 1213 年）孫弼所撰《鄒公墳廟碑》等，則記錄了孟子府廟林墓的遷建過程，記錄了孔子升格與孟子府廟林墓變遷的過程，是研究孟府崛起及其內政、外交情況的重要資料。除此而外，通過對歷朝在孟府所立碑碣牒文的數量、性質等情況信息的綜合分析，進而還可以把握孟子及孟府政治地位變化的趨勢，比如元代三十一塊石刻遠遠超過宋、金兩代之和，而在元代之後明代的二百零二塊和清代的一百零五塊刻石數量，也可以反映出繼元代尊孟達到高峰之後，明、清兩代對孟子的進一步尊崇。更為重要的是，當我們把這些學術或思想上的尊崇，與國家政治體制變動的大背景相聯繫進行深層思考的時候，會透過這些表象的東西找到封建政治變動的內在演變軌跡，如元楊惠《太師右丞相過鄒祀孟子之碑》及明趙彥《重建孟夫子廟成碑記》等碑記所記載的元、明時期河南、山東一帶的農民起義情況，為我們研究和把握封建王朝的興衰軌跡提供了切實的文獻支撐。

第二類是孟廣均搜集和收藏的「十長物」。所謂「十長物」，根據馬星冀的記錄，計有長乘馬幣一、周叔子盤二、葛父鬲三、周鼎四、邾子匜五、漢瓦當六、新天鳳碣七、後漢騎部曲將印八、建安鐵瓦硯九、明蕉葉白硯十。這十件「長物」在後來的戰亂動盪中大多遺失，現僅存三件：漢天鳳碣、建安鐵瓦硯和明蕉葉白硯。

漢天鳳碣又名《萊子侯封田刻石》、《萊子侯封冢記》、《天鳳刻石》、《萊子侯贍族戒石》〔註84〕等。最早為顏逢甲與友人於清嘉慶丁丑年（公元 1817年）遊鄒縣臥虎山時，在山前偶然發現。《萊子侯封田刻石》是在天然青石上豎刻隸書七行三十五字：「始建國天鳳三年二月十三日，萊子侯為支人，為封，使諸子食等，用百餘人，後子孫毋壞敗。」「天鳳」是西漢末王莽年號，天鳳三年為公元 16 年。可見，此石雖暴露於風雨之中近兩千年，因為石質堅硬，

〔註84〕梁啟超稱：「新莽石刻。存者惟此。……石在嶧山西南廿里臥虎山下，以嘉慶二十二年出土，今移至鄒縣孟廟。萊子侯當是姓名，孟子有萊朱，豈其苗裔耶？此刻蓋封田以贍宗族者，亦可見古誼也。」（梁啟超《飲冰室合集》（五）〈飲冰室文集之四十四·碑帖跋·漢萊子侯殘石〉，北京：中華書局 1989 年版，第 33 頁）石今存鄒城市博物館。

到發現時仍刻字清晰，幾無風化剝蝕。《萊子侯刻石》的價值，除了其內容具備的史學意義外，更在於它的文字學意義。雖然至今關於此石的眞僞及其文字價值尚有不同看法〔註 85〕。但其文字的形制特點，反映了漢代文字的轉變過程。從歷史上看，秦朝的「書同文」，實現了漢字字形的規範化。東漢許愼《說文解字》的編寫，就標誌著漢字造字時代的結束。此後，文字發展的重點開始由漢字的創制轉向字形的完美，漢字發展由字學時代轉入書學時代，書法的重要性由此而凸顯。特別是漢代政治的一統和經濟的發展，爲文化的發展提供了基礎。再加上西漢政府重視文字規範化書寫對書法藝術的刺激，兩漢書法實現了由篆而隸的轉變，這一轉變過程至東漢最終完成。而這塊西漢末新莽天鳳三年的《萊子侯刻石》在書法寫作技巧上所表現出的蒼勁古拙與隸中有篆，正是這一發展歷程的形象化反映。爲後人瞭解漢代漢字由篆而隸的發展演變過程及其規律提供了重要參照。從這一角度看，《萊子侯刻石》在文字發展史上顯然具有標誌性意義。

建安鐵瓦硯又稱「漢瓦硯」，係一長方形板瓦狀硯臺。正面刻一葫蘆形墨池，左右上角陰刻篆文硯銘，分別爲：「惟天降靈，錫戎曹碎，値時精明，遇人而出」和「惜彼陶瓦，以古器賈，翰墨是封，以彰以述」。墨池兩側陰刻楷書聯句：「爲愛陶瓦之質，宜加即墨之封」。墨池下方豎刻十一行楷書小字，根據胡新立的識讀，爲：「予得此漳濱之深，以三十九枚婺而，加緒翰墨，以爲博雅好古之玩云。洪武辛未重九翟仙識」。瓦硯背面陽文隸書：「建安十五年」，字的上方有一古貨泉圖案，下方爲一回首臥鹿。從瓦硯的文字信息分析，此瓦硯製作於東漢最後一個皇帝漢獻帝建安十五年，即公元 211 年。概收藏者於明太祖朱元璋洪武辛未年（公元 1371 年）得之於安陽漳河之濱。瓦硯硯面色如黑漆，質地平潤、細膩，應屬瓦硯上品。此硯是否爲明代人仿製還有待進一步研究，但儘管如此，其精良的質地及罕見的陽刻年代，似乎都顯示著自身價值的非同一般。

硯作爲漢字書寫的工具，其製作歷史應該與毛筆同時，在我國可以上溯到古老的史前社會。二十世紀七十年代，考古工作者在仰韶文化姜寨遺址發現的石硯和礦物顏料、陶水杯等，說明我國的製硯歷史已有六千年。硯的種

〔註85〕 如清馮雲鵬《金石索》云：「此石雖非後人僞刻，亦係當時野制，無深長意趣。」
（馮雲鵬《金石索·石索一·碑碣一》，《續修四庫全書》（894 冊），上海：上海古籍出版社 2002 年版，第 326 頁）

類從材質上劃分有石、磚、陶、玉等，但以石硯和陶瓦硯最為實用〔註 86〕。
在這兩類硯中，雖然目前發現最早的姜寨硯是石硯，但其後由於石料質地的
限制和製陶工藝的精湛，因而，在漢唐之間，一直以使用陶瓦硯為主。關於
這類瓦硯的製作和特性，清趙汝珍在《古玩指南》中有所提及：「瓦硯者，係
以瓦質為硯，並非以房屋上之瓦檔作硯也，乃係特別精心製造者，其質堅硬，
其音清脆，絕無砂眼石粒羼入其間，較之澄漿金磚尤為細膩，在唐以前千餘
年間，作書作畫全用此硯。」唐貫休還曾賦詩《硯瓦》以形容這些瓦硯質地
的精良：「淺薄雖頑樸，其如近筆端。低心蒙潤久，入匣更身安。應念研磨苦，
無為瓦礫看。倘然仁不棄，還可比琅玕。」〔註87〕這類陶瓦硯細分又有兩種，
一種是直接用漢宮殿瓦稍加工而成，據載漢代未央宮殿瓦和三國曹操銅雀臺
瓦因土質考究，製作精良，具有不滲水，發墨好的特點，成為文人們熱衷搜
集、使用和收藏的珍貴硯臺。宋蘇易簡等撰《文房四譜》就有：「魏銅雀臺遺
址，人多發其古瓦琢之為硯，甚工而貯水數日不燥，世傳雲昔人制此臺，其
瓦俾陶人澄泥以絺濾過，加胡桃沒方埏埴之。故與眾瓦有異焉。」〔註 88〕的
記載，此類瓦硯至唐宋時才逐漸流行開來。另一種是漢唐間仿照漢瓦質地和
樣式專門製造的瓦硯。從製作工藝——包括精心淘洗的陶土和高於一般瓦的
火侯——的精湛上看，堪與漢宮殿瓦相媲美。這種瓦硯因不受原料來源的限
制而產量較多，為漢唐民間瓦硯收藏和使用的主角。

　　唐宋以後，隨著適合製硯的石料在各地的陸續發現，以端硯、歙硯為代
表的質量上乘的石硯又取代了陶硯，成為硯臺製作及收藏的主角。明蕉葉白
硯，就是端硯中的上品。因質地堅潤，紋理間有如蕉葉狀純白片，故名。唐
宋以後，在各地陸續發現的優質硯石石材中，以廣東肇慶的端硯位居其首。
肇慶端硯始於唐、盛於宋，精於明、清。唐代中晚期，端硯已被列為貢品，
但此時的端硯多以實用為主，因而硯形較單調。中唐以後，端硯漸由文房用
具向鑒賞工藝品演變，製作工藝也隨之趨向富麗繁雜，多飾以山水景物或座
右銘。小小一方硯臺，成為展現文人哲學觀念、審美理想與生活情趣的獨特
天地，也由此成為反饋或研究中國文化特別是文人文化的窗口。宋代，在文

〔註86〕　趙汝珍：「硯之種類，當以瓦、石為兩大別。」（趙汝珍《古玩指南》第九章
　　　　　〈硯〉，北京：中國書店 1984 年版，第 3 頁。
〔註87〕　中華書局編輯部《全唐詩》卷八百二十九，北京：中華書局 1999 年，第 9430 頁。
〔註88〕　蘇易簡等撰《文房四譜》，上海：上海古籍出版社 1991 年，第 31 頁。

化繁盛的大背景下，端硯的實用價值與欣賞價值並重，除了被用作研墨外，更多被用於收藏、饋贈、鑒賞和研究。宋代許多書畫大家如歐陽修、米芾、蘇軾等都以嗜硯、藏硯聞名，並留下了《硯譜》、《硯史》、《東坡志林》等研硯名著。明代，社會鑒賞和收藏硯臺之風達至極盛，端硯在設計、造型、雕刻方面都有新突破，而以崇尚「天然去雕飾」成爲硯臺製作和鑒賞的主流，即以天然的石形、豐富的石色及珍貴的石品花紋等稍作人工點綴，以此彰顯中國傳統天人合一、崇尚自然的哲學理念。

　　孟府收藏的這方明蕉葉白硯，是明代製硯工藝的代表作。這塊硯臺表面呈暗紅色，硯上部以高浮雕鐫刻一幅「夏夜納涼圖」：庭院正中央書床上有手持羽扇的斜倚老者，左一執扇童子，書床旁一方形案几上有幾帙線裝古書，左側有假山，山石上陰刻行書：「崇禎壬申秋七月仿宋錦衣衛指揮使之法。宗周」；中側有茅亭，與院內青蔥蒼翠的古松、青桐、芭蕉相映成趣，營造了一種自然、安寧、詳和的富有情趣的生活和文化氛圍。硯池兩側篆書對聯：「窗虛不礙經澹日，地靜偏留掃葉風。茅堂朱爲弼」。硯兩側有劉墉行書題文：「百文奇音，在魯庸聽，警言妙響，逸之大攄。凡識知其絕群，則伯英不足稱。食召開可當也。唐人以爲鄉宿之風，所見大齋，聊淺識所到，但學書日壞，即此已罕，有能學之。石庵。」硯背面陽刻清代書法家包世臣的詩句：「窗含遠樹通書幌，風颸殘花落硯池。嘉慶辛酉清和月下浣安吳包世臣」，上有啓首章「御賜」二字。硯質細膩潤滑，實爲端硯上品。從假山刻文判斷，此硯大約刻製於明末思宗崇禎五年（公元 1632 年）。「宗周」爲何許人，史籍無載，疑當爲明末製硯名匠〔註 89〕。硯臺的製作與圖案雕刻，形象地反映了明代端硯製作的風格。而刻於硯上的多處硯銘，則展示了清代乾、嘉、道時期三大政治家、書家：朱爲弼、劉墉、包世臣的人生操守、文化修養與書法特色。一方小小的蕉葉白硯，豐富地展現了明、清兩代的文化理念與社會好尚，硯臺的文化意義已遠勝於其本身的實用價值。

　　第三類是其他與孟子府廟沒有直接關係的器物碑碣。所謂「與孟子府廟沒有直接關係」的碑碣類文物，包括歷史上不同時期以鄒縣爲主要地域發現的重要刻石、墓記、墓誌銘等。這些刻石材料在後來的歷史流轉過程中，被陸續收藏或保存於孟子府廟內。這些碑石題刻，雖與孟子家族文化並無直接

〔註89〕 胡新立《孟廣均及「十長物齋」》，濟寧市政協文史資料委員會、鄒縣政協文
　　　　史資料委員會編《孟子家世》，北京：中國文史出版社 1991 年版，第 109 頁。

關聯，但卻是研究中國歷史、中國地方史、中國民俗史、宗教史、中國文化、中國區域文化（鄒縣文化）等歷史、文化不可多得的一手材料。這些碑碣材料之所以珍貴，原因有兩點：一是起始時間早，跨度大，自秦經晉、唐、宋迄於明、清代各有之；二是其所記內容其他正史文獻缺載，可補其不足。如其中最早的秦李斯的《嶧山刻石》，雖然為元代至元年間摹刻，但對研究秦始皇巡遊，特別是秦代文字改革意義非凡〔註90〕。再如《漢石牆村刻石》、《西晉劉寶墓誌》和唐歐陽詢《蘇玉華墓誌銘》是研究漢唐歷史文化的重要史料；還有諸如《大明宗室魯靖王墓》、《魯王壙誌》、《巨野王壙誌》、《魯藩安丘榮順王壙誌銘》及《御賜魯藩高密康穆王壙誌》、《明冊封魯藩陽信昭定王墓誌銘》〔註91〕等王和王妃墓誌，對研究明史特別是明地方史都有較大價值。而其中如丁壽保《掩埋白蓮池屍骨記》、王晴臬《鄒縣平定白蓮教匪掩埋枯骨碑記》等碑記，對於全面深入研究和探討清代中期統治矛盾與農民起義則具有補充性作用。

三、典籍類文物

孟府的典籍類文物主要包括孟子家譜、家志和孟府檔案兩大類。

（一）家譜、家志的修撰與流傳

1. 通論：中國源遠流長的譜牒文化

血緣家族文化的興盛，決定了中國譜牒文化的繁榮。清代程瑤田對宗譜的作用及其與宗法的關係有一段精闢的論述：「族譜之作也，上治祖禰，下治子孫，旁治昆弟，使散無友紀不能立宗法以統之者，而皆筆之於書。然後一披冊焉，不啻伯父伯兄仲叔季弟幼子童孫群居和壹於一堂之上也。夫所謂大宗收族者，蓋同姓從宗合族屬，合之宗子之家序昭穆也。今乃序其昭穆，合而載之族譜中。吾故曰：族譜之作，與宗法相為表裏者也。」〔註92〕方孝儒也一再強調：「家之為患常始於乖爭，而乖忤之端在乎不知其本，兄弟之於父，

〔註90〕刻石現存孟廟啟聖殿內，劉培桂評介「篆文畫如鐵石，骨氣豐勻，方圓絕妙，法度謹嚴，仍不失李斯小篆固有風韻」，見劉培桂編著《孟子林廟歷代石刻集》，濟南：齊魯書社2005年版，第468頁。

〔註91〕以上碑石均存於孟廟泰山氣象門東側。文收入劉培桂編著《孟子林廟歷代石刻集》，濟南：齊魯書社2005年版，第483、483、484、488、490、495頁。

〔註92〕程瑤田《宗法小記·嘉定石氏重修族譜敘》，《續修四庫全書》（108冊），上海：上海古籍出版社2002年版，第646頁。

其爲本近也，其情親而易感也，至於孫之於祖則稍遠矣，由孫而至於曾玄則愈遠矣，而況由曾玄而至於十世至於無窮者乎？使十世之後而相親始兄弟，知有其本而不改視之如路人，非統之以祭祀而合之以譜圖，安能使之然哉？是知家之有廟，族之有譜，善爲家者之所當先也。」〔註93〕

家譜又稱族譜、宗譜、支譜、家乘、家志等，以記述範圍論有宗與支的區別，以表述形式論有譜與志的不同，以時間先後論又有由唐、宋家譜、家傳、宗譜、族譜，和明、清世譜、家乘、家志、譜錄等名稱的差異。統而言之，所謂家譜，是一種以譜、志形式記載血緣家族世系繁衍及其重要事蹟的一種特殊的史志文獻，它是中國家族血緣政治制度在民俗與歷史文化上的反映。它作爲特有的歷史文獻檔案，記載了正史、方志所無法涵蓋的特殊內容，爲撰修「一國之史」和「天下之史」的基礎性材料，所謂：「有一國之史，有一家之史，有一人之史。傳狀志述，一人之史也；家乘譜牒，一家之史也；部府縣志，一國之史也；綜紀一朝，天下之史也。比人而後有家，比家而後有國，比國而後有天下。惟分者極其詳，然後合者能擇善而無憾也。」〔註94〕早期譜牒專記帝王諸侯世系，所以《史記·三代世表》:「余讀牒記。」《索隱》:「牒者，記系諡之書也。」〔註95〕後來，逐漸向民間擴展，成爲宗譜家乘的統稱。

關於家譜的起源，目前學術界還沒有形成一致的看法。不過，從已出土的甲骨、金文看，至少可以追溯到先秦。司馬遷說:「自殷以前諸侯不可得而譜，周以來乃頗可著。」〔註96〕周代已有譜牒已是不爭的事實，所以班固才說「司馬遷據《左氏》、《國語》，採《世本》」〔註97〕。雖然《世本》一書是在司馬遷之後，由劉向連綴零星篇章成書。但其中各篇，已作爲體例雛形和史料來源被司馬遷納入《史記》。其中的《帝系》、《王侯譜》、《大夫譜》專記古帝王、諸侯和卿大夫譜系，是記載姓氏世系的譜學通典。秦漢以後，又有《帝王年譜》、《潛夫論·志氏姓》、《風俗通·姓氏篇》等譜學著作。魏晉南

〔註93〕方孝儒《遜志齋集》卷十三〈序·童氏族譜序〉，上海：上海古籍出版社 1987年版，第 385 頁。

〔註94〕章學誠《文史通義》卷六〈外篇一〉，上海：上海書店 1988 年版，第 8 頁。

〔註95〕司馬遷《史記》卷十三〈三代世表〉，北京：中華書局 1982 年版，第 488 頁。

〔註96〕司馬遷《史記》卷十三〈三代世表〉，北京：中華書局 1982 年版，第 487 頁。

〔註97〕班固《漢書》卷六十二〈司馬遷傳·贊〉，北京：中華書局 1962 年版，第 2737 頁。

北朝門閥制度興盛，家譜更是成了區別門第仕宦和婚姻關係的主要依據，所謂「有司選舉，必稽譜籍，而考其眞僞」〔註98〕，「官之選舉，必由於簿狀，家之婚姻，必由於譜系」〔註99〕，由此而譜牒之學大盛。唐宋以後，隨著新的家族制度的興起，由歐陽修的歐氏譜與蘇洵、蘇軾父子的蘇氏譜發凡起例，形成了一整套體例完備、格式規範、內涵豐富的譜學體系。與此同時，修譜之風從官方普及於民間，以至於「家之有廟，族之有譜」〔註100〕蔚然成風。考察家譜發展的歷史，還值得一提的一點是，明代以後，在因襲歐、蘇譜例的同時，在內容上增加了「志」「考」「錄」等，出現了家譜吸收正史、方志的編纂特點的史、志化新趨向。

　　家譜、族譜，是一個家族來源、生息、繁衍、遷徙、婚姻、族規、家約、家風等歷史文化的全息記錄。如方孝孺在《重譜》中所說的：「尊祖之次莫過於重譜。由百世之下，而知百世之上；居閭巷之間，而盡同宇之內。察統系之異同，辨傳承之久近，敘戚疏，定尊卑，收渙散，敦親睦，非有譜焉以列之，不可也。故君子重之，不修譜者，謂之不孝。」〔註101〕家譜的內容和體例，自宋代以後至明、清日臻完備。從一般組成情況看，包括以下幾個部份：一是序文。每個家族的家譜，都必有一篇叫做「宗族源流」或「族姓淵源」的小序冠於譜首，敘述本族姓氏由來，始祖淵源，遷徙經過，興盛始末，祖宗事蹟等等。家譜的序文可以有多篇，而且每次續修都增加新的序文。這些序文往往出自本族輩次名望較高的成員之手，也有請非本族的地方官或知名學者撰寫的，主要敘明修譜意義經過、家族繁衍流衍等情況；二是譜例。相當於一書的凡例，主要說明修譜的體例，規定入譜的資格，往往特別強調防止異姓亂宗；三是族墓、祠堂、族田情況。包括族墓、族田的面積和方位四至，祠堂的位置結構等內容，或有附圖；四是自始遷祖以下全族已故和現存的所有成員的譜系世表，包括諱某字，娶某氏，生幾子，葬某處，壽若干等等，以及畫像，誥敕、傳記、墓誌和著作等，這是家譜的主體。女性在家譜

〔註98〕歐陽修、宋祁《新唐書》卷一百九十九〈儒學中·柳芳傳〉，北京：中華書局1975年版，第5677頁。

〔註99〕鄭樵《通志》卷二五〈氏族略一〉，《四庫全書》（373冊），上海：上海古籍出版社2003年，第254頁。

〔註100〕方孝孺《遜志齋集》卷十三〈序·童氏族譜序〉，《四庫全書》（1235冊），上海：上海古籍出版社1987年版，第385頁。

〔註101〕方孝孺《遜志齋集》卷一〈雜著·重譜〉，《四庫全書》（1235冊），上海：上海古籍出版社1987年版，第74頁。

中雖有記載，但多不見名字，嫁入者以「某氏」附見於丈夫之後，嫁出者以「第幾女」附見於父親之後。這是中國父系家族社會在家譜編撰體例上的反映。

從家譜的記述載體情況看，按照不同時期和不同地域劃分有紙譜、口述、結繩〔註102〕、甲骨〔註103〕、青銅，以及碑譜〔註104〕、塔譜〔註105〕、布譜〔註106〕等不同載體形式，其中紙譜當然是最普通、最主要的記述載體。

家譜的功用，主要在於通過血緣的記述與認同，強化家族宗法，穩定社會秩序。朱熹在爲本族族譜所作的序中說：「譜存而宗可考，是故君子重之。」家譜是血緣、家族、婚姻的區別標誌，承擔著明貴賤、標婚姻、別選舉的社會功用。唐宋以後，隨著社會變遷下家族組織的變化，家譜的社會功用也發生了部份轉變，由此前官吏銓選及巨姓望族婚姻門第的依據，轉變爲通過說世系、序長幼、辨親疏以起到尊祖敬宗，睦親收族的作用。所謂：「敦宗睦祖者，孝之推。人生以孝爲本，故百行以孝爲先。建宗祠，修宗譜，固聯一族之孝思，以事其先人也。其事至庸而亦至難。」〔註107〕歷史上，家譜作爲家

〔註102〕 注：如鄂倫春記世系的馬鬃結和滿族人供奉的稱作「佛托媽媽」的線袋就是結繩世譜的體現。

〔註103〕 注：陳夢家《殷虛卜辭綜述》將殷墟卜辭分爲三類，其中一類就是用於記載「干支表、祀譜和家譜」的「表譜刻辭」，展示了甲骨家譜的記述形式。（陳夢家《殷虛卜辭綜述》第一章第七節〈甲骨刻辭的内容與其他銘辭〉，北京：中華書局1988年版，第44頁）郭沫若的《卜辭通纂》也將甲骨文分爲八類，其中之一是「世系」。（郭沫若《卜辭通纂·目次》，北京：科學出版社 1983年版，第5頁）

〔註104〕 即「刻譜於石，以垂永久」，始於漢代，現在河南鞏義市白沙崔氏祠堂内、榮陽市丁村崔氏祠堂内、三門峽陝縣崔家村和洛陽辛店鎮高崖寨村陳姓等家族都還保存著碑譜。孟廟中也有多通存世的元、明兩代碑譜，如元代的《孟氏世系圖》、《孟氏宗圖派》、《亞聖宗派之圖》和明代孟元立的《宗派之圖》。

〔註105〕 是刻在石塔上的一種家譜。這種形式的家譜國内較爲罕見，其中最有代表性的是山西省臨縣崔家坪一座完整的明代嘉靖年間修造的崔氏石塔家譜，殊爲珍貴。

〔註106〕 在棉、絲織物上書寫的家譜。多數是在一塊紅色布面上，寫上本家族先祖的世系、人名或畫著先祖的圖象，逢年過節或需祭奠時，掛起來祭拜，事畢收藏起來。這是流行於民間的一種簡單的家譜，也稱「神軸」、「軸子」。目前在河南省豫西地區的農村還能見到，如偃師的緱氏鎮崔河村崔氏家族、汝陽縣古嚴村崔氏家庭的家譜都是寫在紅布上的。

〔註107〕 道光七年歲次丁亥冬十月吉旦刻《章丘焦氏祠堂碑刻》，碑現存山東省章丘市刁鎮刁西村焦氏祠堂。

族維繫的重要憑依，對保持家族世系清晰和維護社會秩序穩定都發揮著重要作用。從現實的角度考察，家譜作爲記載姓氏家族的淵源世系、榮辱興替及其歷史功業和文化特色的重要文獻，成爲研究家族史、婚姻史、政治史、社會史等重要的資料來源，以其特有的方式反映著中華民族文明發展的軌跡。

修家譜作爲家族組織的一件大事，一般每隔三十到六十年續修一次。屆時往往由族長或威望較高的老者主持，全族參與。費用由族眾攤派或能者多勞，印後分發到各支族，舊版銷毀。各支族有義務對新譜嚴加保護，力避水浸鼠咬及人爲毀壞。對於毀壞家譜者都規定了諸如取消家譜保管權之類的相應懲罰。中國悠久的家譜修撰傳統，爲後人留下了數量可觀的家譜資料。這些譜牒資料，在唐以前主要被官方收藏。宋代以後，始由官方轉向民間。民國以降，又逐步演變爲以政府圖書館、檔案館收藏爲主，民間各家族收藏爲輔的收藏格局。

但唐代以前的家譜在唐末戰亂中幾於廢絕，所以，章學誠有「譜牒散而難稽」〔註108〕的感慨。從宋代蘇洵的《蘇氏族譜譜例》〔註109〕、明代胡應麟的《忠清里林氏宗譜序》〔註110〕、歸有光的《歸氏複姓譜序》〔註111〕中，也都可以看到類似的描述。家譜修撰雖然在宋代以後隨著新型家族的重建而再盛。但戰亂動盪、朝代更替、政治運動及印峻銷版自然因素疊加人爲因素，造成家譜的屢修屢毀。迄今爲止，宋、元、明三代的家譜已所存無多，惟清代以後的數量還算可觀，由於民間密不示人的家族傳統制約，數量究竟有多少，也無法做出明確的統計。根據王鶴鳴編著的《中國家譜總目》的最新統計，散落民間、無法搜集和計入的除外，海內外共計五萬二千四百零一種，涵蓋了六百零八個姓氏〔註112〕。這是迄今爲止所知較全的數據。

〔註108〕章學誠《文史通義》卷六〈外篇一〉，上海：上海書店1988年版，第8頁。
〔註109〕「蓋自唐衰，譜牒廢絕，士大夫不講而世人不載。於是乎由賤而貴者恥言其先，由貧而富者，不錄其祖，而譜遂大廢。」（蘇洵《嘉祐集》卷十四〈譜例〉，《四庫全書》（1104冊），上海：上海古籍出版社1987年版，第947頁）
〔註110〕「譜系綿邈，弗可考勝。」（胡應麟《少室山房集》卷八十六〈忠清里林氏族譜序〉，《四庫全書》（1290冊），上海：上海古籍出版社1987年版，第629頁）
〔註111〕「譜牒不明，則吾爲子孫者之過也。……於每恨宣憲之子孫至於今皆爲途人……此余所以深爲之感歎也。」（歸有光《補刊震川先生集》卷二〈歸氏複姓譜序〉，《續修四庫全書》（1353冊），上海：上海古籍出版社2002年版，第163頁）
〔註112〕王鶴鳴《中國家譜總目》，上海：上海古籍出版社2008年版。

2. 孟氏家譜、家志的修撰與流傳

孟氏家譜包含了譜、志兩個系列，後者是明代以後由單一家譜向志書拓展的結果。從性質看，它既是族譜，又屬地方志。從修撰目的看，因爲孟氏族人享受朝廷特殊優禮。所以，孟子家族的家譜修撰除了與普通家族相同的目的，諸如「詳世系、辨親疏、厚倫誼」等外，還有一個特殊的目的即「嚴冒紊」〔註113〕，防止外姓族人篡入族內，冒領孟氏後裔的優免特權。這使得孟子家族家譜的修撰與普通家族相比，格外增加了幾分嚴肅。

（1）家譜系列

關於孟氏家譜的修撰，孟廣均編清穆宗同治本《孟子世家譜》卷首〈世譜考〉有專門記述：「考我孟氏之有家乘也，由來久矣。魏晉以降，代罹兵燹。宋景祐間，四十五代中興祖得遺譜於故宅古壁中，蟲蝕風剝，殘缺殆半。幸自二世祖以下嫡裔奉祀之人世次井然，無紊無闕。修輯成編，以貽將來。至金大定間，四十八代潤公重修之。元至元間，五十一代祗祖公續修之。前明正德六年，五十二代惟恭公、五十七代博士元公，又以歷代世系刻石立之家廟。至萬曆間，六十代承相公又復踵遺譜而增續之，而吾民之族姓益顯矣！天啓壬戌，妖賊介亂，宗族逃竄流離散寄四方。六十二代聞鉦公恐其久而湮也，協同族眾捐貲纂修刊板刷印散發各戶，其砥柱宗門功誠偉矣！迨我朝主錄熙五十九年宗子衍泰公，恭逢昇平之世，遠搜兵燼之餘，確微詳考編次成書，頗稱完善。但其時族丁零落，故仍循遺譜舊規，合派通敘，至有或宜增易之處，以俟後人。詎先太宗主傅橲公承襲，復以修葺林廟未遑增修。先宗主繼焜公，承先人未竟之志，謹於道光四年甲申之吉，遴選族眾中通材碩彥，權其財貲所入，開館續編。爰自五十五代有傳之支，分派以十一，別戶以二十，蔘正考訂，分敘合輯，亦既精確詳明矣！」〔註114〕

據推測，孟氏家譜的修撰至少可以上溯到六朝時期。其時，譜學的興盛或成爲孟氏家譜始修的契機。因爲在今日所見孟子四十五代孫孟寧於宋元豐七年（公元 1084 年）所修的族譜序中，有這樣的記述：「至四十四代先君子公齊公，值皇宋景德初，契丹大舉入寇，車駕北巡，山東騷動，乃藏家譜於屋壁，攜家避匿東山而終焉。」〔註115〕金衛紹王大安三年（公元1211 年）孟

〔註113〕孟廣均編清穆宗同治本《孟子世家譜》卷首〈孟衍泰序〉，現存鄒城市文物局。
〔註114〕孟廣均編清穆宗同治本《孟子世家譜》卷首〈世譜考〉，現存鄒城市文物局。
〔註115〕孟廣均編清穆宗同治本《孟子世家譜》卷首〈孟寧序〉，現存鄒城市文物局。

子四十八代孫孟潤在譜序中也寫道：「宋景德初，兵革浩蕩，四十四代公齊公，藏譜於屋壁，攜妻子逃難東山而終焉，後家人莫知家譜所在，先世言行咸淪沒而不著，可勝異哉！……四十五代寧公……重修故宅，拆毀屋壁，乃得家譜，歲久鼠齧蟲蝕，磨滅斷缺，失次二三。公披閱群書，證以見聞，重加編次，復成完本，以貽後世，宗族相傳，迄今二百餘載未嘗失墜。」〔註116〕可見，孟氏家譜在宋代以前即已流傳於世，宋代戰亂中一度失墜，後由孟子四十五代孫孟寧在重修故宅時，復得於牆壁，但已鼠齧蟲蝕，磨滅斷缺，失次二三。孟寧披閱群書，參以見聞，重加編排，終使孟氏家譜免於失墜。這是有關孟氏家譜流傳的最早記載，孟寧之前已無據可查。

由孟寧之後歷代所修族譜序及孟子林廟所藏碑碣刻石，可略見孟寧之後孟氏家族譜、志的修撰情況。

關於孟氏家譜的修撰，有確切年代可考的，上起宋神宗元豐七年（公元1048年），下至清穆宗同治四年（公元1865年），延續八百年之久。傳世的孟氏家譜在載體分類上有紙譜和碑譜兩大類。紙譜的修撰與碑譜的刻立交互間雜，蔚為大觀。

見於文字記載的紙譜計有：

①四十四代孟公濟壁藏本，修於何時不詳。

②宋神宗元豐七年（公元1084年）孟子四十五代孫孟寧續修本。

③金衛紹王大安三年（公元1211年）孟子四十八代孫鄒縣令孟潤續修本。

④元世祖至元元年（公元1264年）孟子五十一代孫孟袛祖續修本。

⑤明熹宗天啟二年（公元1622年）孟子六十二代孫孟聞鉦續修本。

⑥清聖祖康熙五十九年（公元1720年）孟子六十五代孫世襲翰林院五經博士孟衍泰續修本。

⑦清文宗道光四年（公元1824年）孟子六十九代孫世襲翰林院五經博士孟繼烺續修本。

⑧清穆宗同治四年（公元1865年）孟子七十代孫世襲翰林院五經博士孟廣均續修本〔註117〕。

碑譜計有：

〔註116〕孟廣均編清穆宗同治本《孟子世家譜·序》，現存鄒城市文物局。
〔註117〕以上參照孟廣均編清穆宗同治本《孟子世家譜》卷首各〈序〉，及鄒城市孟子學術研究會、孟子宗親聯誼會編《孟子與孟氏宗族》，北京：中國文史出版社2005年版，第34～35頁。

①金衛紹王大安三年（公元 1211 年）孟子四十八代孫鄒縣令孟潤續修本碑刻，已毀〔註118〕。

②元世祖至元四年（公元 1267 年）立《亞聖四十五世孫孟寧之墓碑》碑陰的「孟氏世系圖」，存鳧村孟母林內孟氏中興祖孟寧墓前〔註119〕。

③元成宗元貞元年（公元 1295 年）立《鄒孟子廟碑》碑陰「孟氏世系圖」，存孟廟啓聖殿院〔註120〕。

④元仁宗延祐元年（公元 1314 年）立《先師亞聖鄒國公續世系圖記碑》碑陰「亞聖宗派之圖」，存孟廟啓聖殿院〔註121〕。

⑤元文宗至順二年（公元 1331 年）立《皇帝聖旨里碑》碑陰「孟氏宗枝圖派」，存孟廟啓聖殿院〔註122〕。

⑥明太祖洪武四年（公元 1371 年）立《孟氏宗支之記》碑，存孟廟啓賢門外東側〔註123〕。

⑦明武宗正德六年（公元 1511 年）立《宗派之圖》碑，存孟廟亞聖殿院乾隆御碑亭南側〔註124〕。

⑧清高宗乾隆十四年（公元 1749 年）立《孟氏大宗支派碑記》碑，存孟

〔註118〕鄒城市孟子學術研究會、孟氏宗親聯誼會編《孟子與孟氏宗族》，北京：中國文史出版社 2005 年版，第 35 頁。此碑由孟子四十八代孫、宣武將軍、鄒縣令孟潤作序，原立於孟廟亞聖殿前正中甬路西側，文革中遭破壞。現立於孟廟東院啓聖殿東簷廊下。據孔令源考證，此碑實立於明洪武六年（公元 1373 年）。（孔令源《孟氏族譜、族長、十一派、二十戶及行輩》，見濟寧市政協文史資料委員會、鄒縣政協文史資料委員會編《孟子家世》，北京：中國文史出版社 1991 年版，第 56 頁）

〔註119〕原碑已毀。現碑及《世系圖》係由孟氏後裔及孟子研究會於 2006 年集資重建。

〔註120〕碑文收入劉培桂編著《孟子林廟歷代石刻集》，濟南：齊魯書社 2005 年版，第 27 頁。

〔註121〕碑文收入劉培桂編著《孟子林廟歷代石刻集》，濟南：齊魯書社 2005 年版，第 47 頁。

〔註122〕碑文收入劉培桂編著《孟子林廟歷代石刻集》，濟南：齊魯書社 2005 年版，第 39 頁。

〔註123〕碑文收入劉培桂編著《孟子林廟歷代石刻集》，濟南：齊魯書社 2005 年版，第 90 頁。

〔註124〕此碑共三通，現均存於孟廟亞聖殿院乾隆御碑亭南側，落款爲：「正德六年辛未春三月吉旦五十七代宗子、翰林院世襲五經博士孟元等立」，現部份字跡已剝落不清。文收入劉培桂編著《孟子林廟歷代石刻集》，濟南：齊魯書社 2005 年版，第 182～184 頁。

府五代祠〔註125〕。

以上所列孟氏碑譜雖有部份字跡損壞狀況，但大部份保存下來，所存之地已如上述。惟紙譜按「新譜既成，舊譜即行銷毀」的傳統規定，已大多銷毀亡佚。今之存世者，僅道光與同治譜兩種，現均存於鄒城市文物局。茲就其各自體例與內容簡介於下：

孟繼烺編的《孟子世家譜》，成書於清宣宗道光四年（公元 1824 年），簡稱《道光譜》，共六冊十四卷。卷首先是主修者孟繼烺所作的新序，其次是孟寧、孟潤、孟衍泰的舊譜序，其下又依次有職名、凡例、目錄（附字數）、修譜事宜、姓源、捐資數目、支銷、領譜數目、世譜考、宗派總論、分派分戶圖、嫡裔考、嫡裔相承圖等目。最後是正文，自戰國迄於清道光，孟子以來後裔及各支派生平事蹟名錄。

孟廣均編的《孟子世家譜》是道光譜的續修本，刊於清穆宗同治四年（公元 1865 年），簡稱《同治譜》，共六冊十五卷。卷首先是主修者七十代翰博孟廣均所作的新序，其次是孟寧、孟潤、孟承相、孟衍泰、孟繼烺的五篇舊序，再其下依次是世譜戒詞、修譜職名、凡例、修譜事宜、開館儀注、修譜誓詞、譜成告祭儀式、領譜數目、姓源、世譜考、恩例等目。最後是正文，自戰國迄於清同治，孟子以來後裔支派生平事蹟。編排次序、內容與道光譜大致相同。

從傳世的道光、同治兩譜的卷首記載看，孟氏家譜修撰有著嚴密的組織和嚴格的規範，大致程序為：

首先，由主修者通告孟氏族眾開館日期。

其次，按能者多勞的原則，入譜現丁每人交納一定數量銀錢作為修譜費用。

第三，組成修譜的相關組織系統，包括鑒修、司編、謄錄、校閱、稽察。如同治譜的組織系統如下：

> 鑒定欽加主事銜世襲翰林院五經博士加七級孟廣均鑒修
> 家庭族長貢生孟舉鳳
> 林廟舉事武生孟繼元
> 司編

〔註125〕碑文收入劉培桂編著《孟子林廟歷代石刻集》，濟南：齊魯書社 2005 年版，第 366 頁。

應襲翰林院五經博士廩膳生孟昭銓

壬戌科舉人孟傳琦

辛亥科舉人孟繼仲

謄錄

恩貢生孟昭鈴

恩貢生孟昭鍈……

廩膳生孟廣淑

附生孟廣欽……

儒童孟憲泗

校閱

廩膳生孟毓鉄

庠生孟傳坫

稽察

協理譜館各件要務應襲翰林院五經博士廩膳生孟昭銓〔註126〕

修譜參與者的主要成份是翰博、族長、林廟舉事、廩膳生、舉人、貢生等，他們在修譜過程中，既各負其責，各司其職，又彼此協同議定修譜章程（以楷書懸於致嚴堂）和家譜的撰修工作。

第四，舉行告祭宗廟開館儀式。整個程序大略為：「於開館之日，陳牲醴於始祖亞聖神位前，宗子具禮服率宗族有事者恭行千祭，禮畢詣致嚴堂，皆北面跪，族長奉誓詞西面跪，讀畢，仍安案上降班，宗子以下行三叩頭禮訖，詣焚拆詞所，族長仍至案前，捧拆詞先至焚池前，焚畢，族眾向宗子序揖退，遂燕有事於譜者於館。」

第五，譜成，舉行告祭宗廟閉館領譜儀式。儀式過程大略為：「譜成之日，黎明陳告廟譜於始祖亞聖神位前正中案上，陳散給譜於致嚴堂正中案上。宗子率眾族詣始祖亞聖神位前行告祭禮，並如開館之儀。族長於臨祭之前恭將譜板匯齊，俟致祭畢，於亞聖殿墀前焚銷。宗子率族眾退，詣致嚴堂北面鞠躬四拜，平身。族長奉譜一部授宗子，宗子跪受興退。族眾以次按譜端領譜，次序唱名。進跪領訖，族眾向宗子序揖。宗子答揖，退設筵於大堂偏。酬館員及族人曾效力者，下逮作坊工匠徧為賞犒。內收掌斂集格冊稿本及各項文

〔註126〕孟廣均編清穆宗同治四年本，《孟子世家譜》卷首〈修譜職名〉，現存鄒城市文物局。

移箚飭，黏連成卷，入箱珍藏。」〔註127〕

　　從家譜卷首的凡例和修譜事宜等信息可以看出，孟氏家譜的修譜規範十分嚴格，粗略歸納有如下幾點：

　　其一，時間規定。因爲每隔一段時間，家族人員及族產會變化，所以家譜要定期續修。定期續修家譜，就是將這些變化及時反映到家譜上來，以確保家族血緣關係的清晰、明確。家譜的續修時間約以三十年或三代人爲間隔，所謂：「譜必三代一修，恐世遠年久，無不散失，乖離之弊，其所失爲不小」〔註128〕。孟氏家譜的續修時間理論上與傳統規定一致，按照「三十年一小修，六十年一大修」〔註129〕的時間規範。但是，在現實中，由於戰亂、動盪等原因往往難以付諸實踐。從以上傳世的孟氏家譜看，明初二百多年，明天啓至清康熙，及清康熙至清道光年間都長期沒有續譜，這顯然是不正常的。孟衍泰在天啓以來的缺譜的原因，在《譜》序中有過交待：「自天啓三年迄今九十餘載我族得一千三百餘人，至四子午修譜之期，俱以別故間阻，雖有採集未付剞劂。」〔註130〕

　　其二，名字規則。名字規則包括名字避諱規則和名字行輩規則。所謂名字避諱規則，即遵循「爲尊者諱，爲親者諱，爲賢者諱」（《公羊傳》閔公元年）的避諱傳統，規定族眾名字「有犯廟諱御名至聖師並四配諱者，皆敬謹改避，照科場條例以同音別字代之」；所謂名字行輩規則，是同一輩分子女的名字，或以伯、仲、叔、季，或以其中某個字的相同或形、音、義的部份相同界定同輩，區別異輩。這一傳統在中國自春秋出現以來源遠流長，行輩字一般由家族中有聲望者提前約定，多用於名字中的頭一個字（少數用於後一個字）。由於家譜的行輩字排列帶有一定的「分尊卑、別長幼」以強化宗族的目的色彩，因此行輩字往往被賦予述美德，表吉祥，祝家族延續昌盛，或者懷念先祖，歌頌皇恩等寓意功能。據孟廣均編清穆宗同治本《孟子世家譜》載，孟氏家族自五十代起雖有「德祖惟之思克」的行輩固定排列，但並不嚴

〔註127〕孟廣均編清穆宗同治四年本，《孟子世家譜》卷首〈譜成儀注〉，現存鄒城市文物局。

〔註128〕《光緒春谷東溪王氏宗譜》卷首，轉引自徐揚傑《中國家族制度史》，北京：人民出版社1992年版，第326頁。

〔註129〕孟廣均編清穆宗同治四年本，《孟子世家譜》卷首〈孟廣均序〉，現存鄒城市文物局。

〔註130〕孟廣均編清穆宗同治四年本《孟子世家譜》卷首〈孟衍泰序〉，現存鄒城市文物局。

格。自明代孟子五十六代孫孟希文始採用孔府上奏帝王所定行輩，至民國共形成了以下五十代輩分字：

> 希言公彥承，弘（宏）聞貞尚胤（衍）〔註131〕
>
> 興毓傳繼廣，昭憲慶繁祥
>
> 令德維垂祐，欽紹念顯揚
>
> 建道敦安定，懋修肇懿常
>
> 裕文煥景瑞，永錫世緒昌

綜合看，與普通家族行輩字相比，孟氏家族行輩字有一大特點即：依仿孔府，與孔子家族實行「通譜」〔註132〕方式，並上奏帝王或政府批准。這就使孟府與孔府行輩具有了官定的性質。這也是孟氏家族的政治性在家譜規範上的體現。

其三，序文規則。每次新修譜必有序文，且「舊序悉附於新序之後以備考核」。

其四，修譜宗旨。修譜宗旨即點明修家譜的目的，孟氏家族修譜的目的主要在於嚴防假冒、表彰懿行、彰善癉惡。

其五，入譜禁規。以上修譜宗旨為本，嚴格規定義子、贅婿、甥承舅嗣、侄奉姑嗣、既娶再醮婦帶來之子，及出家僧道、不孝不悌、曾經犯法或流人下賤廝役之人，一概不許入譜，而那些「載於郡縣志乘……矢志撫孤，節操炳著，繼承宗祧」的節烈女則可破例入譜，以示表彰。

其六，領譜數量及家譜呈驗規則。對於所修家譜的數量、領譜人員和領譜數量也都有嚴格規定。如道光《譜》共印六十三部，其中告廟、宗府存查、族長交代、舉事交代各一部。二十戶戶頭、戶舉交代譜二十部、譜館執事人員三十九部。同治譜共印四十五部「譜成即將告廟一部宗府存查一部族長舉事前後交代各一部二十戶每戶頭前後交代各一部」，族長戶頭領譜後，需嚴格保管，每年都有規定時日予以勘驗：「以每年清明及十月初一日族眾赴兩林祭

〔註131〕注：括號內為因避帝王諱改。其中「弘」，為避乾隆帝「弘曆」諱改為「宏」，「胤」避雍正帝「胤禛」諱改為「衍」，約乾隆大修家譜時改。見鄒城市孟子學術研究會、孟氏宗親聯誼會編《孟子與孟氏宗族》，北京：中國文史出版社2005年版，第40頁。

〔註132〕所謂「通譜」也稱「通天譜」，即幾個家族採用相同的行輩字。孔、孟家族的通譜，一般由孔府嫡裔議定，上奏帝王或後來的民國政府批准，孟子家族仿照沿用。（詳見下）

掃之便攜譜呈驗」，以避免因家譜保存不善而造成人為或非人為損壞，杜絕家譜私售失遺。

其七，家譜銷毀規則。規定：譜冊領新交舊，並由監督人員監督將舊譜及新譜譜版一同銷毀〔註133〕，這是家族舊譜大多沒有保留下來的主要原因。

其八，違犯修譜規則的懲戒。規定：「戶頭戶舉以及宗族人等倘狥一時情面或貪一己營私……或經旁人告發或由本院訪聞立治以違」〔註134〕。

（2）家志系列

家志，是隨著明代以來地方志的推廣及其志書體例的完善而出現的家譜的志書化現象。孟氏家族由單一的家譜修撰逐漸拓展至譜、志雙軌制，就是這一現象的具體體現。其家志編撰自明憲宗成化年間迄於清德宗光緒年間，前後四百年（公元 1482 年～公元 1887 年）歷經六次大規模修撰，每次均由朝廷屬官及地方名流主持。其編纂方式經歷了由孔顏孟三氏合志到孟氏單獨成志的變化。其名稱也經歷了由《三遷志》到《孟志》，再到《三遷志》的變遷。

①明憲宗成化本《孔顏孟三氏志》

孟氏家志的始創，首先是以孔、顏、孟三家合志的形式出現的。明代自英宗正統（公元 1436 年～公元 1449 年）以後，社會統治呈現頹勢：朝廷吏治腐敗、宦官干政；地方官吏貪污成習土地兼併嚴重。面對這樣的局面，統治者除繼續通過強化儒家忠孝以加強思想控制外，別無他策。為倡導儒學，代宗甚至在英宗復辟的威脅之下，猶頻繁下詔倡導儒學，優禮孔、孟、顏家族（如詔以顏、孟子孫長而賢者各一人，至京官之。授希文翰林院《五經》博士，子孫世襲等）。繼之而後的憲宗也惟有繼續沿襲這一思路。政府的支持，為《孔顏孟三氏志》修撰提供了優越條件。成化十年（公元 1474 年），山東學政畢瑜按臨鄒縣，他認為：「孔顏孟三氏之鄉，古今學者誦詩讀書博文約禮但知其概而已。然其出處世系之詳，行事褒崇之典，若非親造其地，體驗之真，孰能知哉？三氏之志，其可闕乎！」於是，命鄒縣教諭劉濬、寧陽教諭宋叔昭、嶧縣教諭吳伯淳三人編寫孔、顏、孟三氏志。據本書序稱，五年間

〔註133〕在今日所見孟廣均編清穆宗同治本《孟子世家譜》首頁上印有「印竣銷版」四個字，現存鄒城市文物局。

〔註134〕以上引文資料除特殊注名者外，均見孟廣均編清穆宗同治四年本《孟子世家譜》卷首〈凡例〉、〈開館儀注〉、〈譜成儀注〉，現存鄒城市文物局。

「凡五易稿而得其七八矣。然家藏故典不能盡詳」，志書編撰遭遇材料不足的困難暫時擱淺。成化十六年（公元 1480 年），劉濬、吳伯淳二人因擔任山東鄉試考官暫離任，畢瑜也在同年去世，編纂工作遂告中輟。直到成化十八年（公元 1482 年），劉濬偶從孔公璜處獲取了《祖庭廣記》，可補前期暫缺內容，書稿才最終得以完成。書稿寫成後，由時任鄒縣知縣張泰校正並出資刻版印行。所以該書署名「賜戊戌進士、山東兗州府鄒縣知縣、肅寧張泰校正，鄉貢進士、山東兗州府鄒學縣教諭、永嘉劉濬編次，宣聖五十八代孫、三氏學錄、闕里孔公璜輯錄」〔註135〕。

全書由三氏志總圖、提綱（元人楊奐的《東遊記》）及正文組成，共六卷。正文包括：卷一至卷四〈宣聖孔氏志事類〉，卷五〈復聖顏氏志事類〉，卷六〈亞聖孟氏志事類〉。

其中卷六又細分詳目爲：

　　姓氏源流

　　出處事蹟

　　廟宇（附斷機堂、子思書院）

　　林墓（附孟母、公孫丑、萬章三墓）

　　歷代封謚詔旨誥敕

　　歷代主祀宗子特授恩典

　　歷代祭文

　　歷代題詠

　　歷代修建廟宇碑文（附孟母斷機堂、子思書院）

《孔顏孟三氏志》雖然還不是孟氏家族的專志，且其中年代文字頗多「疏舛」〔註136〕。但其內部體例已初具史志規模。作爲孟氏家族志書的開辟之作，

〔註135〕以上均見劉濬編明憲宗成化本《孔顏孟三氏志·序》，四川大學古籍整理研究所編《儒藏》（9 冊），成都：四川大學出版社 2005 年版，第 77 頁。

〔註136〕文章開頭「壬子」下夾註「元憲宗淳祐十二年」。考《年表》，「壬子」年爲元憲宗肅皇帝（蒙哥）二年（公元 1252 年），此年爲南宋理宗（趙昀）淳祐十二年（公元 1252 年），作者移理宗年號於蒙古。所以《四庫全書總目提要》稱其爲：「紀年既誤，而又以宋理宗年號移之於元，殊爲疏舛。即此一端，其他可概見矣。」（永瑢等《四庫全書總目》卷五十九〈傳紀類存目一·孔顏孟三氏志〉，北京：中華書局 1965 年版，第 532 頁）考史事，此時正是蒙古蒙哥汗大舉南下，南宋理宗據長江自守，包括山東在內的長江以北已被蒙古佔領。出現此類錯誤估計有兩種可能：一種是無意間將南宋與蒙古年號相混；

功不可沒。此書原版存於北京國家圖書館，後收入四川大學古籍整理研究所編纂的《儒藏》。

②明世宗嘉靖本《三遷志》

明世宗在位四十六年（公元 1521 年～公元 1566 年），其統治時間之長在有明一代僅次於神宗。對於他在位期間的表現，後人評說優劣參半：優點如重海防、修邊備、北抵蒙古、南禦倭寇等；劣跡也不少，如寵嚴嵩、罷海瑞、迷信道教、不理朝政等。無論是前者還是後者，都昭示了一個共同的事實即：明代已進入多事之秋的統治後期。史鶚就是在這樣一個風雨欲來的大環境下出任山東按察司僉事、奉敕整飭沂州等處兵備。上任伊始，他首遊孟子林廟並組織編撰孟氏家志《三遷志》：「予觀兵東魯，幸睹孟子廟貌，弔其遺冢，禮其宗裔，足慰平生景仰之私，及叩其《志》，乃曰尚未有專制者。予為之慨然，乃命教官費子增〔註137〕，遍考群籍，刪繁存要，集為全帙。予又重加訂證，補其缺，正其訛，使像圖、爵田、記贊之故歷歷可考」，並「取孟子作聖之功，由於母氏蒙養之正」〔註138〕，而題其志名為《三遷志》。因成書於明世宗嘉靖年間，稱嘉靖本《三遷志》。

嘉靖本《三遷志》的具體成書時間，書中沒有明確記載，今已不可考。全《志》內容由卷首、正文和卷尾三部份組成：

卷首又包括史鶚作序、凡例九條和目錄三部份。

正文共六卷，詳目如下：

卷一：行教小影、危坐圖、三遷圖、斷機圖、鄒國圖、四基山孟子墓圖、馬鞍山孟父母墓圖、宋南門外廟圖、元重修孟子廟圖、國朝孟子廟圖、祭器圖

卷二：出處事蹟、史記列傳、宗子世系、歷代授官恩澤、歷代聞達子孫、廟宇、林墓、戶役、封號、章服、祀典、給田、免役、門弟子封爵

另一種可能是作者既不敢觸怒蒙古，又欲保持南宋正統，故以元憲宗與南宋理宗紀年合一。另「魯魚亥豕之誤尤多，此蓋明人編書、刻書之通病」。（四川大學古籍整理研究所編《儒藏·孔顏孟三氏志序》（9 冊），成都：四川大學出版社 2005 年版，第 76 頁）

〔註137〕費增，江州舉人，時人滋陽縣儒學教諭。

〔註138〕史鶚編明世宗嘉靖本《三遷志·序》，現存北京首都圖書館。另見孟廣均編清德宗光緒本《重纂三遷志》卷六〈藝文一〉，苗楓林主編《孔子文化大全》，濟南：山東友誼出版社 1989 年版，第 371 頁。

卷三：詔敕、恩賜、表

卷四：奏疏、文移、祭文、贊、詩

卷五：碑記一

卷六：碑記二、墓誌

卷尾包括費增的〈後序〉和孟子五十八代孫、前翰林院世襲五經博士孟公肇的〈後語〉〔註 139〕。

明世宗嘉靖本《三遷志》是孟氏家族第一部獨立的專志，其為專志的開創之功，功不可沒。其後，孟氏志書的內容、體例多仿照此書成規。此書原版存於北京首都圖書館。

③明神宗萬曆本《孟志》

明神宗萬曆本《孟志》是由明神宗萬曆進士胡繼先〔註 140〕任鄒縣知縣時所編。從其《新修孟志引》所述：「歲庚戌之春，觀察潘公，以是方文獻，暫休沐於里中，而孝廉周君，復以博綜爾雅佐之，遂乃極意釐正，分類編摩……」可知，書始修於庚戌年，即神宗萬曆三十八年（公元 1610 年），至次年（萬

〔註 139〕孟公肇是五十七代翰博孟元之任。孟元死時其子公繁年幼，由任公肇代襲。《三遷志》付梓時，公肇已讓職與公繁，故「後語」中署「前」翰林院世襲五經博士。

〔註 140〕胡繼先，四川漢州人，明神宗萬曆三十五年（公元 1607 年）進士，授任鄒縣知縣，官至開封府知府。一生服膺儒學，崇尚學術，編有《鄒志》、《樂中集》等。在鄒任職期間，致力於孟子府廟營建和孟學弘揚。初任鄒令，謁孟廟，「拜亞聖祠下，徘徊瞻視，愀然有感」賦詩：「垂髫夢裏識先賢，今日分符非偶然。氣象岩岩渾是舊，宮牆落落未仍前」「睹廟宇傾頹，有修理之任」。次年（公元萬曆三十六年，即公元 1608 年）秋「捐俸廿餘金，托其族之賢者孟聞鉦等謀置祭田三十五畝」，同年冬，又「計財之在官而不藉於官，將備歉歲而可緩於豐歲者，得金六百有奇，遂以興事」並親自「畢力經理，費節而當，工樸而敏」「不數月而功竟」，使殘頹的孟廟和中庸精舍煥然一新。其於孟子林廟維護之功績，以至七十年後，孟子六十五代孫孟衍泰尚念念不忘，在《重修聖祖林墓享殿碑》文中感念提及。同門唐大章綜其為鄒令期間的貢獻，稱讚為：「公之英略，卓有思孟風。守身以約，服官以勤，搜蠹振隳，惟力是視，民以膏雨而吏以清霜也。……公治鄒，其茂庸在民社，其偉望在簡書，諸不勝殫記」概不為過。（以上見胡繼先《初謁孟廟感而賦此（二首）》，現存孟廟致嚴堂內西壁。唐大章《重修中庸精舍記》，現存孟廟致嚴堂內西壁。胡繼先《增置四基山孟夫子墓陵祭田記》，現存孟子林享殿西夾室內。戴章甫《鄒縣重修孟廟碑記》，現存孟廟致敬門內甬道西側。孟衍泰《重修聖祖林墓享殿碑》，現存孟子墓東南側約六米處。上文均收入劉培桂主編《孟子林墓歷代石刻集》，濟南：齊魯書社 2005 年版，第 270、271、273、275、352 頁）

曆三十九年，公元 1611 年）暮春正式付梓〔註141〕，整個過程只用了一年時間。其中參與編纂的兩位執筆者「觀察潘公」、「孝廉周君」，分別是萬曆年間進士潘榛和舉人周希孔。

《孟志》由卷首、正文和卷尾三部份組成：

卷首包括時任山東巡撫黃克纘的《序》和胡繼先的《新修孟志引》及凡例、目錄。

正文共五卷，內容如下：

一卷：地靈（山川圖、故宅圖、廟圖、林墓圖）、石像、祖德、母教、師授、年表

二卷：佚文、贊注、崇習

三卷：爵享、弟子、禮儀、恩賚、宗系、名裔

四卷：祠廟（附孟父母廟、子思書院、子思祠、孟母斷機堂）、林墓（附孟母墓、萬章墓、公孫丑墓）

五卷：祭謁、題詠、古蹟、雜志

卷尾收有潘榛的《孟志後序》、周希孔的《書新孟志後》和六十代翰博孟承光的《家志跋語》。

統觀全文，這部萬曆本《孟志》有兩大特點：一是名稱的變化，改《三遷志》為《孟志》。至於更改原因，作者在本書〈凡例〉中作了解說：「志者，史之流也。古之為史者，或以國名，或以地名，或以氏名，其所載之事如之。前志舊名『三遷』，取義似狹。爰共商榷，更為『孟志』，凡事之有涉於孟氏者，咸得以類附入云」；二是內容、體例較前更完善，所謂：「不循舊《志》，盡發素所藏書，協力披錄，但關孟氏者，條分類紀，而孟氏之裔茂才聞鉦者從乃祖，宦遊亦多識其家故實。又即其耳目所及，一併採入。屬稿數月，積帙凡五，為目二十有一。雖猶覺未詳，而自顧考索證引，弗敢忽矣。」〔註142〕

全書內容較之以前有所增加，體例更優，尤其是「二十一目」的分類與順序安排，秩序井然，眉目清晰，成為其後《三遷志》各版本的成例。此書原版存於清華大學圖書館。

④明熹宗天啟本《三遷志》

明熹宗天啟本《三遷志》的編撰經歷了一番曲折，先由山東布政使都事

〔註141〕胡繼先編明神宗萬曆本《孟志》卷首〈新修孟志引〉，現存清華大學圖書館。
〔註142〕胡繼先編明神宗萬曆本《孟志》卷尾潘榛〈孟志後序〉，現存清華大學圖書館。

呂元善於明熹宗天啓七年（公元 1627 年）在史鶚、胡繼先二家舊本的基礎上加以「增補」〔註 143〕，尙未脫稿而不幸「殉寇難，其子兆祥、孫逢時，乃續成之」〔註 144〕。

全文由序和正文兩大部份組成：

序包括天啓七年李日華、賀萬祚、呂瀋諸家新序，又粹集了史鶚的〈三遷志序〉、黃克纘的〈孟志前引〉、胡繼先的〈孟志引〉、潘榛的〈孟志後引〉、周希孔的〈孟志後序〉、孟承光的〈孟志跋語〉等舊本前、後序語。

正文共分五卷，除四卷分爲上、下兩部份外，其餘每卷各分上、中、下（卷四僅有上、下）三部份，具體詳目如下：

卷一：上爲地靈、石像；中爲祖德、母教、師授；下爲年表

卷二：上爲佚文，中爲贊注，下爲崇習

卷三：上爲爵享、弟子（配享、從祀、附祀、擬祀）；中爲禮儀、恩賚；下爲宗系、名裔

卷四：上爲祠廟；下爲林墓

卷五：上爲祭謁；中爲題詠；下爲古蹟、雜志

天啓本《三遷志》的內容與體例雖然是依照史、胡二家增補而成，但與史、胡二《志》相比，「別爲一種不刊之典」〔註 145〕。總起來看，有以下三方面變化：一是在內容上，續補了自《孟志》以來亡故的孟氏族中名人事略（如六十代翰博孟承光及其母孔氏、長子宏略三人事略和皇帝對其旌表的詔敕）、墓誌和部份題詠；二在體例上，於每卷之中又細分上、中、下，與前版相比略顯瑣碎。所以《四庫全書總目提要》謂其「紀載頗詳。而體例標目，俱未能雅馴」〔註 146〕；三在書名上，恢復書名《三遷志》。自此以後，《三遷志》其名歷代沿用，不復改易。此書原版存於南京圖書館，後收入四川大學古籍整理研究所編纂的《儒藏》。

⑤清世宗雍正本《三遷志》

〔註 143〕四川大學古籍整理研究所編《儒藏·三遷志序》（9 冊），成都：四川大學出版社 2005 年版，第 416 頁。

〔註 144〕永瑢等《四庫全書總目》卷五十九〈傳紀類存目一·三遷志〉，北京：中華書局 1965 年版，第 533 頁。

〔註 145〕呂元善編明熹宗天啓本《三遷志·李日華序》，四川大學古籍整理研究所編《儒藏》（9 冊），成都：四川大學出版社 2005 年版，第 419 頁。

〔註 146〕永瑢等《四庫全書總目》卷五十九〈傳紀類存目一·三遷志〉，北京：中華書局 1965 年版，第 533 頁。

　　呂元善編明熹宗天啓本《三遷志》，因爲體例標目，「未能雅馴」，兼以「歲久湮漫，而國朝尊崇之典，及子孫世系、林廟增修，亦未纂錄成編」。因而清康熙年間，孟子六十五代孫孟衍泰又與滕縣王特選、濟寧仲蘊錦「乃以次輯補」〔註147〕。這部重新「輯補」的雍正本《三遷志》於清聖祖康熙六十一年（公元 1722 年）伐才正式付梓，於次年（世宗雍正元年，即公元 1723 年）正式刊印。

　　雍正本《三遷志》在體例上，多沿襲明萬曆本《孟志》。全書由序、正文和後跋三部份組成：

　　序部份除彙集了此前各舊《志》，如史鶚、黃克纘、胡繼先、潘臻、周希孔、賀萬祚、呂濬、李日華、孔胤植、吳麟瑞、虞廷陛、施鳳來的〈序〉、〈引〉，又有時任鄒縣知縣韓於斐於康熙六十一年（公元 1722 年）所作的〈新序〉。

　　正文雖釐分爲十二卷，但仍沿二十一目，具體卷目如下：

　　　　卷一：靈毓（原爲「地靈」）、像圖（原爲「石像」，因新增祭器圖，以改）

　　　　卷二：祖德、母教、師授

　　　　卷三：年表

　　　　卷四：佚文、贊注、崇習

　　　　卷五：爵享、弟子、禮儀、恩賚（附敕命）

　　　　卷六：宗系

　　　　卷七：聞達（原爲「名裔」）（附列女）

　　　　卷八：廟記（原爲「祠廟」）（附奏疏）

　　　　卷九：墓記（原爲「林墓」）

　　　　卷十：祭謁（附誌銘傳題）

　　　　卷十一：題詠

　　　　卷十二：古蹟、雜志

〔註147〕永瑢等《四庫全書總目》卷五十九〈傳紀類存目一・三遷志〉，北京：中華書局 1965 年版，第 534 頁。另雍正本《三遷志》編者署名極其繁複，有「裔孫孟尚桂鑒定，孟衍泰重校，古滕王特選增纂、闕里孔傳商校訂、古卞仲蘊錦刪閱」及孟氏族人補輯、編次、參考等名目。而從序跋所述編纂經過可知，此書主要由孟衍泰編，王特選和仲蘊錦主筆。故《四庫全書總目》稱：「國朝孟衍泰、王特選、仲蘊錦同撰」。（永瑢等《四庫全書總目》卷五十九〈傳紀類存目一・三遷志〉，北京：中華書局 1965 年版，第 534 頁）

後跋包括六十代翰博孟承光爲萬曆本《孟志》所作的〈舊跋〉和六十五代翰博孟衍泰所作的〈新跋〉。

這部雍正本《三遷志》雖然在體例結構上大多沿襲萬曆本《孟志》，但在內容上有不少增益，包括：一，圖象的增加與重繪。所有圖象全部重新繪製，並新增〈鄒北傅村孟子故里圖〉、〈孟子冕旒像圖〉及王特選、仲蘊錦所作〈圖贊〉、〈檜柏圖〉及韓峰起所作〈圖贊〉、〈天震井圖〉及其碑記、〈祭器圖〉等；二，清初史事的補充。雖然所補內容「魚龍混雜，疑信參半」〔註148〕。然從史料流傳的角度看，仍不失爲有益之作。

此書原版在臺灣與大陸都有收藏，但隨著時間流逝，有些本子已有不同程度殘損。公元 1983 年，臺灣孟氏宗親會重新影印，時居臺灣的孟子七十四代孫孟繁驥還爲這部重印的雍正本《三遷志》寫了〈序〉，序文說明了此次重印《三遷志》的目的：「雍正本雕版原藏於故里山東鄒城縣家祠，（始祖孟子祀於孟子廟，歷代祖先別有家祠以祀。）原版已於清末毀於撚亂。……去歲（七十一年），宗親會理事會決議，以家志「雍正本」已成海內孤本，宜先予影印以廣流傳。」〔註149〕此外，還有齊魯書社 1997 年影印本，四川大學古籍整理研究所編纂的《儒藏》也一併收入。

⑥清德宗光緒本《重纂三遷志》

道光本《重纂三遷志》的修撰過程充滿了一波三折。先是，道光十五年（公元 1835 年），孟子七十代孫世襲翰林院五經博士孟廣均約請鄒縣舉人馬星翼依循原有體例，重修《三遷志》。歷七個月初稿成，是爲對雍正本的增補。初稿寫成後，曾請日照許印林等校閱〔註150〕，但未及刊印。同治十一年（公

〔註148〕四川大學古籍整理研究所編《儒藏・三遷志提要》（9 冊），成都：四川大學出版社 2005 年版，第 592 頁。

〔註149〕見臺灣孟氏宗親會《重印雍正本〈三遷志〉・孟繁驥序》，鄒城市孟子七十五代嫡次猶孫孟祥居家藏本。

〔註150〕許印林，名瀚，日照人。《清史稿》有傳，稱其「博綜經史及金石文字，訓詁尤深。至校勘宋、元、明本書籍，精審不減黃丕烈、顧廣圻。」（趙爾巽《清史稿》卷四百八十一〈儒林列傳二〉，北京：中華書局 1977 年版，第 13231 頁）被龔自珍贊爲「北方學者第一」。（原文爲：「北方學者君第一，江左所聞君畢聞；土厚水深詞氣重，煩君他日定吾文。」龔自珍《己亥雜詩・別許印林孝廉瀚》，見《龔定庵全集類編》，上海：上海書店出版社 1991 年版，第 366 頁）生平著述甚多。據孟廣均編清德宗光緒本《重纂三遷志・陳錦序》稱：「日照許印林、會稽宗滌樓兩先生駁正數十百事。」對孟廣均原纂稿進行了校正。（苗楓林主編《孔子文化大全》，濟南：山東友誼書社 1989 年版，第 12 頁）

元 1872 年），山東鹽運使，候補道陳錦，至鄒主持修復孟子林廟事宜。孟廣均之子，孟子七十一代孫世襲翰林院五經博士孟昭銓向陳錦獻稿，請求校正。陳錦於光緒五年（公元 1879 年）得閑暇約請刑部主事榮城人孫葆田和翰林院庶吉士柯劭忞損益初稿。搜輯舊聞，修嚴體例，定爲十卷，爲目十一。但稿成後又擱置八年，於光緒十三年（公元 1887 年）才終於付梓刊印。這部《重纂三遷志》的修撰，在時間上前後共歷經五十二年之久。

光緒本《重纂三遷志》將序從卷首析出，全篇分序、卷首、正文三部份：

序包括張曜、陳錦、孫葆田三篇〈新序〉及孟廣均〈原序〉，還有編纂人員的題名、目錄等名目。

卷首爲御製文聖像諸圖，包括清朝各代皇帝御製碑文及贊詞及圖象、地圖、祭器陳設圖等（圖後均附文字說明及考證）。

正文共十卷，十二目，詳列如下：

卷一：世系、年表

卷二：事實

卷三：經義、佚文

卷四：祀典

卷五：從祀

卷六：藝文一

卷七：藝文二

卷八：藝文三

卷九：藝文四

卷十：雜志

光緒本《重纂三遷志》雖然內容分類上減爲十二目，但因題目較之以前內涵更廣，內容經過合併移易，基本涵蓋了前志二十一目（如卷四「祀典」包含了爵享、林廟、祭儀、樂章、禮器五大條目）的內容，且增補了雍正本《三遷志》後一百五、六十年間的世職延續、林廟修建及碑文、題詠等多項內容。

這部光緒本《重纂三遷志》，因受惠於清代樸學的昌盛和近半個世紀的反覆凝練而資料豐富，考訂精審。此書在臺灣和大陸也都有存世，苗楓林主編《孔子文化大全》和四川大學古籍整理研究所編《儒藏》均有收入。

以上六種孟氏家志的流傳，因年代久遠和戰亂等自然與人爲因素，至清

代後期，惟明熹宗天啓本和清世宗雍正本《三遷志》民間尚有流傳，以故張曜作《重纂三遷志・序》有：「孟氏志乘，惟呂元善、孟衍泰前後所著《三遷志》十二卷」〔註151〕的記述。明末以前的本子已久在民間湮沒無聞。二十世紀八十年代爲編《中國古籍善本書目》，在對除臺灣地區以外的中國各省、市、自治區公共圖書館、博物館、文物保管委員會及科研學校等的圖書館、紀念館等七百八十一個單位藏書的普查中，除查清了明熹宗天啓本《三遷志》藏於南京圖書館外，還欣喜地發現，此前的明代三種《三遷志》仍然存世，其具體館藏情況爲：明憲宗成化本《孔顔孟三氏志》藏國家圖書館；明世宗嘉靖本《三遷志》藏首都圖書館；明神宗萬曆本《孟志》藏清華大學圖書館。至此，孟氏六種家志重新齊聚。其中存於北京首都圖書館的明世宗嘉靖本《三遷志》和存於清華大學圖書館的明神宗萬曆本《孟志》仍爲孤本，亟待搶救性保護。其餘四種包括明憲宗成化本《孔顔孟三氏志》、明熹宗天啓本《三遷志》、清世宗雍正本《三遷志》和清德宗光緒本《重纂三遷志》均被收入由四川大學主持編纂並於 2005 年以後陸續出版的《儒藏》，這對於《三遷志》的保存和傳世極其有益，惜其收入不全。

（二）孟府檔案及其保存

孟府檔案是孟府內部府務管理及對外交往的相關文件記錄。孟府，作爲封建社會頗具特殊性的貴族府邸，自中興祖始建迄於民國，歷八百年未曾中斷。其間府務管理與對外交往的文件、記錄本應極爲全面豐富，但由於兵燹戰亂、自然損害和人爲破壞，鋒鏑劫餘，竟所剩無幾。不過，從今日僅存於鄒城市文物局的一小部份，仍可窺見孟府當年的繁華氣魄與秩序井然。

現存的《孟府檔案》，從時間上劃分始於乾隆四年（公元 1739 年）止於民國三十六年（公元 1947 年），前後跨越二百餘年。從材料的存世狀況看，時間越靠後數量比重越大。清朝後期的約佔總數的五分之一，其餘五分之四均屬民國以後，尤以公元 1942 年～公元 1944 年幾年內最多。詳近而略遠，這也合於史料傳世的自然規律。

從現有檔案材料內容劃分，大體包含以下三類：（1）對外及人際交往類文件。包括孟府與帝王及各級官府間的御賜書單、文移、覆照、諮會、呈請、

〔註151〕孟廣均編清德宗光緒本《重纂三遷志》，苗楓林主編《孔子文化大全》，濟南：山東友誼書社 1989 年版，第 9 頁。

稟狀，和通知、諭單、信票、布告、奉祀官指令、批令，以及與民間親屬鄰里百姓交往的禮單、禮讚、輓聯、書法畫冊印章收藏、家信函件等；（2）內部政務活動類文件。主要包括府內各種政務記錄，如工作日誌、收發文簿及各種會議通知、會議記錄及府內人員值班、活動登記表格、祭祀典禮儀制人員雜役委派及鄰里司法糾紛處理文稿記錄等；（3）府廟經營與管理類文件。主要有府內地畝、宅基、祀田、園地及佃戶所交地租數量，教育建設投資及祭祀所需費用，府廟修建工程計劃、包工合同、原材料用工資費及日常應酬等相關經濟記錄、收支和清冊等。依上述分類，排纂列表如下〔註152〕：

種類	序號	題　名	時　間	頁數	備　註
（1）	1	滕縣知縣就近差拿抗不供孟府差役田國順移文	清乾隆四年九月		
	2	御賜書單	咸豐三年三月		
	3	劉盛玉毆打曹志誠的稟文	咸豐五年十月二十五		
	4	新泰縣族人孟毓祥受鄰人毆辱稟呈	咸豐五年十月二十五日		
	5	曹州府單縣知縣回覆亞聖府擬將孟繼庠派充林廟執事移文	咸豐十年六月初六日		
	6	孟繼文被騙取譜牒銀、建廟銀公告	同治十年		
	7	林廣鑾致五經博士信封	同治十年四月十一日		
	8	山頭村孟繼彬不遵宗規屢次犯林稟	光緒二年六月		
	9	孟府五經博士加二級本族引為規範諭單	光緒丁丑（光緒三年）二月二十日		
	10	催豬羊信票	光緒十九年八月初一日		

〔註152〕注：此表據鄒城市文物局提供《孟府檔案目錄》（手抄）、劉培桂主編《孟子志》（濟南：山東人民出版社2009年版，第369～371頁）及孫慶元《孟府檔案概述》附〈孟府部份檔案目錄〉（載濟寧市政協文史資料委員會、鄒縣政協文史資料委員會編《孟子家世》，北京：中國文史出版社1991年版，第219～222頁）整理而成。表格中凡未特別注明的「時間」均為「不詳」；空白「頁數」均為「1」；空白「備註」均為「保存完好」。所收內容儘量齊全，但難免於疏漏、重複和錯誤。

11	孟府請鄒縣正堂給王景魁頒發贊禮生執照的移文	光緒十九年十一月十四日		
12	差劉繼福赴野店官莊催辦祀田籽粒信票	光緒二十二年八月十日		
13	差武振清、黨興臣赴寬甸縣投送公文會票	光緒二十八年十一月四日		
14	清丈城南府第完竣將地圖一張及清冊一本送府存卷備查呈	民國二十二年一月		
15	孟府與日本各地的掛號郵件憑單	民國二十四年、民國二十六年		
16	抗戰時期日本人鹽谷溫途經鄒縣時送給孟雪生的名片			
17	孟慶棠調查聖墓前開山關石訓令及附件	民國二十八年二月		
18	孟府工作人員調換的會議記錄	民國二十八年二月二日		
19	奉祀官孟莊棠向山東省長報告孟廟損壞情況呈文	民國二十九年		
20	奉祀官孟繁驥照准孟毓宸辭去族長職務由孟傳綱接任指令	民國三十一年五月		
21	孟繁驥任命王東生爲總務股主任訓令	民國三十一年五月		
22	鄒縣縣署布告保護亞聖廟先賢古蹟及廟產祀田布告	民國三十一年五月二十九日		
23	關於田德元請求再次錄用的呈文	1942年9月		
24	孟府與同春醬園爲孟府廚廚夫蔣振坤出具的保證書	民國三十二年五月六日		
25	新民會鄒縣總會的省聯協議會出席經過發表書	民國三十二年		
26	傳相關人員參加大典演習諭單	民國三十二年八月二十九日		
27	曲阜懇談會省長報告	民國三十二年九月二十八日		
28	傳樂工帶樂器到廟諭單	民國三十二年九月二十九日		
29	注銷周秀川身份證呈文	民國三十三年		

30	傳樂工帶樂器到廟諭單	民國三十三年二月二十五日		
31	傳相關人員參加大典演習諭單	民國三十三年二月二十五日		
32	孟府關於催繳祭祀用品（豬羊）的諭單	民國三十三年二月二十五日		
33	傳相關人員參加大典演習諭單	民國三十三年九月十日		
34	傳喚樂工諭單	民國三十三年九月十日		
35	秘書處民國三十三年工作事項呈文	民國三十四年一月一日		
36	山東省公署修輯顏廟孟廟工程委員會組織簡章及監修孟廟工程支出與報告	民國三十六年	9	
37	鄒縣臨時參議會第一屆第一次大會宣言	民國三十六年五月九日		
38	亞聖奉祀官訓令提升總務股員王東升任總務主任			
39	孔德成謝帖簽			
40	亞聖書院城垣、樹木堪查呈文			
41	孟廟損壞需修復的呈文			
42	孔道總會章程			
43	李濟東退辭事務員由孟香南充任的通知	××年七月二十二日		
44	漢班昭孟母頌、晉左芬孟母贊		3	
45	關於各支長等公同約束重則具稟之瑜			
46	關於張傳苓請求鑒核恩准賞給山上應得斗穀以糊口的呈文			
47	關於僕人十一人所用煎餅等物清單的呈			
48	關於由張、王兩秘書負責孟氏族代整理委員及孟希遠之要求的文			
49	關於孟毓淇務必於九月來鄒面呈工料、經費的瑜			

	50	孟氏全族勸諫書（勸諫容納歌伎事）			
	51	管翼鞠對聯：教本尼山繼萬世宗師何必西天參佛果；道傳泗水守七篇家學至今東魯有儒經			
	52	張子鈞對聯：興滅繼絕功高贊育；慎終追遠望重群黎〔註153〕			
	53	孟慶堂書法：文章浩渺起波瀾〔註154〕			
	54	孟府各種印章樣本		3	
	55	亞聖府印章與孟繁驥印章樣本			
	56	孟傳綱各式印章			
	57	習字貼〔註155〕		2	殘
	58	趙鴻勳畫冊頁、吳東嚴解仲秋題詩、清代山水人物畫冊			
（2）	1	本署文件用印號簿	同治十三年元旦		
	2	辦理二支世怡堂睦記表儀簿	光緒六年六月		
	3	野店祀田籽粒穀花名冊	光緒八年八月		
	4	孟繼修濫伐樹木請官員處理	光緒二十二年二月		
	5	孟府秘書處日志記載孟府七月至十月內務外事活動	民國二十三年七月——十月	1	
	6	孟府收文記錄	民國二十七年十月一日——民國二十八年九月三日		
	7	孟府發文記錄	民國二十七年十一月七日——民國二十八年五月十七日	4	
	8	發文簿二十八年二月十四日至三十九年九月三日孟府與族長、縣公署、警備隊、新民會等往來公文	民國二十八年二月十四日		
	9	購買祭品事由證明書	民國二十九年（公元餘4份不詳）	5	

〔註153〕注：另有十五件對聯和一件花鳥圖，殘破不全，此不錄。
〔註154〕注：另有孟復堂、孟雪生（繁驥）、馬維驤、魯顯宗、王梓生等書法作品二十餘件，多殘破，此不錄。
〔註155〕注：「貼」字爲鄒城市文物局提供手抄目錄原文。依文義應爲「帖」字。

10	通告記述孟廟陪祭雜役事務	民國三十年二月二十七日		
11	討論王東生任命狀等事項及研究如何振刷精神努力建設新孟府的第一次府務會議記錄	民國三十一年五月十九日		
12	孟府會計股字卷	民國三十一年八月		
13	亞聖奉祀官府職員考勤表	民國三十二年七月		
14	孟氏族長就職典議程及內容	1943 年 9 月 7 日	2	
15	孟氏小學開學典禮儀式包括學校管理主任報告、奉祀官訓示、孟氏族長致詞、林廟舉事致詞等	民國三十二年九月七日	3	
16	孟府小學籌備會議記錄			殘卷
17	關於十一月一日舉行朝會的通知	民國三十二年十月三十一日		
18	孟氏族務第二次會議議程及內容	1943 年 12 月 13 日	5	
19	鄒縣新運獻機會會議記錄	民國三十二年十二月二十三日		
20	孟府職員證明書樣本及銀質證章底稿	民國三十二年——三十四年	6	
21	秘書處年度工作事項簡要報告，包括保持文件、宣傳聖學、整理府風等三項	民國三十三年		
22	孟慶棠手諭令孟繁驥擔任奉祀官職務			
23	孟繁驥任奉祀官期間的一次仲秋上丁祭祀孟子的籌備會議記錄			
24	孟府移清兗州就各物糾紛作批示的手稿			
25	孟府關於養蠶祠工程遭破壞請官方作出處理的擬稿			
26	雪生手字孟廟由輪流值班改為專人值班			
27	孟傳策被告文申冤文稿			

28	康有爲先生公葬籌備處代收捐款通知		
29	關於翻譯圖書的條例（第六——十四條）		殘檔
30	孟氏族人議交納丁銀事務議案		
31	再認攤派演戲謝神要約		
32	周翰庭家書		
33	鄰里具保書		
34	借閱族譜具保人名單		
35	關於孟繼顏的身份證明		
36	孟廟七十四代孫秋祭歡迎詞		
37	因局勢不穩府門晚開早關的通知	××年八月二十八日	
38	張子固請假的假條	××年七月六日	
39	孟慶棠感謝他人送其印章的書箋		
40	孟慶棠送工錢給塾師的書箋		
41	族長關於戶頭名稱不雅請予更換的提議		
42	孟府大宗戶、城西戶、山頭戶、基陽戶材料		
43	亞聖奉祀官府全族代表臨時整理委員會組織細則應行修改部份		
44	關於亞聖奉祀官府全族代表整理委員會收發文簿		
45	孟府叩首拜謝名單		
46	孟府發布的公文函件記錄	10	
47	孟廟秋祭發貼〔註156〕式樣	2	
48	孟府朝會通知及參會人員名單		

〔註156〕注：「貼」字爲鄒城市文物局提供手抄目錄原文。依文義應爲「帖」字。

	1	蔡莊續製地畝冊	嘉慶二十二年三月		
	2	福字號蔡莊地畝清冊	道光十二年四月		殘缺
	3	壽字號蔡莊地畝清冊	道光十二年四月		
	4	孟府滕縣租項清冊	光緒六年九月		
	5	徵收野店杞田官莊土地籽粒谷花名冊	光緒八年八月		
	6	包工合同復修孟廟款項及開支、竣工時間等	民國二十九年九月		
	7	關於重修鄒縣城隍廟大殿東南隅三曹殿的序			
(3)	8	孟府銀丁冊	①民國三十一年九月二十五日（西閣戶）；②民國三十二年十二月三十日（孟氏城西戶）；③民國三十三年七月十六日（故里戶）；④民國三十三年（大宗戶）		
	9	流水帳〔註157〕三月二十八日至九月十八日孟府消耗、購置、應酬、祭祀等項開支	民國三十一年三月		
	10	蔡莊地區杞田官莊租戶糧食籽粒呈送單	民國三十一年——三十二年		
	11	關於奉祀官府收到蔡莊租物收據	1943年4月24日		
	12	關南戶南孟家莊丁銀冊	民國三十二年		
	13	安東鎮孟母廟佔地、樹木等狀況			
	14	民國年間蔡莊地區租戶呈交錢糧、柴火帳〔註158〕目			
	15	孟府（蔡）莊買進賣出茶豆帳目			
	16	孟府關於孟憲申、鄒繼明等賠麥的收條			

〔註157〕注：「帳」字爲鄒城市文物局提供手抄目錄原文。依文義應爲「賬」字。
〔註158〕注：「帳」字爲鄒城市文物局提供手抄目錄原文。依文義應爲「賬」字。

17	關於向賈繼宗、賈廣聰贖回土地的贖條			
18	發票、收據	①光緒元年五月②光緒四十八年③民國三十二年七月十三日④不詳⑤不詳	5	
19	職員考勤表	1943 年 7 月		
20	孟府職官親族差役寄居名冊表	1943 年	10	
21	職員輪流值夜表	1944 年		
22	收糧條			
23	禮單			
24	張方喜所購五天蔬菜食品清單條		5	
25	孟府差役一覽表			稍殘
26	孟府所轄戶族值名表		4	
27	物品清單名冊			
28	孟府大禮簿茶單		9	
29	孟府各院口糧		9	
30	食物收支表			
31	孟府前後院共領煎餅糧食清單			
32	買進濟南綢布帳目			

第四章　孟子家族的族務管理

　　孟子家族的崛起主要是在宋代以後，歷代政府的關懷優禮加上家族成員代代相沿的不斷努力促成了家族的不斷壯大。無疑，在人口增多，家族規模不斷擴大的情況下，相應的族務管理在家族維繫與發展中扮演著越來越重要的角色。在長達千年的管理實踐中，孟子家族在管理機構、管理規範和管理手段等族務管理方面的經驗，隨著歷史的演進日臻成熟。但遺憾的是，與族務管理相關的大量資料檔案，卻由於各種自然與人為的原因沒有完整地留存下來。因此，關於孟子家族的族務管理，只能依據現有殘缺不全的譜、志與孟府檔案進行一些研究和梳理。

第一節　管理機構

　　合理規範的機構設置是家族實現有效管理的保障。在家族管理機構的設置上，孟子家族既承襲了中國傳統家族的管理要義和規範，也在千年發展中，針對自身特點作出了自我創新。這些所謂的「創新」，使孟子家族在家族管理機構及其職能設置上，體現出了異於普通家族的獨特的政治化特徵。

一、中國傳統家族管理

　　在一個家族的組織系統中，一般而言，族長（或稱族正、族首，少數有宗長、祠長、戶長）是最高首領（較大的家族還有總族、支族區別。總族、支族又各設總族長、支族長）。族長之下，依照血緣關係的親疏分為若干房或支，房設房長、房頭。房下統率個體家庭。族長之下，還設立助理人員和各種專門職事，協助族長工作，執掌族中的公共事務，如管理祠堂族田，協調

族眾關係等等。某些人口眾多的大家族，還仿照古代宗法制度，設立宗子一人（宗子如不兼族長，則沒有實權，實權操在族長手中），專主祖先祭祀，是全族的精神領袖。族長、房長都由家族成員推舉產生，不得世襲，這一點在家族族規中都有明確規定。族長如果不稱職，可以舉行全族會議罷免或改選。從這一點上，我們似乎依稀看到了古老的氏族民主制在家族組織管理中的殘存。

族長的職責，包括主持祭祀祖先（凡設立宗子者，族長協助主持祭祀，未設立宗子者，族長單獨主持祭祀），管理族田收入和家族的其他產業，監督或裁決族人的財產繼承、分家過戶及族人與鄉里之間的民事、經濟糾紛等。在這樣的組織系統和管理職責之下，族長是全家族成員婚姻及生老病死等一切生活大事的主宰，甚至擁有私設刑堂，對族人違犯國法、族規行為的初級裁判乃至處死的特權。

從歷史上看，族權的存在，對於中國社會而言，它的作用像一把雙刃劍，有正、反兩個方面。它的正面作用是使處於分散的小農經濟下的族眾在血緣的召喚下形成一個穩固而強大的整體，對於強化血緣意識，傳承優良家風，形成家族凝聚力，普及民俗文化，協助封建政府維繫地方秩序等方面都起著重要作用，因此而成為政權管理有效的補充形式。當然，它的負面作用也是十分明顯的，主要體現在它對普通族眾的生存主宰，強制性地剝奪或消解了族眾對於生活的自我意識和自我處置權，使族眾游離於個人自由與統一的國家法規之外。尤其是在君主政治後期，在家族組織日益政治化、日趨背離純樸的血親情感的現狀下，家族組織已無可諱言地由家族成員的保護者演變為禁錮族眾個體自由、維繫君主政治統治的幫兇。在這種情況下，族眾成為族權氾濫的受害者和專制淫威的犧牲品。毛澤東正是從這個意義上說它與政權、神權、夫權互為補充，成為「束縛中國人民特別是農民的四條極大的繩索」〔註1〕。

二、孟子家族管理機構

從家族性質看，孟子家族既孕育於中國文化的大環境之中，又是承擔儒家文化傳承的特殊載體。這決定了它與其他普通家族相比，既具有一般封建

〔註1〕毛澤東《湖南農民運動考察報告》，《毛澤東選集》（一卷），北京：人民出版社1991年版，第31頁。

家族的通性，又具有區別於其他家族的特殊的政治性和儒家特性。這一特性，在孟子家族的族務管理上突出地體現出來。

在孟子家族管理機構中，亞聖孟子嫡裔、世襲翰林院五經博士是家族的最高管理者，稱爲宗子。其下設族長和舉事〔註2〕，協助宗子負責管理全族事務。

按照家族管理規範，宗子〔註3〕由孟氏大宗嫡裔世代承襲。在繼任程序上，一般先由老一代翰博向朝廷提出申請，得到批准後，由新任宗子率全族舉行就職演說，正式就職。現存《孟府檔案》中保存下來的《關於孟繁驥擔任亞聖第七十四代奉祀官的諭》，記錄了這一就職過程，全文如下：

> 茲經於本月十五日案奉
>
> 亞聖七十三代世襲奉祀官手諭內開，本人以年老力衰弗克奔走廟庭，……茲令長子繁驥（雪生）擔任奉祀職務，並府內一切事宜等。因奉此按照舊例，遵於本月十八日午前九時由亞聖七十四代嫡裔奉祀官孟雪生揩同孟氏闔族代表敬詣
>
> 先聖在天之靈。

之後，新任宗子率全府成員及族代表整理委員會全體委員舉行就職典禮〔註4〕。

在日常管理中，宗子的主要責任是主持家族祭祀，應酬對外往來，通常並不直接管理一般家族事務。

孟子家族的一般家族事物通常由族長和舉事負責。族長和舉事一般由宗族從本族成員中公推選舉產生，偶而也有帝王「詔設」，如宋徽宗崇寧二年（公元1103年）就曾「詔設孟庭族長，外設舉事一員，督理林廟，繩愆子孫」〔註5〕，

〔註2〕 舉事設於何年無考。呂元善編明熹宗天啓本《三遷志》有：「孟氏博士、族長外，又有舉事一名，佐族長督理林廟、繩愆子孫。然其始起之年，不可考矣」的按語。（呂元善編明熹宗天啓本《三遷志》卷三中〈恩賚〉，四川大學古籍整理所編《儒藏》（9冊），成都：四川大學出版社2005年版，第478頁）

〔註3〕 注：自孟子五十六代孫孟希文於明代宗景泰三年（公元1452年）受「翰林院五經博士」後，直至第七十三代孟慶棠於民國三年（公元1913年）改爲「奉祀官」止，又稱「世襲翰林院五經博士」。

〔註4〕 《孟府檔案》，現存鄒城市博物館。

〔註5〕 孟廣均編清穆宗同治本《孟子世家譜》卷首〈前代恩例〉有「徽宗崇寧二年，詔設孟庭族長，外設舉事一員」的記載。（現存鄒城市文物局）另，陳鎬《闕里志》卷之八〈孔庭族長〉有：「崇寧二年，詔文宣王家選親族一名，判司簿

這也是現存最早的反映孟子家族族長、舉事詔設的材料。族長一經批准，也要按常規舉行就職典禮。典禮儀式首先是宗子講話並頒發委任狀，由族長致謝辭。現存《孟府檔案》中，一份標明爲民國三十二年（公元 1943 年）九月七日的《孟氏族長就職典禮議程及內容》的文件，可以供我們大體瞭解孟氏族長就職典禮的程序情況：

（1）

> 中華民國三十二年九月七日
>
> 孟氏族長就職典禮
>
> 時間　下午二點
>
> 地址　亞聖府大禮堂
>
> 出席者見簽到簿
>
> 主席　奉祀官
>
> 紀錄　女牘主任
>
> 司儀　韓總務員
>
> 　　　開會如儀
>
> 奉祀官訓示

就職演說詞爲：

今天借開學典禮的機會，遂就舉行族長就職典禮以示隆重。查我們的族長名義自宋朝就有。不過，那時的族長似乎不大合法。所以，命令不能全族通行，所能通行的僅附近七、八戶而已。是以族務一盤散沙，一班像這種情形不盡遺憾。現在呢，則不然，非經過二十戶全族族眾通過，再聯名具保不能委任，由此看來，我們族眾的知識提高，團結力堅強，這也是我們族眾良好的一種現象。如我們代理族長傳綱公，自代理族務以來頗著勤勞，甚孚眾望。此次本家們呈請晉級實任，頗見眼光明敏，本人自當准子所請，茲爲隆重起見，遂就舉行一個儀式，將來我們的族務相信益加起色，團結力將益加鞏固，本族的光榮定可相見的，完了。

尉事即以家長承繼，家長之名所從來也；至於舉事則佐家長督理林廟，繩愆子孫者。」（苗楓林主編《孔子文化大全》，濟南：山東友誼書社 1989 年版，第 369 頁）孟廣均編清德宗光緒本《重纂三遷志》也記爲：「宋崇寧二年孔顏孟各設族長一名，判司簿慰事。明景泰二年增設舉事一員，使之督理林廟，繩愆子孫。」（孟廣均編清德宗光緒本《重纂三遷志》卷四〈祀典〉，苗楓林主編《孔子文化大全》，濟南：山東友誼書社 1989 年版，第 234 頁）

（2）奉祀官頒發委任狀

（3）王秘書致辭

（4）族長致謝辭

（5）全族代表整委會致辭

（6）閉會　聚餐〔註6〕

　　擔任族長和舉事的條件是，具有仁愛公正的良好品格、較高的素質能力和較高威望的長者。孟子家族的族長也稱家長，一般居住在孟林所在地四基山前的山頭村。舉事則一般居住在孟子誕生地鳧村。家族事務除特別重大者需向宗子請示外，一般都可由族長和舉事按族規自行酌情處置。

　　家族中享有最大權力和最高地位的是宗子而非族長，這是孟氏家族與一般家族的顯著不同。時值封建社會後期，在大多數普通宗族中已不再立宗子，少數宗族即便立有宗子，也往往與族長合二為一。宗子在家族事務管理中，早已成為名不符實的空銜，其地位被族長取而代之。與這一發展趨勢不同的是，由於孟氏家族嫡裔的特殊性，孟府宗子的地位和權力始終不曾旁落，實際操控著孟府一切重大事務的處置權。族長、舉事雖然有權代表宗子處理具體族務，但其權力和地位始終不能超越宗子之上。特別是在一些如宗族祭祀、族譜續寫、族長任命就職等重大族務的處理上，宗子始終起著決定的作用。相對於宗子的決策權，族長所擁有的不過是執行權，按照宗子指令具體操作或處理族內事務。比如對於續修族譜事宜，先由宗子會同族長、舉事和部份族紳研究協商，決定有關修譜事宜。開館之日，宗子率族眾代表行祭告禮時，族長負責宣讀誓詞。譜成告祭禮時，族長負責按二十戶清單發譜。對有違族規家訓的族眾，族長也只是提出處罰意見，交由宗子最後判定。甚至族長的繼任，雖然名義上由公推產生，而實際上前任宗子掌握著向朝廷（或政府）的呈報權和決定權。這一點，我們通過現在存世不多的《孟府檔案》可以一窺其大概。如中華民國三十一年（公元1942年）五月的一份《亞聖奉祀官府指令》〔註7〕，內容為：「呈件為會議通過孟傳綱代理族長，請求頒發委任……表決以孟傳綱代理族長，全族贊成通過，復據族長孟毓宸呈，稱為年老力衰

〔註 6〕 民國三十二年九月七日《孟氏族長就職典禮議程及內容》，《孟府檔案》，現存鄒城市博物館。

〔註 7〕 注：《孟府檔案》中相關的早期材料沒有留存下來，只得用較晚的材料，供參考。

深恐曠職虛位，懇請辭職，當經指令照准」〔註8〕。這份指令表明：孟府族長雖經族眾公舉，但最終的呈報與任命權則完全操控於宗子之手。

第二節　管理職責

孟子家族的族務管理主要包括政務管理、財務管理和祭祀管理幾個方面。

一、政務管理

政務管理主要指人事管理，包括對族人及其家族普通職員和差役的管理。

所謂「族人」，包括居住在孟府大院內上房院、緣綠樓院、賜書樓院及前學、後學等孟子大宗五世以內的親族（也叫大宗戶），孟氏「十一派」、「二十戶」，以及遷徙、散居於全國甚至國外的支族。從現存檔案情況看，孟府對族人的管理主要包括兩個方面：一是處理本族的對外訴訟。如有本族族眾受人欺壓、財產被盜或因罪被官府拘押，孟府以亞聖府的名義出面向有關部門提出諮會，或替族人申冤，或責成處置首惡者，或追回失物，或組織捐資為族人贖罪等等；二是維護本族宗法族規與助貧扶困。所謂：「族中若有力行孝悌者自應表揚，倘有不知自愛者立即隨時勸懲」，而對族眾中幼弱貧困者則協調全族予以救助，以及集資辦學，解決族眾子弟教育問題等。

普通職員和差役主要指被孟府聘用的服務於孟府的工作人員（包括孟姓族人和外姓人）。孟子家族對本府聘用職員、差役的選拔、任用、考核、辭退等事宜都有嚴格的程序規定。對職員的選拔要按照規定的條件和標準並履行必要的手續。職員進孟府要經由個人申請，並有保人保舉。現存《孟府檔案》中還存有一份孟子七十四代孫亞聖奉祀官孟繁驥《亞聖奉祀官訓令提升總務股員王東升任總務主任》的手令，內容是：「該股員任職以來，夙興夜寐，卓著勤勞，辦理總務，深富經驗。本奉祀官殊資依畀，著將該員升充總務主任，以專責成，而勵來茲……」〔註9〕，這份手令說明職員選用與提升的最終決定權由宗子掌握，職員升遷也由宗子親自任命。職員、差役被錄用後，由孟府

〔註8〕 孟繁驥《亞聖奉禮官府指令》（福字第 2 號），《孟府檔案》，現存鄒城市博物館。孟繁驥，孟子七十四代孫，民國二十八年（公元 1939 年）承襲奉祀官，公元 1949 年赴臺灣，公元 1990 年病逝於臺北。

〔註9〕 孟繁驥《亞聖奉祀官訓令提升總務股員王東升任總務主任》，《孟府檔案》，現存鄒城市博物館。

發給一定酬勞。職員酬勞一般爲定薪，差役是糧食或煎餅。現存《孟府檔案》顯示，孟府對職員和差役實行嚴格的考核和紀律管理。職員、差役首先要遵守族規，對於遵守或違犯族規的酌情予以相應獎懲；其次要遵守上下班制度和規範，按時上下班，每天上午、下午兩次以加蓋私章的形式簽到，如有缺勤，須注明公出、值夜，或病假、事假等原因。由總務股總務主任檢查出勤情況，以作爲獎罰依據。現存《孟府檔案》中尚存有一份標明時間爲中華民國三十二年（公元 1943 年）七月的《亞聖奉祀官府職業考簿》，反映了孟府嚴格的考勤執行情況：

亞聖奉祀官府職員簽至表　　三十二年七月份 〔註10〕

孟雲衢	孟幹堂	韓獻廷	韓筱溪	孟子玉	張子固	孟鶴雲	孟明紀	姓名 ／ 日時
	印	公出	印	公出	印	病假	印	上午 一日
	印	公出	印	公出	印	病假	印	下午
	印	公出	印	公出	印	病假	公出	上午 二日
	印	公出	印	公出	事假	病假	公出	下午
	印	公出	印	公出	事假	病假	公出	上午 三日
	值夜	公出	印	公出	印		公出	下午

二、財務管理

家族財務管理的對象當然是家族財產。家族財產也叫族產或祠產，是全族的公有財產，主要包括土地、山林、房屋等。農耕是中國傳統社會的主要

〔註10〕《亞聖奉祀官府職業考簿》中華民國三十二年（公元 1943 年）七月，《孟府檔案》，現存鄒城市博物館。表中「印」爲私人印章。

經濟方式，土地是農耕經濟的核心要素，當然也是家族財產的主要標誌。因此，對土地及其產出物——地租的管理，構成了包括孟子家族在內的中國所有家族財務管理的核心內容。對於孟子家族而言，由於它的特殊性，家族財務管理的內容除了對土地的管理外，還包括對府廟林產的管理。

（一）族田管理

族田是孟子家族族產中最重要的財產，孟子家族的族田又細分為祀田（祭田）、糧地、墓田、宅基、學田等名目。在這名目眾多的族田中，數量最多也最重要的是祀田。

1. 族田的來源

從現有資料看，孟子家族族田的來源主要有朝廷撥賜、官員捐買、族人捐贈和族資購買四種渠道。

朝廷撥賜是孟子家族族田的主要來源。朝廷對孟子家族祭田的撥賜，與孟子地位的提高、孟府的崛起是同步的，也是始於宋代。清代鄒縣知縣婁一均在《重修孟廟碑記》中有類似論述：「宋景祐間，學士孔道輔知兗州，訪孟子墓於四基山之陽。因建廟於墓專祀之。嗣是給祭田、予執役、錄裔孫世守其官，皆兆於此。」〔註11〕

宋代賜田孟府文獻可見的有兩次，一次是宋神宗元豐六年（公元 1083 年）十月，即詔封孟子為鄒國公的次年，詔「賜庫錢三十萬，增修其祠」，同時，「給其賜田，以嚴灑掃」〔註12〕。可惜，此次賜田數額多少文獻沒有記錄；另一次是宋徽宗政和四年（公元 1114 年），在賜錢三百萬修四基山之廟時，「又賜田百畝以給守者」〔註13〕。

政府對孟子家族的大規模賜田是在元、明兩代。所以，相應的，關於元、明兩代政府賜田的記錄，也頻見於孟氏《家譜》、《三遷志》和孟子林廟石刻。如清穆宗同治本《孟子世家譜》卷首，記載的元代政府賜田有：「泰

〔註11〕 婁一均於康熙五十五年（公元 1716 年）撰《重修孟廟碑記》，現存孟廟啟聖殿院甬道東側。文收入劉培桂編著《孟子林廟歷代石刻集》，濟南：齊魯書社 2005 年版，第 344 頁。

〔註12〕 孫弼《鄒公墳廟之碑》，石原存鳧村馬鞍山孟母墓前，已毀。孟府有舊拓。文收入劉培桂編著《孟子林廟歷代石刻集》，濟南：齊魯書社 2005 年版，第 22 頁。

〔註13〕 孫傅《先師鄒國公孟子廟記》碑，現存孟廟亞聖殿內孟子塑像西側。文收入劉培桂編著《孟子林廟歷代石刻集》，濟南：齊魯書社 2005 年版，第 9 頁。

定五年賜孟廟祭田三十頃」、「又五年賜孟廟祭田三十頃」、「又增給祭田二十四頃供祭祀簾幪之用」〔註 14〕。其中上述第一項「泰定五年賜孟廟祭田三十頃」一事，由國子祭酒蔡文淵撰《孟子廟貲田記》以記〔註 15〕，由孟子五十二代孫孟惟恭於泰定帝致和元年（公元 1328 年）立石紀念，石刻詳細記載了如下信息：「摽撥到孟廟祭田地三十頃。其地東至嶧山東華宮，南至民地，西至官路，北至顏廟祭田。……令孟氏家族召募佃客耕蒔，抽分子粒，以供孟廟春秋朔望祭祀，修理廟宇銷用。」〔註 16〕清世宗雍正本《三遷志》卷五〈恩貲·給賜〉也有類似記載：「呈部節次查明，議將野店地撥三十頃。其地東至嶧山東華宮，南至民地，西至官路，北至顏廟祭田，各有峰堆為界。」〔註 17〕明代建立後，代宗於景泰三年（公元 1452 年）始授孟子五十六代孫孟希文世襲翰林院五經博士。同年，政府撥賜孟廟祭田六頃。但是，因為元、明易代之際的社會戰亂與動盪，以往撥賜的祭田在戰亂荒蕪和周邊農戶的逐漸侵隱中幾於無存，此次賜予的六頃祭田尚且不能正常維繫孟府的祭祀和生活日用。因而，在三年之後的代宗景泰六年（公元 1455 年），華蓋殿大學士徐有貞又上疏朝廷，反映孟府因為祭田管理不善而造成的家族生活的艱難，疏稱：「顏、孟二氏，俱各前元時撥賜祖廟祭田。在本縣，地名野店，共計六十頃，每廟各得三十頃。歲收種入，以供粢盛，兼得贍養族人。國初以來，亦無改革。其後，止因二氏子孫微弱，無力營種，致被附近民人侵佔，年久不還……以至二氏子孫無田供祭。且今人口生齒既眾，雖得前田，尚不夠用，何況於無。希文雖蒙上恩，賜與官職，頗可度日，無奈舉族之人未免飢寒，無以贍養」，為此疏請政府派員清丈並加賜孟府土地，「乞勒該部行移山東布政司，委自堂上官員，前往本處，會集府縣該官，公同踏勘，前項原係顏孟二氏祭田，沿邱履地，丈量明白……以後再不許他人佔爭認種，違者並罪有司。此外，猶恐前項原田供贍不敷，二氏子孫乏力墾種，如蒙乞將附近拋荒空閒田地，量加頃數，

〔註14〕孟廣均編清穆宗同治本《孟子世家譜》卷首〈前代恩例〉，現存鄒城市文物局。
〔註15〕碑文收入劉濬編明憲宗成化本《孔顏孟三氏志》卷六〈亞聖孟氏志事類·歷代修建廟宇碑文〉，四川大學古籍整理研究所編《儒藏》（9 冊），成都：四川大學出版社 2005 年版，第 389～390 頁。
〔註16〕文見蔡文淵《孟子廟貲田記》碑陰，現存孟廟啓聖殿院甬道東側。文另收入劉培桂編著《孟子林廟歷代石刻集》，濟南：齊魯書社 2005 年版，第 61 頁。
〔註17〕孟衍泰編清世宗雍正本《三遷志》卷五〈恩篆·給賜〉，四川大學古籍整理研究所編《儒藏》（9 冊），成都：四川大學出版社 2005 年版，第 661 頁。

增添撥賜，仍照孔廟事例，量撥佃戶助種……每家各添撥與二十頃、佃戶各十戶……」〔註18〕同年十二月，朝廷詔准復顏、孟二氏祭田，並加賜至百頃。為此，徐有貞還應顏、孟嫡裔宗子顏希惠、孟希文之託，撰《大明錫復顏孟祭田之碑》記錄此事並表示對朝廷的感恩：「乙亥之冬十有二月庚申，詔復顏、孟二廟祭田，加錫至百頃，置佃戶各十家，以中憲大夫、都察院左僉都御史徐有貞之請也。蓋二廟之在元，故各有其祭田三十頃，二氏子孫以之備粢盛，給衣食焉。易代以來，侵奪殆盡。雖嘗理於朝，而輒枙於有司。由是二廟之祭不共，而二族之養不贍。初，有貞奉璽書治水於山東，濬川導山，嘗往來乎曲阜鄒嶧之間。謁先聖先師之祠，見其然而審其所以然。有貞於時慨然心誓曰：『使有貞治水而有成功也，其必為吾先師復此田也。』及功既告成，因具以聞，且請益之田，置佃戶，蠲其徵，而畀之共贍。詔皆從之，恩至渥也！事下戶部，俾巡按御史、山東三司會而理之。既復野店之田六十頃，又得蔡莊之田四十頃而益之。總為頃百，分而兩之。其新田視故田廣衍饒沃有加焉。」〔註19〕

　　元、明兩代對孟府的大規模賜田，使孟府經濟維持了相對穩定狀態。所以，清朝政府對孟府的優禮重心轉向政治上的詔封。康熙二十二年（公元1683年），孟子六十三代孫孟貞仁呈報的孟廟宅基地墳地祭田數為：亞聖廟祭田五十一頃一十五畝；孟母墳地三頃三十二畝二分；孟子墳地一頃六十九畝二分；亞聖廟宅基地一頃二十一畝五分；墳田二頃三十畝，約計五十九頃左右〔註20〕。這與山東巡撫移文衍聖公府的「凡敕賜聖賢後裔無糧地畝亞聖裔祭田五十一頃一十五畝，墓田地七頃三十一畝四分，廟宅基一頃三十畝七分五釐」〔註21〕，及載入《欽定大清會典事例》的孟子祭田、墓田、廟基地「五十九頃七十六

〔註18〕孟衍泰編清世宗雍正本《三遷志》卷五〈恩筆·給賜〉，四川大學古籍整理研究所編《儒藏》（9冊），成都：四川大學出版社2005年版，第662頁。

〔註19〕徐有貞《大明錫復顏孟祭田之碑》，現存孟廟啓聖殿院甬道西側。文收入劉培桂編著《孟子林廟歷代石刻集》，濟南：齊魯書社2005年版，第151頁。

〔註20〕《孟氏後裔呈送孟廟宅基地墳地祭田戶丁清冊》，見曲阜師範學院歷史系編《曲阜孔府檔案史料選編》第三編，第二冊〈聖賢後裔〉，齊魯書社1980年版，第37～38頁。

〔註21〕見孟廣均編清德宗光緒本《重纂三遷志》卷八〈藝文三〉，苗楓林主編《孔子文化大全》，濟南：山東友誼出版社1989年，第459～460頁。孟廣均編清穆宗同治本《孟子世家譜》卷首〈國朝恩例〉，現存鄒城市文物局。另見清文宗咸豐二年（公元1852年）所立《敕賜亞聖裔祭田界石》，現存孟府二門內東側廡下。文收入劉培桂主編《孟子林廟歷代石刻集》，濟南：齊魯書社2005年版，第428頁。

畝」〔註22〕的數額基本相符。所以，清宣宗道光二十四年（公元 1844 年）孟子七十代孫孟廣均所立刻石《祀田記》，將「亞聖廟林暨滕陽上宮、性善書院所有續增撥賜、捐買各項祀田，其有爲《三遷家志》所未載者」，「詳勒一石」。其中所記清代新增祀田，除婁一均捐買及部份孟氏族人捐贈外，沒有政府撥賜一項〔註23〕。

　　孟子家族的族田除朝廷撥賜這一主要柒道以外，還有官員捐買、族人捐贈和族資購買三種輔助性的來源或渠道。官員爲孟府捐買田產與政府撥賜一樣，也是孟府族田來源與其他普通家族族田來源的重要區別。因爲這些官僚在國家提倡儒學和孟子的政治背景下登上仕途，他們的思想深受儒學和孟子思想浸潤，對孟子無比敬仰，特別是那些因科舉或行政任職與鄒、繹之地結緣的官僚，他們自然要對孟子府廟的經營與建設情況加以關注，除了以自身的政治影響力積極建言朝廷，增建修葺孟子府廟林墓外，有些還以一己之力爲孟子府廟捐資捐買族田，以供亞聖林廟祭祀。這種行爲或可視爲以儒學人階梯踏入仕途後對儒學的一種反哺。如明世宗嘉靖四十一年（公元 1562 年）鄒縣知縣章時鸞在捐資修建孟林享殿的同時，「復捐俸置田五十畝，歲入其租，以爲祭祀、修理之具」〔註24〕。明神宗萬曆二十五年（公元 1597 年）鄒縣令王一楨「捐俸買地二十畝，給帖佃種」〔註25〕。十年之後，即明萬曆三十五年（公元 1607 年），鄒縣令胡繼先謁孟子墓，聞聽歲祀乏資，而前縣令章時鸞、王一楨所置祭田「歲久且湮沒」，「爰捐俸金廿餘金，托其族之賢者孟聞鉦等謀置祭田三十五畝。又搜得其先二令所置共伍十畝，歸其本族，酌爲三祭。」〔註26〕此後又十六年，即明神宗萬曆四十六年（公元 1618 年）

〔註22〕 李鴻章等《欽定大清會典事例》卷一百六十四〈戶部・田賦〉，北京：商務印書館光緒戊申（光緒三十四年，1908 年）年版，第 3 頁。

〔註23〕 孟廣均《祀田記》，現存孟府二門內東側廡下，鑲於磚壁，北向。文收入劉培桂編著《孟子林廟歷代石刻集》，濟南：齊魯書社 2005 年版，第 420～421 頁。

〔註24〕 朱觀煊《重建亞聖林享堂記》，現存孟林享殿內東首。文收入劉培桂編著《孟子林廟歷代石刻集》，濟南：齊魯書社 2005 年版，第 237 頁。另見孟廣均編清德宗光緒本《重纂三遷志》卷八〈藝文三〉，苗楓林主編《孔子文化大全》，濟南：山東友誼出版社 1989 年版，第 477 頁。

〔註25〕 王一楨《置地守林記》碑，原存馬鞍山孟母林，已毀。孟府有舊拓。文收入劉培桂編著《孟子林廟歷代石刻集》，濟南：齊魯書社 2005 年版，第 265 頁。

〔註26〕 胡繼先《增置四基山孟夫子墓陵祭田記》碑，現存孟子林享殿西夾室內北首。文收入劉培桂編著《孟子林廟歷代石刻集》，濟南：齊魯書社 2005 年版，第 274 頁。

鄒縣知縣孟鳳翔也曾「捐俸銀二十四兩，置買孟弘田地三十畝，共四段……」〔註27〕。明代官員爲孟府捐買祭田的行爲一直持續到明末熹宗天啓時的毛芬和思宗崇禎時的黃應祥任鄒縣令期間〔註28〕。明代官員爲孟府捐買祭田的表現，是國家以儒家思想爲官方意識形態對於官員行爲影響的結果，是國家政治思想導向的直接產物。

　　孟子家族族田的來源，除官員捐買外，還有孟氏族人捐贈和族資購買這一渠道。孟子六十九代孫孟繼烺的《欽賜祭田記並載〈會典〉》，和孟子七十代孫孟廣均的《祀田記》比較全面地記載了孟府土地的各種來源，包括朝廷撥賜、官員族人捐贈及族資購買等。其中所記朝廷撥賜，相對於譜、志所記更爲詳細，除了一般的田畝數，還明確標注了賜地所在區域方位，如所記朝廷撥賜有：「元泰定五年，撥賜祭田三十頃，坐落野店；明景泰六年，增給祭田二十四頃十五畝，坐落蔡莊；又賜廟宅基一頃三十畝七分五釐，坐落南關；又賜墓田七頃三十一畝四分，坐落四基山、馬鞍山。……明萬曆三年，欽賜孟府中下例糧地九十頃，坐落莊朱社」，「明景泰六年，撥賜廟宅基一頃三十畝零七分五釐（坐落南關）；又撥賜滕縣上宮館祭田八頃（坐落孟家口）；又撥給滕縣例地十頃零六十畝（坐落薄家廟、斗城、涼水泉、辛安等村）」，這樣可以在某種程度上解決了孟府土地的流失問題。所記官員捐買有：「明崇禎年，魯藩王捐賜祭田七頃二十畝，坐落蔡莊。」「國朝康熙五十年，邑侯婁一均捐買墓田六大畝（坐落四基山）」。所記族人捐贈有：「崇禎二年，六十一代祖弘譽捐絕產二頃八十畝（坐落王屈），世隨宗子朝廟公需」，「六十三代祖貞仁，捐置地九十五畝四分；又族人孟貞友捐絕產三十三畝八分，坐落付村，世隨宗子林墓祭掃」，「（乾隆）十二年，滕邑族人孟尙巖，捐入上宮館祀田二頃三十畝（坐落孟家口）；三十五年，族人孟衍鎭，捐入故里祠絕產六十畝（坐落鳧村）；道光二年，滕邑族人孟興仁等，捐入上宮館祀田二頃四十畝（坐落石壩村）」〔註29〕。所記族資購買有：「乾隆六年，估售兩林幹樹，增置墓田

〔註27〕李鳳翔《捐俸銀置買祭田記》，現存孟廟致敬門内院甬道東碑壁西側。文收入劉培桂編著《孟子林廟歷代石刻集》，濟南：齊魯書社2005年版，第290頁。

〔註28〕孟廣均編清德宗光緒本《重纂三遷志》卷四〈祀典〉「天啓三年，鄒縣令毛芬增設亞聖墓祭田」，「崇禎元年，縣令黃應祥置祭田一頃十五畝。」苗楓林主編《孔子文化大全》，濟南：山東友誼書社1989年版，第214、224頁。

〔註29〕另，孟子七十代孫孟廣均撰《廟戶營添設祭田碑記》專門立石表彰族人孟廣連捐贈祭田一事，文稱：「廟戶營在城西六里，舊有聖母鄒國端宣獻夫人神祠，謂是三遷曾經之地也。廟基外僅有祭田十三畝，均素以爲歉，顧款無所出。

三十一畝（坐落梟村）」〔註30〕。

　　可見，孟府族田以數量計，朝廷撥賜是主要來源，其次是官員捐買和族人捐贈，數量最少的是由孟府族產變賣所得購買的田地。這明顯反映出了孟子家族與其他普通封建家族在性質特徵上的不同。我國從民間自發生長起來的普通家族，其家族實力和族產全部源於家族內部幾代甚至幾十代人的戮力經營，不斷積累而成，族人幾代接力式的購買和滾雪球式的積累是這些普通家族族田來源的主要渠道。而與這些普通家族相比，孟子家族族田的來源渠道則主要依靠朝廷拔賜和官員捐贈，在這一點上明顯體現了孟府強烈的政治化色彩。這是孟氏家族作爲封建政治性家族，特異於民間普通家族的重要表證之一。

2. 族田的管理

　　孟子家族的族田管理，因爲資料缺乏已很難瞭解其詳。但透過現存的零星材料，尚可窺其大概。因爲族田是家族產業的支柱，是祖先祭祀和家族生活維繫的經濟基礎，必然受到家族的足夠重視，特別是對祀田的管理。從現有材料看，孟府爲管理這些族田設了專門管理機構「祀田管理處」〔註31〕，管理處的主要職責包括以下幾個方面：一是定期清理登記田畝，保護祀田不受侵犯流失。孟府對於租戶地租的管理有嚴格規定，如規定佃戶租種的祀田，可以世代相襲，但不准隱盜、轉租和買賣。如李鳳祥《捐俸銀置買祭田記》中就明確規定：「其地止許佃種供祭，不許欺隱盜賣。如有隱盜者，許孟氏族眾稟告。」〔註32〕。今日留存下來的《孟府檔案》中有詳細的地畝清冊（包

　　　今茲吾族恩監生廣漣，慨捐己業十畝，佐春秋二仲祭品牲牢之需，甚盛心也。念自數載以來，吾鄉被南匪蹂躪，居民日不聊生。暫得小憩，皆囂囂苦不足，誰復有深謀遠慮？而吾族廣漣報本追遠之意仍復，殷殷不忘且勇爲惟恐後時，此其仁心爲質，豈尋常好義樂施之比哉！族眾廣居、廣欽等俱呈乞以存案。均深爲嘉尚，即謀刻石以記，不徒散署存案己也。」（現存鄒城市城西廟戶營前村孟母三遷祠享殿迴廊下西壁。文收入劉培桂編著《孟子林廟歷代石刻集》，濟南：齊魯書社 2005 年版，第 437 頁）

〔註30〕以上均見孟繼烺《欽賜祭田記並載〈會典〉》（見孟衍泰《孟氏大宗支派碑記》碑陰）和孟廣均《祀田記》，兩石現分別存於孟府五代祠院內道東和孟府二門內東側廈下碑壁。文收入劉培桂編著《孟子林廟歷代石刻集》，濟南：齊魯書社 2005 年版，第 367～368、420～421 頁。

〔註31〕注：因爲資料的損毀，關於族務管理部份，可資引用爲證的大多係孟府留存下來的民國以後的材料。比如「祀田管理處」這一名稱，顯然也是民國以後的新稱呼，民國以前是否有管理機構，限於材料，不得而知。

〔註32〕李鳳翔《捐俸銀置買祭田記》，現存孟廟致敬門內院甬道東碑壁西側。文收入劉培桂編著《孟子林廟歷代石刻集》，濟南：齊魯書社 2005 年版，第 290 頁。

括形狀、邊鄰、積步、成畝等內容），甚至還注明了佃戶三代的相貌；二是及時足額收繳地租。孟府祀田多採用佃戶租種的形式經營，佃戶來源有朝廷賜佃和孟府自行招佃兩種。關於這一點，現存有關祭田的碑文中不乏記載。前者如存於孟府五代祠院內孟衍泰《孟氏大宗支派碑記》碑陰《欽賜祭田記並載〈會典〉》碑文，在朝廷所賜祭田之後，又賜「佃戶三十二戶」〔註33〕。清穆宗同治本《孟子世家譜》也有「以前元賜田三十頃賜孟氏，增給祭田二十頃佃戶十戶」〔註34〕的記載。另明徐有貞《大明賜復顏孟祭田之碑》，在記述朝廷賜田後，「又擇於鄒、滕、寧陽之籍，得上戶二十，分隸乎二廟，以共佃事。乃命二氏之宗子希惠、希文為之主掌，歲收其入以共祭贍族」〔註35〕。後者如元蔡文淵《孟子廟資田記》碑陰有「摽撥到孟廟祭田地三拾頃……令孟氏家長召募佃客耕蒔，抽分子粒，以供孟廟春秋朔望祭祀，修理廟宇銷用。」〔註36〕另，明鄒縣知縣李鳳翔為孟府捐俸置買的祭田也規定「仍令孟弘田佃種收租。每歲十月初一日，備辦豬羊祭品香帛等物，永祀孟夫子墓前」〔註37〕。事實上，孟府佃戶的來源僅有少部份來自賜佃，大部份則通過孟府自行招募和失去土地的農民自願投充。所以，從現有材料看，孟府的實際佃戶遠比政府公佈的賜佃戶多得多。據民國初的一份材料顯示，僅野店一村即有孟府佃戶二百多戶〔註38〕。佃戶除需完成對孟府的交租數額外，享受國家免稅免役特權。孟衍泰主編的清世宗雍正本《三遷志》，有自唐太宗貞觀元年（公元627年），至清世祖順治十三年（公元1656年）千餘年間，政府關於優免佃戶雜泛雜徭的大量記錄〔註39〕。孟廣均編清穆宗同治本《孟子世家譜》也有「（順

〔註33〕 孟衍泰《孟氏大宗支派碑記》碑陰《欽賜祭田記並載〈會典〉》孟衍泰《孟氏大宗支派碑記》碑陰《欽賜祭田記並載〈會典〉》，現存孟府五代祠院內道東。文收入劉培桂編著《孟子林廟歷代石刻集》，濟南：齊魯書社2005年版，第368頁。

〔註34〕 孟廣均編清穆宗同治本《孟子世家譜》卷首〈前代恩例〉，現存鄒城市文物局。

〔註35〕 徐有貞《大明錫復顏孟祭田之碑》，現存孟廟啓聖殿院甬道西側。文收入劉培桂編著《孟子林廟歷代石刻集》，濟南：齊魯書社2005年版，第151頁。

〔註36〕 蔡文淵《孟子廟資田記》碑陰，現存孟廟啓聖殿院甬道東側。文收入劉培桂編著《孟子林廟歷代石刻集》，濟南：齊魯書社2005年版，第61頁。

〔註37〕 李鳳翔《捐俸銀置買祭田記》，現存孟廟致敬門內院甬道東磚壁西側。文收入劉培桂編著《孟子林廟歷代石刻集》，濟南：齊魯書社2005年版，第290頁。

〔註38〕 轉引自凌濩《孟府田產、佃戶、廟戶及歷代優崇》，見濟寧市政協文史資料委員會、鄒縣政協文史資料委員會編《孟子家世》，北京：中國文史出版社1991年版，第72頁。

〔註39〕 孟衍泰編清世宗雍正本《三遷志》卷五〈恩賚·優復〉，四川大學古籍整理研

治）八年孟廟佃戶優免雜差」〔註40〕的記載。

　　上述碑碣材料說明，孟府族田收入主要用於祭祀、廟宇維修及贍養族人。

　　為保障地租的及時、足額收繳，孟府對地租的收繳時間、數量、程序等也都做了具體規定：收租的時間一般於每年秋收以後。地租數量視土地的沃瘠等級而定。孟府將土地按質量的優劣分為中地和下地兩個等級，不同等級的土地交租數量不同，如清世宗雍正本《三千志》中記載：「額設亞聖府例：中地每畝徵銀一分三釐七毫五絲七忽，米一合六勺一抄九撮八圭二粟八顆。下地每畝徵銀五釐四毫六忽，米八勺一抄九撮八圭二粟九顆；孟氏例：中地每畝徵銀二分二釐一毫五絲六忽五微，米一合六勺三抄九撮八圭五粟八顆；下地每畝徵銀一分一釐五絲六忽五微，米八勺一抄九撮八圭二粟九顆。」〔註41〕孟府對佃戶的管理和地租的收繳是通過戶頭這一中間環節。因為戶頭承擔了代孟府向佃戶催繳租款的職責，為此得以享受孟府無償撥給一定數額的耕地作為報酬。但須逢每年二、八丁祭時，向孟府贈送豬、羊祭品。現存《孟府檔案》中，保存了一份中華民國三十三年（公元 1944 年）二月廿五日向戶頭催交祭品的諭單，全文如下：

　　　　為諭催豬羊事，昭得國曆三月四日即陰曆二月十日仲春上丁，各該戶例應按照定規迅將大祭應用豬羊妥速備齊，羊以三十斤為準，豬以八十斤為額，限於上丁前一日早行送府，以憑驗看，用昭屬誠，合行諭催，為此仰役迅催。後列各戶戶頭須選備博碩肥腯，不得以瘦小搪塞。如敢故違，除按照舊章賠□□稱外，仍加究責不貸。去役亦不得籍端滋事，致干未便。速速！須至諭者
　　　　計開
　　　　張戶豬二口　　　　　　　　劉戶豬一口　羊壹〔註42〕雙
　　　　邵戶豬壹口　　　　　　　　常戶豬壹口　羊壹雙
　　　　田戶豬壹口　羊壹雙　　　　馬戶羊一雙
　　　　中華民國三十三年二月廿五日

　　　　　　究所編《儒藏》（9 冊），成都：四川大學出版社 2005 年版，第 664～665 頁。
〔註40〕孟廣均編清穆宗同治本《孟子世家譜》卷首〈國朝恩例〉，現存鄒城市文物局。
〔註41〕孟衍泰編清世宗雍正本《三遷志》卷五〈恩賚・優復〉，四川大學古籍整理研究所編《儒藏》（9 冊），成都：四川大學出版社 2005 年版，第 664 頁。
〔註42〕此同一諭單中，有量詞「一」、「壹」的不同，引用時為保持原文原樣，不予更改。

府限　日繳銷〔註43〕

孟府催交地租的程序爲：首先，由祀田管理處將應收租物數量呈報孟府，孟府應季派人向戶頭送達催租「信票」。如今存《孟府檔案》中，有一份標注時間爲光緒二十二年（公元 1896 年）八月十日的《差劉繼福赴野店官莊催辦祀田籽粒信票》：

> 值秋禾登場，例應徵收本年米粒。速備乾淨好穀，依限完納……
> 不得藉端滋擾。計催：張、劉、邵、黨、田、馬六戶各五石六斗，
> 差劉繼福限日繳銷。」〔註44〕

戶頭接到孟府催繳地租的信票後，按照信票所列內容、數量直接向佃戶催繳。孟府收到地租後，開具收據。如現存《孟府檔案》中有一份民國三十二年（公元 1943 年）四月二十四日《關於奉祀官府收到蔡莊租物的收據》，其文爲：

> 謹將蔡莊租麥豆子紅糧柴火，由祀田管理主任送府。數目：租
> 麥三拾柒石，豆子、紅糧共貳拾二石（三斗五升），柴草共收壹萬柒
> 仟四百斤，連同存根及執收各據合併呈報查核。此呈。〔註45〕

文後蓋有奉祀官印和亞聖奉祀官府總務處公事章，最後標注日期「四月廿四日」。

儘管孟府對族田嚴格管理，不斷清查並派常人看護，但仍不免遭受不斷的隱盜和侵奪，特別是在災害、戰亂的情況下。如在元、明交替之際，孟府在野店的祭田幾乎被侵隱殆盡。爲此，孟府不得不請求政府給予保護。現存《孟府檔案》中就保留了二十七張鄒縣公署應孟子七十三代孫孟慶棠呈請，依據山東省公署文件精神保護先賢古蹟及廟產、祀田的布告，文如下：

> 鄒縣公署布告　　　　　　教字第五號
> 爲布告事：案奉
> 山東省公署引省民禮字第一三四九號訓令內開，案據亞聖府奉
> 祀官孟慶棠呈請，頒發布告，保護亞聖廟先賢古蹟及廟產祀田，以

〔註43〕《1944 年 2 月廿五日孟府關於催繳祭祀用品（豬羊）的諭單》，《孟府檔案》，現存鄒城市博物館。

〔註44〕《差劉繼福赴野店官莊催辦祀田籽粒信票》光緒二十二年（公元 1896 年）八月十日，見《孟府檔案》，現存鄒城市博物館。

〔註45〕《關於奉祀官府收到蔡莊租物的收據》民國三十二年（公元 1943 年）四月二十四日，見《孟府檔案》，現存鄒城市博物館。

免摧殘，而垂永久等情，據此查核：縣亞聖廟攸關我國古蹟文化至
鉅，本署曾於上年撥款重修，以示尊崇之意。至廟產祀田並關祀典，
統應加意保護，以免摧殘，而維聖蹟。著由該知事印製布告，張貼
通衢，俾使人民一體周知，並飭警隨時保護，勿稍疏忽。除函覆外，
合行令仰該知事即便遵照辦理，並將辦理情形具報查考，此令。等
因，奉此。查先賢古蹟及廟產祀田，均係著名聖蹟，內則地方文化
所歸，外則國際觀瞻所繫，尤應特別保護，以資瞻仰，而垂永久。
除令警隊及各區公所隨時嚴加保護外，合行布告全縣民眾及附近住
戶一體周知，嗣後對於先賢古蹟及廟產祀田，均應認真看守，力加
保護。倘有任意摧殘，一經查覺或被告發，定即從嚴懲辦，決不姑
寬。切切此佈」〔註46〕

　　保護私產本是政府職責所繫。但由政府直接以布告的形式，動用警力與
地方治安出面保護某個家族的財產，這在歷史上還是少有的現象。這一特殊
待遇，顯然是因為孟府「係著名聖蹟，內則地方文化所歸，外則國際觀瞻所
繫」的特殊身份，這又是孟府作為儒學家族政治性的體現。

（二）林廟管理

　　對孟廟、孟林和孟母林的管理統稱林廟管理，它是孟子家族族務管理的
重要組成部份。在宗子享有至高管理權的管理制度之下，孟子林廟的具體管
理同樣由宗子和舉事負責。管理內容主要包括兩個方面：

　　一是林廟的建造維修。一般小型或局部修理，由孟府自行籌措處理。耗
資巨大的重大營建或維修，一般由宗子向政府提出申請，由政府撥款並派員
監修。現存《孟府檔案》中有標注為民國二十九年（公元 1940 年）世襲翰林
院五經博士孟子七十三代孫孟慶棠，向山東省省長呈送的關於《奉祀官孟莊
棠向山東省長報告孟廟損壞情況呈文》的申請告文，文稱：「亞聖廟自宋宣和
三年距今八百一十九年，創造以來歷代繕修已有三十八次，最近一次繫於清
宣統二年，山東巡撫孫派員所勘修……」省政府回應了這一申請，並下文由
省公署制訂了詳細的修復計劃，派出監工人員，並撥款國幣三萬八千五百元，
於民國十九年九月九日至十二月三十日，對孟廟進行了大規模修葺〔註47〕。

〔註46〕　《孟府檔案》，現存鄒城市博物館。
〔註47〕　《奉祀官孟莊棠向山東省長報告孟廟損壞情況呈文》、《山東省公署修輯顏廟
　　　　　孟廟工程委員會組織簡章及監修孟廟工程支出與報告》、《包工合同復修孟廟

　　二是林廟財產的日常保護。林廟中設有林廟戶，專門負責林廟灑掃和日常
守護，以查究、處置廟產盜竊、林木建築設施損壞等情況。林廟戶的來源主要
由朝廷賜予。孟子六十五代孫孟衍泰《孟氏大宗支派碑記》碑陰所刻《欽賜祭
田記並載〈會典〉》碑文中，有「明萬曆三年，欽賜孟府中下例糧地九十頃，坐
落莊朱社。佃戶三十二戶」下就有「廟戶二十五戶」〔註48〕的記載。另，孟廣
均編清穆宗同治本《孟子世家譜》中也有諸如宋「徽宗宣和四年撥給二十五戶
以充廟庭啓閉灑掃之役」，元「順帝至正二十六年撥給廟戶五戶」，明憲宗成化
「七年撥給七戶看守林廟，又十八年復給廟戶二十五戶以充灑掃」〔註49〕等政
府撥給林廟戶的記載。《大清會典・戶部・科免田地》還記述了康熙二十二年山
東巡撫移文衍聖公，查明亞聖裔祭田廟基等，並「佃戶三十二戶，廟戶二十五
戶，門子五戶」〔註50〕。孟府的林廟戶除由朝廷主動賜予外，偶而也有由孟府
宗子預先提出申請，朝廷據以劃撥的情況。今鑲於孟廟致嚴堂後影壁的一塊名
為《孟廟額設戶計公文》的石刻文就記錄了這一情況，文如下：

　　　　皇帝聖旨裏，益都路滕州鄒縣，承奉招討府指揮，承奉濟寧守
　　禦官箚付，備奉總兵官、河南王太傅、中書省左丞相鈞批：亞聖五
　　十四代孫孟思諒稟，歷代優恤孔顏孟即係一體，只今除孔顏二氏所
　　設灑掃戶。有先祖亞聖廟林缺人守護灑掃帚。得此，依準所稟。仰
　　行下有司，撥付伍戶，免差稅，晨昏灑掃。據撥到戶計呈來，奉此，
　　省院合下仰照驗，依上施行。奉此，使府依上於相應戶內撥伍戶，
　　除已出給各戶執照，除免差稅。今將灑掃戶名數隨此發下，晨昏灑
　　掃。奉此。本縣依上施行。須至下者，計伍戶：李成、杜寬甫、戴
　　聚、杜山、張義。
　　　　右付孟氏族長孟之全准此
　　　　至正二拾六年　　月　　日
　　　　孔廟戶玉工黃忠刊〔註51〕

　　　款項及開支、竣工時間等》，見《孟府檔案》，現存鄒城市博物館。
〔註48〕孟衍泰《孟氏大宗支派碑記》碑陰所刻《欽賜祭田記並載〈會典〉》碑文，現
　　　存孟府五代祠院內道東。文收入劉培桂編著《孟子林廟歷代石刻集》，濟南：
　　　齊魯書社 2005 年版，第 368 頁。
〔註49〕孟廣均編清穆宗同治本《孟子世家譜》卷首〈前代恩例〉，現存鄒城市文物局。
〔註50〕孟廣均編清德宗光緒本《重纂三遷志》卷四〈祀典〉，苗楓林主編《孔子文化
　　　大全》，濟南：山東友誼書社 1989 年，第 226 頁。
〔註51〕《孟廟額設戶計公文》，現存孟廟致嚴堂影壁北面。文收入劉培桂編著《孟子

此石刻記載了元順帝至正十六年（公元 1356 年），由孟子五十四代孫孟思諒申請，政府批准撥給孟府廟戶的情況。碑文顯示，經孟思諒的申請，政府下文撥給孟府廟戶五戶，並詳列了五戶戶主名字，由時孟氏族長孟之全負責簽收。從碑文還可以看：廟戶在行使灑掃看護林廟職責的同時，也享受國家的免稅特權。孟府林廟戶主要也是由政府撥賜，且與佃戶一樣享受政府免稅特權。這再一次體現了孟府特異於普通封建家族的政治性特徵。

從歷史上看，以祭田為主的孟府財產，不斷賜撥也不斷遺失，始終處於變動不居的狀態。據潘相修《曲阜縣志》統計，至清高宗乾隆年間，孟府概有政府撥賜無糧地畝「祭田五十一頃一十五畝，墓田地一頃古十一畝四分，廟宅基一頃三十畝七分五釐，佃戶三十二戶，廟戶二十五戶，門子五戶」。這雖然與僅祭田就有「二千一百五十七頃五十畝」〔註 52〕的衍聖公府相比懸殊巨大，但以「亞聖府」的角色定位，與民間普通家族相比，足以可見朝廷對其禮遇的優厚，這得益於其獨特的政治性身份。

三、祭祀管理

在中國和儒學傳統重祭祀的文化背景下，祭祀活動作為家族生活至關重要的頭等大事而倍受重視，祭祀活動的組織管理也因此成了孟子家族族務管理的重要內容之一。孟府祭祀的統領權和管理權歸於宗子，由族長和舉事協助執行。資料顯示，整個祭祀過程從準備到舉行極其繁雜。現存《孟府檔案》中有一份《孟繁驥任奉祀官期間的一次仲秋上丁祭祀孟子的籌備會議記錄》（時間不詳），其中羅列了二十七部份或步驟，包括禮生、樂工、執事、差役的人數、分工；各種祭器、祭品的籌集、購買及製作規格、要求；祭祀程序和禮儀；參祭族人及來賓人數、住宿及生活安排。甚至對參祭者的進退路線、隊形排列、衣著穿戴、行為舉止、遵守紀律等細節問題都作出詳細規定。由這份籌備會議記錄內容，可見孟府丁祭的複雜程度。

籌備會議結束之後，孟府按照會議決定，於每年春、秋丁祭之月的月初提前下諭單，通知分居於各村的禮樂生屆時至亞聖府演習禮儀。《孟府檔案》

　　林廟歷代石刻集》，濟南：齊魯書社 2005 年版，第 83～84 頁。

〔註 52〕潘相《曲阜縣志》卷四十七〈類記第四之二〉，清高宗乾隆三十九年（公元 1774 年）刻本，《中國地方志集成》（73 冊），南京：鳳凰出版社 2004 年版，第 335 頁。

中，保存了民國三十三年（公元 1944 年）二月的一份《孟府爲傳所有樂工攜帶樂器到孟廟出布的諭單》和當年九月的一份《孟府爲差傳禮生來府演習禮儀伺候大典發布的諭單》，第一份諭單爲：

亞聖府諭

爲差傳事，照得本年三月四日即夏曆二月初十日爲仲春上丁，所有樂工人等合行差傳，爲此仰役立傳該樂工等除大笛外務須各帶笛管笙等各項細樂器，具於三月三日即夏曆二月初九日晨九點到廟。敬謹候。倘能不誤樂章尚擬酌予獎勵。若有違誤草率之處，定加懲罰。仰即按時前來，勿得遲延，致干究責去役。亦不得籍端滋擾，速速，須至諭者

計催

宮昭倫	住白莊	陳殿柱	住查村	崔振江	住東關
李貴昌	住故縣	魏學富	住石牆	吳興照	住石集
郝守富	住石牆				

中華民國三十三年二月廿五日　　差　王秀章

府限　　日繳銷

第二份諭單爲：

亞聖府諭

爲差傳事，照得本年九月二十日即夏曆八月初四日仲秋上丁，所有禮生等合行差傳來府演習禮儀，伺候大典，爲此仰役立傳該生等務於九月十九日來府報導，不准違惧，不許籍端滋事，致干重處不貸，速速，須至諭者

計開　　　　　　　禮生

潘貞厚	住白莊	路希乾	住路家莊
高雲龍	住白莊	高瑞豐	住白莊
趙雲海	住白莊	高瑞冠	住白莊
劉錦堂	住白莊	梁學義	住羊山村
吳景蘭	住曲阜武家村	王承儀	住曲阜大雪村

中華民國三十三年九月十日　差　葛春祥

府限　　日繳銷　　　　銷九月十七日〔註53〕

────────────

〔註53〕《孟府爲傳所有樂工攜帶樂器到孟廟出布的諭單》中華民國三十三年（公元

　　從兩份諭單內容可看出，孟廟春、秋丁祭都要經過一個從籌備到預演較長時間的準備期。從諭單內容看，禮樂生是否按時到達及態度的優劣都會受到相應的獎懲。尤其值得注意的是，這兩份諭單的時間均爲民國三十三年，即公元 1944 年，此時，中國的抗日戰爭正進入最艱難的時刻。在如此糟糕的社會環境下，孟府祭祀已然是本著動盪年代一切從簡的原則，而其聲勢規模尚且如此之大。常規狀態下的孟府祭祀，其組織、管理和規模更可想而知〔註54〕。

　　1944 年）二月廿五日；《孟府爲差傳禮生來府演習禮儀伺候大典發布的諭單》中華民國三十三年（公元 1944 年）九月十日，見《孟府檔案》，現存鄒城市博物館。

〔註54〕以上關於「孟子家族族務管理」的材料，除特殊注明者外，另參閱鄒城市孟子學術研究會、孟氏宗親聯誼會編《孟子與孟氏宗族》第七章〈分派分戶及對族人的管理〉，北京：中國文史出版社 2005 年，第 60～62 頁；劉培桂主編《孟子志》第四章〈孟府·府務管理〉，濟南：山東人民出版社 2009 年，第 359～361 頁；孫慶元《孟府檔案概述》，見濟寧市政協文史資料委員會、鄒縣政協文史資料委員會編《孟子家世》，北京：中國文史出版社 1991 年，第 214～218 頁。

第五章　孟子家族的對外交往

　　由於相關資料匱乏，孟子家族的對外交往情況也是孟子家族文化研究的難點。從理論上講，作爲一個受政府和孔府雙重呵護的儒學大家族，至少避免不了與以上兩者的日常來往。但由於歷史上種種自然或人爲因素造成的破壞，僅存的有限的碑誌譜之類文獻所能提供的相關信息少得可憐。經過一番艱難的鈎沉考索，也只能構勒一個大概的框架。

第一節　與政府

　　孟子家族作爲儒學家族，背負著特殊的政治和文化使命，這決定了它與政治間的緊密關係。孟府與政府之間的關係往來，主要發生於孟子地位上升之後的宋、元、明、清四朝。雙方的關係往來可以從兩個向度考察：一個向度是上對下，即朝廷對孟府的奏准、封贈；另一個向度是下對上，即孟氏家族因家族事宜對朝廷提出的請求或參與朝廷的活動（特別是五經博士赴京參加朝廷朝賀、臨雍大典、萬壽聖節等活動）。

一、宋代

　　在唐宋以來的孟子地位提升，以及由此開始的孟府建設歷程中，宋代屬於起步期。因此，在孟府與朝廷的關係中，多表現爲朝廷對孟府在名號、服色等制度規範方面的單向封贈。

　　孟廟是由時任兗州知府的孔道輔於宋仁宗景祐四年（公元 1037 年）創建，但這件事情並不代表宋代朝廷對孟府的官方認可。直到四十多年後，即宋神

宗元豐六年（公元 1083 年）十月，朝廷批准了吏部尚書曾孝寬的奏請，尚書省正式下牒〔註1〕褒封孟子「鄒國公」爵號，這是孟子及其家族得到官方認同的標誌。自此以後，孟廟的建立及其祭祀禮制才正式獲得了官方認同。

孟子家族以官方化身份與宋朝廷發生的關係，在現有資料中只發現兩次：

一次是宋神宗元豐七年，即封孟子為「鄒國公」的次年（公元 1084 年）五月，神宗應朝奉郎李樴奏請，下令太常寺於五月四日發牒兗州府，修茸東郭孟廟並頒定孟子像冕服規制，這是文獻所見孟子家族首次以官方身份與朝廷發生關係。作為家族榮耀牒文後由鄒縣令魚敏夫於宋哲宗元祐元年（公元 1086 年）刻石，現鑲嵌於孟廟致敬門內院甬道東側磚壁以作紀念。全文如下：

> 兗州：准尚書禮部符，准都省批送下朝奉郎權發遣兗州軍州事兼提取濟單州兵馬巡檢公事臣李樴奏：「伏睹本州孟子廟，近因前京東西路安撫使曾孝寬箚子，奏乞褒封，載於祀典。禮部以謂後世宗師非諸子之比，奉敕特封鄒國公。若非右文之世，陛下能推尊聖賢，固未有此國公之號。使千載之上彰軻之道愈光，四方學者傳軻之書益重，誠由陛下旌褒尊顯之至也。臣竊守是邦，聞其廟在鄒鎮東北隅，制度極陋，棟宇已壞，僅存其名。遂下仙源縣，勘會到共有屋七間，內三間倒塌，四間破漏。其塑像服色，亦只是鄉民隨意裝造，

〔註1〕牒文稱：「禮部狀：『近准都省批送下朝散大夫、試吏部尚書曾孝寬箚子：「臣左領使京東西路，鄒魯實在封部。伏見孟軻有廟在鄒，屬兗州。未有封爵，載於祀典。況先儒皆有封爵。孟軻自古嘗以其書置博士，朝廷亦以其書勸學取士。宜有褒封，載於祀典。伏望聖慈付有司議定施行。」取進士後批送禮部勘當。本部尋符太常寺，詳上件事理定奪。申：「今據本寺狀，檢會近條節文，今後諸神祠加封，無爵號者，賜廟額；已賜額者，加封爵。初封侯，再封公，次封王。生有爵位者，從其本。當寺參詳。孟子傳聖人之道，有功於天下後世，非諸神祠一時感應之比。今若止加廟額、侯爵，恐未盡褒崇之義。檢會顏子封兗國公，十哲並封郡公。欲乞自朝省詳酌，特封國公。又緣與近條不同，乞據狀申取朝廷指揮，申部者看詳。」太常寺所申事理，雖於近條有妨，緣孟子傳道於聖人，而為後世宗師，非諸子之比，謂宜封公，以示褒顯。本部未敢施行，更自朝廷詳酌指揮，伏候指揮。』兗州孟軻·牒·奉敕：『自孔子沒，先王之道不明。發揮微言，以紹三聖，功歸孟氏，萬世所宗。厥惟舊邦，實有祠宇，追加爵號，以示褒崇。宜特封鄒國公。』牒至准敕。故牒。元豐六年十月日牒。」（《尚書省牒》刻石，現存孟廟致敬門內院甬道西側磚壁。文收入劉培桂編著《孟子林廟歷代石刻集》，濟南：齊魯書社 2005 年版，第4～5頁）另見《宋史》卷十六〈本紀〉：神宗元豐六年「冬十月……戊子，封孟軻為鄒國公。」（脫脫等《宋史》，北京：中華書局 1977 年版，第311 頁）

無所稽據。今朝廷既已旌封，則廟貌亦當完具。至於冕服之類，皆須與爵命相稱。臣契勘本州昨修文宣文廟有剩錢一千七百餘貫，內除七百九十餘貫，係州司再修在城文宣王廟準度充用外，今欲乞於其餘剩錢內支錢三百貫文，委自本州鄆官增修孟子廟。所有合衣冕服等，並乞從禮部檢定降下，以憑遵依施行。」奏聞，候敕旨。……符：「寺主者勘會，修廟已開工部施行外，所有冕服，仍具合服名件制度一面回報本處，不管住滯，符到奉行。」當寺檢會，國公係正一品，合服，九旒冕（旒以青琪爲之），犀簪導，青纊充耳；青衣朱裳九章，白羅中單，青襈襈裾，革帶，鉤鰈，大帶，蔽膝，玉裝釰，玉佩，暈錦綬，間施二玉環；朱襪，朱履者。牒候到，請詳前項事理施行。

謹牒

元豐七年五月四日牒

同年九月十九日，京東路轉運司就修廟敕向兗州府發牒：

兗州：准尚書工部符，九月八日申後，准元豐七年九月六日敕節文，中書省、尚書省送到工部狀，准祠部開都省送下朝奉郎權發遣兗州事李梴奏本部符，京東轉運司勘會得修文宣王廟有剩錢，今於數內鄆三百貫文修孟子廟，別無妨闕違礙。本部欲乞依京東路轉運司勘會到事理施行，伏候指揮，仍連元狀。九月五日，奉聖旨，依奉敕如右，牒到奉行。都省前批。九月八日未時，付工部施行。仍開戶部及合屬去處本司主者一依敕命施行。符到奉行者，牒請一依尚書工部符內敕命指揮施行。

謹牒

元豐七年九月十九日牒〔註2〕

太常寺皇帝敕文精神檢定，孟子爲國公，享爵正一品，其塑像服色如上，並由京東路轉運司下發兗州府牒文，如奏修葺孟廟。

另一次是在宋徽宗時期。這一時期，積貧積弱的大宋王朝在宋徽宗的昏庸統治下，朝中奸黨橫行，北方契丹肆虐，女眞虎視眈眈，地方反抗不斷，一場大規模的起義正在醞釀。就在如此危機四伏的情況下，宋徽宗依然大力

〔註2〕文另收入劉培桂編著《孟子林廟歷代石刻集》，濟南：齊魯書社 2005 年版，第 6～7 頁。

推行崇揚儒學的文化政策，於政和四年（公元 1114 年），賜錢三百萬在東郭建新孟廟並賜田百畝給守廟者。次年（宋徽宗政和五年，即公元 1115 年），又「詔以樂正子配享，公孫丑以下從祀，皆擬定其封爵。」〔註3〕

二、元代

　　元代雖然由蒙古族所建，但「征服者被征服」的文化定律推動元政府向中原文化轉向，政府明確確定了重視儒學的文化政策。這一政策導向決定了元政府對孟府繼續優禮的政策。元朝政府不僅沿襲宋代以來朝廷對孟府的政治性封贈，而且還更進了一步，開始由單一的爵位名號方面的政治性封贈，向諸如祭田、林廟戶等經濟封贈擴展。這一擴展，對於孟子家族的府廟林墓建設起到了更為直接的推動作用，當然也成為孟府崛起的基礎性和關鍵性一環。

　　元仁宗於延祐三年（公元 1316 年）七月下詔追封孟子父為邾國公，母為邾國宣獻夫人，詔文如下：

> 　　上天眷命，皇帝聖旨：朕惟由孔子至於孟子百有餘歲，而道統之傳獨得其正。雖命世亞聖之才，亦資父母教養之力也。其父凤喪，母以三遷之教勵天下後世。推原所自，功莫大焉。稽諸往代，實闕褒崇。夫功大而位不酬，實著而名不正，豈朕所以致懷賢之意哉！肆頒寵命，永賁神休。可追封其父為邾國公，母為邾國宣獻夫人。
>
> 　　主者施行
>
> 　　延祐三年七月　日（寶）〔註4〕

　　這是繼北宋哲宗元祐間授孟子父母為鄒國公、宣獻夫人之後，孟子父母再度受封。

　　元泰定帝泰定五年（公元 1328 年）正月，又依大司農司都事郭奉關於孟廟「尚缺廟田……春秋祭禮，無所取給……將鄒縣蔡家莊、野店等處係官草場地土撥屬孟廟，以供修理、祭禮」的奏請，「摽撥到孟廟祭田地三十頃。其地東至嶧山東華宮，南至民地，西至官路，北至顏廟祭田。……令孟氏家長

〔註3〕脫脫等《宋史》卷一百五〈禮志八〉，北京：中華書局 1977 年版，第 2551 頁。

〔註4〕元仁宗《聖詔褒崇孟父孟母封號之碑》，現存孟廟啓聖殿院甬道西側。文同孟廣均清德宗光緒本《重纂三遷志》卷四〈祀典〉，苗楓林主編《孔子文化大全》，濟南：山東友誼出版社 1989 年版，第 302 頁。文另收入劉培桂編著《孟子林廟歷代石刻集》，濟南：齊魯書社 2005 年版，第 49 頁。

召募佃客耕蒔，抽分子粒，以供孟廟春秋朔望祭祀，修理廟宇銷用。」〔註5〕

元文宗至順二年（公元 1331 年），正式加贈孟子爲鄒國亞聖公，全文如下：

> 上天眷命，皇帝聖旨：孟子，百世之師也。方戰國之從衡，異端之充塞，不有君子，孰任斯文？觀夫七篇之書，惓惓乎致君澤民之心，凜凜乎拔本塞源之論；黜霸功而行王道，距詖行而放淫辭。可謂有功聖門，追配神禹者矣。朕若稽聖學，祗服格言，乃著新稱，以彰渥典。於戲！頌《詩》、《書》而尚友，緬懷鄒魯之風，非仁義則不陳，期底唐虞之治。英風千載，蔚有耿光。可加封鄒國亞聖公。

> 主者施行

> 至順二年九月　日〔註6〕

至此，對孟子的政治性褒揚達到歷史最高峰，孟子「亞聖」之名即由此而定。

元順帝至正二十六年（公元 1366 年），孟子五十四代孫孟思諒向朝廷提出「先祖亞聖廟林缺人守護灑掃」的稟文。順帝在政治統治風雨飄搖的危局下，仍「依準所稟。仰行下有司，撥付伍戶，免差稅，晨昏灑掃」〔註7〕，詔文由中書省左丞相鈞批付孟氏族長孟之全實行。

三、明代

因爲元代對孟子爵位名號的封贈已達到頂點，因而明代朝廷對孟府的封贈，除在政治上沿襲元代以外，重點放在經濟方面，特別是對孟府的佃戶、廟戶及祭田、禮樂生等的經濟方面的優禮。這說明，明代對孟子家族的優禮範圍由直接家族成員向簡接人員擴展。

太祖洪武四年（公元 1371 年），御史臺牒下按察分司，令出榜禁諭，「軍

〔註 5〕元泰定帝五年（公元 1328 年）聖旨《摽撥孟廟祭田公憑》，見蔡文淵《孟子廟資田記》碑碑陰，現存孟廟啓聖殿院甬道東側。碑文收入劉培桂編著《孟子林廟歷代石刻集》，濟南：齊魯書社 2005 年版，第 59～61 頁。

〔註 6〕元文宗《皇元聖製》碑，現存孟廟啓聖殿院甬道西側。文收入孟廣均編清德宗光緒本《重纂三遷志》卷六〈藝文一〉，苗楓林主編《孔子文化大全》，濟南：山東友誼出版社 1989 年版，第 302～303 頁。碑文另收入劉培桂編著《孟子林廟歷代石刻集》，濟南：齊魯書社 2005 年版，第 65 頁。

〔註 7〕見《孟廟額設戶計公文》，現存孟廟致嚴堂後影壁北面。碑文收入劉培桂編著《孟子林廟歷代石刻集》，濟南：齊魯書社 2005 年版，第 83 頁。

民人等，毋得非禮入廟宿歇，斫伐樹株。如有違犯之人，令宗子陳告到官，依律究治」〔註8〕。這是歷史上首次以國家法律的名義保護孟子廟林，孟子家族的政治性特徵至此更加明顯地體現出來。

洪武十三年（公元 1380 年），燕王朱棣奉命赴都，途經鄒，過孟府，遣奉祠餘清遠「具牲醴祝帛」行祭孟大禮，祭文爲：「惟公學繼孔子，德爲亞聖。茲者欽承上命之國，道經於此，謹遣奉祠餘清遠以牲體致祭。伏惟鑒知。尚享！」類似這等大明皇族與孟府之間的政治聯姻，其客觀功用或效果是顯而易見的，用餘清遠在碑文中的話說，就是：「是詎止光於孟氏之家，實有光於斯文，尚可見聖代崇重之溢美也。」〔註9〕皇室對孟府的政治禮遇，不僅是對孟氏家族，更是對儒學崇重的體現，而更進一步看，朝廷對儒學褒崇的背後，其實是出於深層的政治需要。

代宗景泰三年（公元 1452 年），政府「以顏、孟有功於世道，詢其嫡長子孫，召赴闕廷，賜遇甚厚。升授顏、孟宗子世襲爲翰林院五經博士之職，令吏部給符，還守祀事。鄒孟氏五十六代孫名希文者，授職榮歸。」〔註10〕這是孟氏宗子受「世襲翰林院五經博士」一職的開始。這一世職一直延續到清末孟子第七十三代孫孟慶棠改授「奉祀官」。在此期間，翰林院五經博士常常在朝廷舉行的萬壽聖誕、臨雍大典等活動中，赴京參與，歷久成制〔註11〕。

〔註8〕 胡繼先編明神宗萬曆本《孟志》卷之四〈祠廟〉，現存清華大學圖書館。文另收入劉培桂編著《孟子林廟歷代石刻集》，濟南：齊魯書社 2005 年版，第91 頁。

〔註9〕 餘清遠《燕王過鄒祭亞聖公廟記》，該石原存何處不詳，後久佚。1998 年秋出土於孟廟，已殘。現存孟廟致嚴堂後院。文收入劉培桂編著《孟子林廟歷代石刻集》，濟南：齊魯書社 2005 年版，第 114～115 頁。□處爲已殘，由劉培桂據明嘉靖四年（公元 1525 年）戴光修《鄒縣地理志》卷四載文所補。

〔註10〕 楊瓛《亞聖五十六代孫世襲翰林院五經博士榮歸記》碑，現存孟廟致敬門內院甬道東側。碑文收入劉培桂編著《孟子林廟歷代石刻集》，濟南：齊魯書社 2005 年版，第 144 頁。

〔註11〕 如孟希文在「景泰二年詔求孟子後，命下，孟裔中人惟公學行俱優，又係嫡長，應詔赴都，拜襲封之命」後，又每「遇憲宗、孝宗兩朝臨雍大典，俱欽取陪祀，宴賜、頒衣、加級，俱邀盛典。逢萬壽聖節，俱乘傳赴都，朝罷宴享。」文收入劉培桂編著《孟子林廟歷代石刻集》，濟南：齊魯書社 2005 年版，第 172 頁）又如孟希文長子孟元「至弘治三年」，「以宗子襲繼，克紹前業。遇萬壽聖節，必隨聖公暨五家博士詣闕拜賀。朝廷賜宴禮部，以寵嘉之。逮至正統元年（公元作者注：應是明武宗正德元年）、嘉靖七年兩朝臨雍大典，詔取四氏子孫陪祀，俱宴於禮部，賜錦衣一襲，長伯（作者注：孟元字）皆躬逢之。」（以上所引均見孟衍泰編清世宗雍正本《三遷志》卷十所載孔公恂

同年，朝廷又拔賜孟廟祭田六頃〔註12〕。自此開始，以後的憲宗成化、孝宗弘治年間多偏向於對孟子府廟祭田、佃戶、廟戶及禮樂生的賜予。其中特別是代宗景泰六年和憲宗成化六年、成化十八年三次大規模封贈：「景泰六年（公元1455年），從都察際左僉都御史徐有貞疏請，復以元時賜田三十頃賜孟氏，又增祭田三十頃，佃戶十戶」，「是年詔設孟廟禮生五十六名，依時陳設。掌禮門子四名，以備看守」。「成化六年（公元1470年），撥給孟廟灑掃戶七戶，以備看守」，「成化十八年（公元1482年），復賜廟戶二十五戶，以充灑掃」〔註13〕。

　　熹宗天啓二年（公元1623年），孟子六十代孫孟承光及其母孔氏、長子孟弘略在白蓮教起義中殉難。訃聞，明熹宗朱由校在詔修毀於戰亂的孟子府廟的同時，親頒祭文，遣太常寺少卿魏應嘉赴祭：「朕每覽守臣奏狀，殊切愴懷。是用遣官，敬陳籩豆，式念羹牆。暨孟承光母子起爾哀魂，歆茲渥典。」朝廷對孟子後裔如此關懷，其目的恰如祭靈文所說：「朕惟我朝追崇賢聖，恤及後昆，所以維世道覺人心也」〔註14〕，以孟府對朝廷的衷心，作爲其他家族的楷模。事後，山東布政使司右參政管兗州事孫朝肅及鄒縣知縣毛芬，聯手於次年立石於孟廟以紀。現這篇御製祭文已微有斷殘，仍矗立於孟廟啓聖殿甬道西側。碑額上立體雕刻的雙龍戲珠紋，宣示著特有的皇家氣派。然而，

《亞聖五十六代孫世襲翰林院五經博士士煥孟公墓誌銘》，郭本《亞聖五十七代孫世襲翰林院五經博士長伯孟公墓誌銘》）孟子六十五代孫孟衍泰也曾於「康熙六十年恭遇萬壽覃恩加一級，又臨雍釋奠行取陪祀，賜墨，賜御膳，復宴禮部。……雍正二年臨雍釋奠，行取赴京陪祀，禮成，賜茶果，至次日於乾清宮召見，親問世代姓名，諭曰：『爾等聖賢之後，當效法祖先，不可幾篇時文便爲學問，必存至誠道理方不愧聖賢後裔。』賜墨一函，緞衣一襲，貂皮二張，賜御膳於箭亭，仍宴於禮部。於雍正三年八月初五日，賜『七篇貽矩』堂額。乾隆三年，臨雍釋奠，行取陪祀，御賜《樂善堂文集》、《朱子全書》，衣、貂各如舊例，賜御膳，復宴於禮部。」孟子七十代孫孟廣均「恭逢咸豐三年二月初八日臨雍釋奠，奉領族人陪祀二名，觀禮八名。禮成後，初九日辰刻，午門晉表謝恩，賜宴於禮部。」（分見孟廣均編清穆宗同治本《孟子世家譜》卷二、卷三，現存鄒城市文物局）

〔註12〕注：孟廣均編清德宗光緒本《重纂三遷志》卷四〈祀典〉記爲「景泰三年」，而本人同編的清穆宗同治本《孟子世家譜》卷首〈前代恩例〉則記爲：「景泰二年拔賜祭田六頃」，前後有一年之差。

〔註13〕孟廣均編清德宗光緒本《重纂三遷志》卷四〈祀典〉，苗楓林主編《孔子文化大全》，濟南：山東友誼書社1989年版，第218～223頁。

〔註14〕朱由校《皇帝遣魏應嘉諭祭亞聖孟夫子暨博士孟承光等之靈文》碑，現存孟廟啓聖殿院甬道西側。另文收入劉培桂編著《孟子林廟歷代石刻集》，濟南：齊魯書社2005年版，第298頁。

仔細體味孟氏家族因此而承受的這份榮光，總不免幾分無以名狀的悲涼。

四、清代

在元、明兩代對孟子府廟大規模的經濟性封贈之後，至清代，孟府的日常經濟顯然已維持了一個相對穩定的狀態。林廟的修茸維護與祭祀的經濟維持已後顧無憂。緣於此，清代除統治伊始的順治還有詔增設孟府禮生、廟戶〔註15〕的情況外，自康熙以後，朝廷對孟子家族的封贈又重點轉向諸如贈賜碑、贊、匾、聯及御駕親祀等政治性和精神性褒揚。

清聖祖於康熙二十六年（公元 1687 年）三月壬戌，「撰孔子廟碑文成，親書立碑」。四月，立碑孟廟，盛讚孟子「嶽嶽亞聖，岩岩泰山；功邁禹稷，德參孔顏」〔註16〕。

清世宗也不甘示後，於雍正三年（公元 1725 年）八月爲孟廟親題「守先待後」匾額，同時賜孟子六十五代孫孟衍泰「七篇貽矩」堂匾〔註17〕。

清高宗時，朝廷與孟府的關係之緊密達至頂峰。高宗皇帝上任伊始就表現出了對孟府的特別禮遇，不僅對孟府的封贈有盛於前代，且開啓了親自至鄒縣祀孟的先例。乾隆元年（公元 1736 年）即「著山東巡撫即委員確估報部興修……自亞聖殿而東廡西廡，而承聖門，而大門，而櫺星門，而亞聖廟坊表，繼往、開來坊表；後而寢室，而承聖之左右門，曰『知言』，曰『養氣』；又自邾國公祠，而宣獻夫人寢室，而家廟，而致嚴堂，而繚垣甬道，東出者曰致敬門，西出者曰啓賢門；又聖祖仁皇帝御製碑亭，凡十有九處，黯者新之，敗者易之，闕者增之。……統計用白金九千三百七十兩有奇。」〔註18〕此番孟廟的大規模建設，歷時兩年零四個月。其工程之大，用時之長，耗費財力之大，維修範圍之廣，實爲孟廟建設史上所罕見。乾隆三年（公元 1738 年），又命翰林院撰擬

〔註15〕 如「順治四年，增設祀生八名。」（孟廣均編清德宗光緒本《重纂三遷志》卷四〈祀典〉，苗楓林主編《孔子文化大全》，濟南：山東友誼書社 1989 年版，第 225 頁）

〔註16〕 愛新覺羅・玄燁《御製孟子廟碑》，現存孟廟承聖門外東側康熙御碑亭內。碑文收入劉培桂編著《孟子林廟歷代石刻集》，濟南：齊魯書社 2005 年版，第 328～329 頁。

〔註17〕 孟廣均編清穆宗同治本《孟子世家譜》卷首〈國朝恩例〉，現存鄒城市文物局。

〔註18〕 孟衍泰《敕修亞聖孟子廟感恩碑記》，現存孟廟啓聖殿院甬道西側。碑文收入劉培桂編著《孟子林廟歷代石刻集》，濟南：齊魯書社 2005 年版，第 356～357 頁。

並親自欽定祭文，遣總理省直山東等處鹽法道楊宏俊致祭孟母，並命內閣撰擬，將孟母封號由「邾國宣獻夫人」改爲「端範宣獻夫人」〔註19〕。十年之後，即乾隆十三年（公元 1748 年）二月，高宗皇帝又御筆「亞聖孟子贊」，盛讚孟子「能不動心，知言養氣。治世之略，堯舜仁義。愛君澤民，惓惓餘意。欲入孔門，非孟何自？……卓哉亞聖，功在天地！」以帝王的權威，進一步確立了孟子在發展儒學、維護統治中的地位和作用。與此同時，再遣吳應枚致祭孟子〔註20〕。又兩年之後，即乾隆十五年（公元 1750 年）五月，發上諭頒定孟子廟祭器（已見前述）。乾隆二十一年（公元 1756 年），康熙帝平定三藩後，東巡曲阜，在遣勒爾森祭曾子、遣富德祭子思子的同時，又遣內閣學士兼禮部侍郎錢維城第三次致祭孟子〔註21〕。不僅如此，乾隆還在二十二年（公元 1757 年）〔註22〕、

〔註19〕　愛新覺羅・弘曆《皇帝遣楊宏俊致祭於孟母文》碑文及碑陰「推崇賢母端範封號」刻文，碑現存孟廟孟母殿前迴廊東側。收入劉培桂編著《孟子林廟歷代石刻集》濟南：齊魯書社 2005 年，第 354～355 頁。另見孟廣均編清德宗光緒本《重纂三遷志》卷六〈藝文一〉，苗楓林主編《孔子文化大全》，濟南：山東友誼出版社 1989 年版，第 312～313 頁。

〔註20〕　愛新覺羅・弘曆《亞聖孟子贊》碑和《皇帝遣吳應枚致祭於亞聖孟子之神位文》碑，前者現存孟廟亞聖殿院東廡乾隆御碑亭內，後者原存孟廟，現已毀，孟府藏有舊拓。以上兩碑文均收入劉培桂編著《孟子林廟歷代石刻集》，濟南：齊魯書社 2005 年版，第 371 頁。

〔註21〕　愛新覺羅・弘曆《皇帝遣錢維城致祭於亞聖孟子之神位文》碑，現存孟廟啓聖殿院甬道西側。碑文收入劉培桂編著《孟子林廟歷代石刻集》，濟南：齊魯書社 2005 年，第 371 頁。另孔繼汾《闕里文獻考》卷十六〈祀典考第三之三・幸魯之典〉（苗楓林主編《孔子文化大全》，濟南：山東友誼出版社 1989 年版，第 368 頁）記載與同，只是時間記爲「乾隆二十三年」，有誤。另：還需說明的是，乾隆十三年、二十一年的祭孟，均是乾隆帝出巡闕里時，遣大臣分祭鄒縣孟廟。乾隆共借巡幸闕里五次，除此兩次外，另有乾隆三十六年（公元 1771 年）、四十九年（公元 1784 年）和五十五年（公元 1790 年）三次，每次都遣大臣分祭孟廟。

〔註22〕　此次祭孟並親自御書孟廟「道闡尼山」匾額和「尊王言必稱堯舜，憂世心同切禹顏」楹聯。事見孟子六十七代孫翰林院五經博士孟毓瀚《重修亞聖廟感恩碑》：「二十二年丁丑，天子南巡迴鑾，駐蹕嶧陽。越望日，朝至始祖亞聖廟拈香，頒賜匾聯。隆禮優如，自古莫及。」（碑現存孟廟啓聖殿院甬道東側。碑文收入劉培桂編著《孟子林廟歷代石刻集》，濟南：齊魯書社 2005 年版，第 379 頁）另孟廣均編清穆宗同治本《孟子世家譜》卷首〈國朝恩例〉記爲：「二十二年正月，聖駕南巡，博士衍聖公迎鑾於德州北界，四月初九日己巳，駕幸鄒縣，親詣亞聖廟拈香，行一跪三叩禮。」（現存鄒城市文物局）孔繼汾《闕里文獻考》卷十六〈祀典考第三之三・幸魯之典〉記爲：「二十二年春正月，皇上南巡江浙，……夏四月己巳，親幸孟廟拈香，行一跪三叩頭禮。是

二十七年（公元 1762 年）兩次南巡迴鑾過鄒縣時，親詣孟廟拈香祭孟，行一跪三叩禮。對於這兩次乾隆親祭孟子，時翰林院五經博士孟子七十六代孫孟毓瀚均在數月之後，「隨衍聖公入都謝恩」〔註23〕。

第二節　與孔府

孔、孟作為前後相繼的儒家代表，不僅其主要思想一脈相承。孔、孟兩個家族，作為共處鄒魯的兩大儒學府邸（衍聖公府和博士府），彼此間也因為其共同的思想和政治淵源，在人際關係、家族事務乃至於家族文化建設等諸多方面都建立了緊密聯繫。兩個大家族之間彼此依存、同舟共濟、榮辱與共。不過，從交往性質上看，孟府與孔府的關係，相比於與朝廷的關係而言，除了因為其共同的儒學淵源而具有的政治性因素外，還增加了些許民間私人友情的成分，這是由其共同的地緣和文化因素所決定的。

一、孔道輔與孟子家族「中興」

孟府的崛起主要緣於宋代以來封建政府政治目的下對孟府的扶植，但其直接契機還是得益於孔子後裔孔道輔的一番努力。這一努力，對孟府「中興」起到了關鍵性作用。

孔道輔是孔子四十五代孫，其生平可見《宋史》本傳。王安石《臨川文集》卷九一《給事中贈尚書工部侍郎孔公墓誌銘》還以墓誌的形式對他的一生作了總結。從上述材料可見，孔道輔於真宗大中祥符五年（公元 1012 年）舉進士第後正式踏入仕途。歷任大理寺丞、太常博士、龍圖閣待制，及尚書兵部員外郎、右諫議大夫、權御史中丞。但一生仕途多舛，既因對朝廷的忠直而屢被重用，也因「鯁挺特達」〔註24〕的秉性而屢遭讒毀，以至死於非命。

日，詣聖廟拈香，行三跪九叩禮。翼日庚午回鑾。」（苗楓林主編《孔子文化大全》，濟南：山東友誼出版社 1989 年版，第 369 頁）孟廣均編清德宗光緒本《重纂三遷志》卷四〈祀典〉也有記載。（苗楓林主編《孔子文化大全》，濟南：山東友誼書社 1989 年版，第 229 頁）

〔註23〕孟廣均編清穆宗同治本《孟子世家譜》卷首〈國朝恩例〉：「二十三年博士隨衍聖公入都謝恩」「二十七年正月聖駕巡幸江浙代理博士隨衍聖公迎鑾至山東鄒縣親詣亞聖廟拈香拜跪如二十二年之儀。五月博士隨衍聖公入都謝恩。」（現存鄒城市文物局）

〔註24〕脫脫等《宋史》卷二百九十七〈孔道輔傳〉，北京：中華書局 1977 年版，第 9885 頁。

孔道輔墓居於孔子墓西南百步，王安石爲之撰寫的墓誌稱其「以剛毅諒直名聞天下」，「或絀或遷，而公持一節以終身，蓋未嘗自詘也」，「士大夫多以公不終於大位爲天下異者也」〔註25〕。

作爲孔子後裔，孔道輔一生以恢張儒學爲己任。他圍繞這一目的所做出的努力，成爲孔府與孟府密切關係的先聲：

首先，修建孟子墓。在孔道輔看來，孟子墓葬與祭祀的久已湮廢實是儒門的一大不幸。鑒於此，他借仁宗景祐三年（公元1036年）知兗州府之機，遍訪民間，終於於四基山之陽發現了孟子墓，「命去其榛莽，肇其堂宇，以公孫丑、萬章之徒配。」〔註26〕孔道輔的訪墓立廟，開啓了孟氏家族的中興之門。

其次，發現孟寧，促成孟氏家族的中興。孔道輔在四基山訪墓立廟之後，又於鳧村訪得孟子第四十五代孫孟寧，薦於朝廷。詔授迪功郎、鄒縣主簿，主孟子廟祀。此事見載於明洪武六年（公元1373年）《孟氏宗傳祖圖》碑及孟廣均同治本《孟子世家譜》（文見前述）。這成爲孟子家族政治和生活發展史上的三個重大開端，即孟子後裔授職朝廷的開端、孟子家族續修家譜的開端和孔府與孟府密切關係的良好開端。

再次，爲孟子配享孔廟奠基。明王世貞曾稱：「太廟之有從祀者，謂能佐其主，衍斯世之治統也，以報功也。文廟之有從祀者，謂能佐其師，衍斯世之道統也，亦以報功也。」〔註27〕宋仁宗景祐五年（公元1038年），時孔道輔任兗州知州，「以孟子並揚、荀、王、韓設像祀於孔廟西偏，名五賢祠」〔註28〕。孔道輔還爲此親自撰寫了《五賢堂記》：「孔聖之道否，則五賢振起之。今五賢湮蔽，振起之者無聞焉。道輔道不及前哲，而以中正干帝王，幸不見黜而與進，冀以賢者必輔於時，躋於古，以茲爲勝矣。方事親守故國爲儒者榮，嘗謂伏生之徒，徒以訓詁傳功像設於祖堂東西序。而五賢立言排邪說，翊大道，非諸子所能跂及，反不及配闕，孰甚焉。因建堂事，收五賢所著書

〔註25〕王安石《臨川文集》卷九一〈給事中贈尚書工部侍郎孔公墓誌銘〉，《四庫全書》（1105冊），上海：上海古籍出版社1987年版，第760頁。

〔註26〕孫復《新建孟子廟記》碑，現存孟子林享殿西夾室。碑文另見劉培桂主編《孟子林廟歷代石刻集》，濟南：齊魯書社2005年版，第2頁。

〔註27〕王世貞《弇州四部稿》卷一一五〈文部・第四首・山西第三問〉，《四庫全書》（1280冊），上海：上海古籍出版社1987年版，第794頁。

〔註28〕孟廣均編清德宗光緒本《重纂三遷志》卷四〈祀典〉，苗楓林主編《孔子文化大全》，濟南：山東友誼書社1989年版，第203頁。

圖其儀，敘先儒之時薦，庶幾識者登是堂，觀是像，覽是書，肅然改容，知聖賢之道盡在此矣。」〔註 29〕此後，孟子配享孔廟逐漸得到官方承認：宋神宗熙寧七年（公元 1074 年），下詔立孟子、楊雄於孔子廟庭。此次詔令雖然因爲受到大臣制止而沒有收到什麼實質性效果〔註 30〕，但畢竟因此而引起了朝臣上下對孟子家族關注。所以才有了之後宋政府對孟子家族的官方認同和一系列政治封贈，包括宋神宗元豐五年（公元 1082 年），正式封孟子爲「鄒國公」、元豐六年（公元 1083 年）正式以孟子配享孔子〔註 31〕。此後的南宋度宗咸淳三年（公元 1267 年），又加「封曾子爲郕國公，子思爲沂國公，配食孔子廟大成殿」，與顏回兗國公、孟軻鄒國公共同構成孔子「四配」〔註 32〕。明世宗嘉靖九年（公元 1530 年），取消孔子廟奉祀人物封號，四配分別改稱亞聖孟子、宗聖曾子、復聖顏子、述聖子思子，「不復稱公，產撤塑像以木爲神主」〔註 33〕。

　　鑒於孔道輔對孟子家族的突出貢獻，清乾隆元年敕修孟廟時，「兩廡從祀十九人：公孫丑、萬章、公都子、陳臻、屋廬連、高子、孟仲子、充虞、徐辟、彭更、咸丘蒙、桃應、孟孫氏、子叔氏、浩生不害、盆成括、韓愈、孔道輔、錢唐。」〔註 34〕孔道輔被列入孟子兩廡從祀。

〔註 29〕 孔道輔《重建五賢堂記》，見孟廣均編清德宗光緒本《重纂三遷志》卷七《藝文二》，苗楓林主編《孔子文化大全》，濟南：山東友誼出版社 1989 年版，第400 頁。

〔註 30〕 《宋史》卷一百五〈禮志八〉：「熙寧七年，判國子監常秩等請立孟軻、揚雄像於廟廷，仍賜爵號；又請追尊孔子以帝號。下兩制禮官詳定，以爲非是而止。」（脫脫等《宋史》，北京：中華書局 1977 年版，第 2548 頁）

〔註 31〕 《宋史》卷十六〈本紀〉第十六：神宗元豐七年「五月……壬戌，以孟軻配食文宣王，封荀況、楊雄、韓愈爲伯，並從祀。」（脫脫等《宋史》，北京：中華書局 1977 年版，第 312 頁）另見孟廣均編清德宗光緒本《重纂三遷志》卷四〈祀典〉「元豐一年五月壬戌，始以孟子配享孔子。」（苗楓林主編《孔子文化大全》，濟南：山東友誼書社 1989 年版，第 204 頁）

〔註 32〕 孟廣均編清德宗光緒本《重纂三遷志》卷四〈祀典〉，苗楓林主編《孔子文化大全》，濟南：山東友誼書社 1989 年，第 205 頁。另見脫脫等《宋史》卷一百五〈吉禮八〉：「咸淳三年，詔封曾參郕國公，孔伋沂國公，配享先聖。」（脫脫等《宋史》，北京：中華書局 1977 年版，第 2554 頁）

〔註 33〕 孟廣均編清德宗光緒本《重纂三遷志》卷四〈祀典〉，苗楓林主編《孔子文化大全》，濟南：山東友誼書社 1989 年版，第 207 頁。

〔註 34〕 吳若灝《光緒鄒縣續志》卷五〈祀典志〉，山東府縣志輯《中國地方志集成》（72 冊），南京：鳳凰出版社 2004 年版，第 553 頁。

二、政治事務受孔府統領

在孔、孟兩個家族的交往關係上，前者對後者居有主動性的管轄與統領地位。這是由兩個家族及其家族文化的代表——孔子和孟子在儒學中不同的地位決定的〔註35〕。

自北宋仁宗至和二年（公元 1055 年）封孔子四十六代孫孔宗願為衍聖公後，金、元、明、清代代相沿〔註36〕。衍聖公的職權也在歷朝對儒學的重視與提倡中不斷提升，由主衍聖公府奉祀事、管理孔氏族人，逐漸擴展到管理和統領所有顏、孟、思、曾、仲等十三氏後裔。單就孔、孟兩個家族的關係看，主要體現在兩個方面：一是孔府統領孟府嫡長孫翰林院五經博士的襲封和任命。孟子家族長孫襲封翰林院五經博士的承襲、任命，以及與帝王的政治往來（比如類似萬壽聖節、帝王視學等活動）中赴京朝賀，均由衍聖公保舉、推薦和率領。如今存《孔府檔案》中的《至聖廟衍聖公府屬官額缺冊》有：「孟氏世襲翰林院五經博士，順治九年，吏部核准，顏、曾、思、孟、仲世襲五經博士，由嫡派子孫承襲，令衍聖公諮送題補」〔註37〕的記載；二是孔府統領孟府與帝王的政治往來。在類似萬壽聖節、帝王視學等活動中，孟府的赴京朝賀，均由衍聖公保舉、推薦和率領。如明郭本《亞聖五十七代孫世襲翰林院五經博士長伯孟公墓誌銘》中有：「遇萬壽聖節，必隨聖公暨五家博士詣闕拜賀。朝廷賜宴禮部，以寵嘉之。逮至正統元年、嘉靖七年兩朝臨雍大典，詔取四氏子孫陪祀，俱宴於禮部，賜錦衣一襲，長伯皆躬逢之」〔註38〕的碑刻記錄。

〔註35〕 宋神宗元豐六年（公元 1083 年）封孟子為鄒國公，次年，以孟子配享孔廟。元文宗至順元年（公元 1330 年）加贈孟子為鄒國亞聖公。明世宗嘉靖九年（公元 1530 年）詔定孔子為至聖先師，「四配」為：亞聖孟子、復聖顏子、宗聖曾子、述聖子思子。

〔註36〕 直至民國二十四年（公元 1935 年）孔子七十七代孫孔德成，改為奉祀官。

〔註37〕 轉引自蘇慶恭《孟府與孔府的關係拾遺》，濟寧市政協文史資料委員會、鄒縣政協文史資料委員會編《孟子家世》，北京：中國文史出版社 1991 年版，第 178 頁。

〔註38〕 郭本《亞聖五十七代孫世襲翰林院五經博士長伯公墓誌銘》，見孟衍泰編清世宗雍正本《三遷志》卷十〈祭謁‧墓誌銘〉，四川大學古籍整理研究所編《儒藏》（10 冊），成都：四川大學出版社 2005 年版，第 57 頁。文另收入劉培桂編著《孟子林廟歷代石刻集》，濟南：齊魯書社 2005 年版，第 204 頁。

三、嫡裔行輩依行孔府

　　孟子家族的地位是隨著唐宋以來孟子地位的提升而提高的，無論是後裔發現、家譜續修、林廟建設還是帝王封贈，都毫無例外地體現著這一點，在孟氏家族的行輩排列上亦復如此。

　　唐宋以後，孟子以儒學後繼者的身份逐漸受到學界、政界的關注。與之相伴隨，孟子家族也開始與儒學創立者孔子及其家族發生了日益親密的關係，其中就包括雙方後裔的行輩排列。在此，為了便於分析，我們將兩個家族嫡裔世系對照列表如下：

代數	孔氏	朝代		孟氏	朝代
1	孔丘	春秋		孟軻	戰國
2	孔鯉	戰國		孟仲子	—
3	孔伋	戰國		孟睪	—
4	孔白	戰國		孟寓	—
5	孔求	戰國		孟舒	西漢高祖
6	孔箕	戰國		孟之後	—
7	孔穿	戰國		孟昭	—
8	孔謙	戰國		孟但	西漢武帝
9	孔鮒	秦始皇		孟卿	—
10	孔忠	西漢文帝		孟喜	西漢宣帝
11	孔武	西漢景帝		孟鎡	—
12	孔延年	西漢武帝		孟興	—
13	孔霸	西漢元帝		孟嘗	東漢和帝
14	孔福	西漢成帝		孟展	—
15	孔房	西漢哀帝		孟有或	東漢桓帝
16	孔均	東漢平帝		孟敏	—
17	孔志	東漢光武帝		孟光	東漢靈帝
18	孔損	東漢明帝		孟康	三國魏明帝
19	孔曜	東漢安帝		孟宗	—
20	孔完	東漢靈帝		孟揖	西晉惠帝
21	孔羨	三國魏文帝		孟觀	西晉惠帝
22	孔震	西晉武帝		孟嘉	—
23	孔嶷	東晉明帝		孟懷玉	東晉安帝

24	孔撫	東晉明帝		孟表	北魏孝文帝
25	孔懿	東晉明帝		孟斌	—
26	孔鮮	南朝宋文帝		孟威	—
27	孔乘	北魏教文帝		孟恂	—
28	孔靈珍	北魏孝文帝		孟儒	北齊文宣帝
29	孔文泰	北魏孝文帝		孟景	隋煬帝
30	孔渠	北魏孝文帝		孟善誼	—
31	孔長孫	北齊文宣帝		孟詵	唐高祖
32	孔嗣悊	隋煬帝		孟大融	唐玄宗
33	孔德倫	唐高祖		孟浩然	唐玄宗
34	孔崇基	武后		雲卿	唐肅宗
35	孔璲之	唐玄宗		孟簡	唐德宗
36	孔萱	唐玄宗		孟常謙	唐德宗
37	孔齊卿	唐德宗		孟遵慶	—
38	孔惟晊	唐憲宗		孟琯	—
39	孔策	唐武宗		孟方立	唐昭宗
40	孔振	唐懿宗		孟承誨	後晉
41	孔昭儉	唐懿宗		孟漢卿	後周世宗
42	孔光嗣	唐哀宗		孟貫	—
43	孔仁玉	後唐明宗		孟昶	—
44	孔宜	宋太祖		孟公濟	—
45	孔延世	宋太宗		孟寧	宋仁宗
46	孔聖祐	宋眞宗		孟存	—
	孔宗願	宋仁宗		孟堅	
47	孔若蒙	宋神宗		孟況	—
	孔若虛			孟寬	
48	孔端友	宋徽宗		孟彬	—
	孔端操			孟欽	
49	孔璠	金太宗		孟澄	—
	孔玠			孟津	
50	孔搢	金熙宗		孟德成	—
	孔拯、孔摠			孟德義	
51	孔元措、孔元用	金章宗		孟述祖	—
	孔文遠			孟允祖	

52	孔之全 孔萬春	蒙古滅金前	孟惟清 孟惟恭	一
53	孔湞、孔治 孔洙	元憲宗	孟之平 孟之訓	一
54	孔思誠 孔思誨	元仁宗	孟思春 孟思諒	明太祖
55	孔克堅	元順帝	孟克剛 孟克仁	一
56	孔希學	元順帝	孟希文	明代宗
57	孔訥	明太祖	孟元	明孝宗
58	孔公鑒	明惠帝	孟公綮（孟公肇代）	明世宗
59	孔彥縉	明成祖	孟彥璞	明穆宗
60	孔承慶（早卒未襲）	一	孟承光	明神宗—明熹宗
61	孔宏緒、 孔宏泰	明景帝 明憲宗	孟宏略（孟宏譽代）	明神宗
62	孔聞紹	明孝宗	孟聞玉（孟聞璽代）	明思宗
63	孔貞乾	明世宗	孟貞仁	清世祖順治
64	孔尚賢	明世宗	孟尚桂	清聖祖康熙
65	孔衍植	明熹宗	孟衍泰	清高宗乾隆
66	孔興燮	清世祖順治	孟興銑（早卒未襲）	清高宗乾隆
67	孔毓圻	清聖祖康熙	孟毓瀚	清高宗乾隆
68	孔傳鐸	清世宗雍正	孟傳槤	清高宗乾隆
69	孔繼濩（早卒未襲）	一	孟繼烺	清仁宗嘉慶
70	孔廣棨	清世宗雍正	孟廣均	清宣宗道光
71	孔昭煥	清高宗乾隆	孟昭銓	清穆宗同治
72	孔憲培	清高宗乾隆	孟憲泗	清德宗光緒
73	孔慶鎔	清高宗乾隆	孟慶桓（早卒孟慶棠代）	清德宗光緒
74	孔繁灝	清宣宗道光	孟繁驥	民國
75	孔祥珂	清穆宗同治		
76	孔令貽	清德宗光緒		
77	孔德成	民國		

注：本表係參照《孔子世家譜》、《孟子世家譜》、《闕里志》、《三遷志》，及濟寧市政

協文史資料委員會、鄒縣政協文史資料委員會編撰的《孟子家世》附表一〈孟子嫡裔相承表〉（北京：中國文史出版社1991年版，插頁）和鄒城市孟子學術研究會、孟氏宗親聯誼會編的《孟子與孟氏宗族》（北京：中國文史出版社2005年版，第50～56頁）等資料整理而成。其中同一代有多個人名者，為南北割據的狀況下，孔氏和孟氏分為南、北宗所致。其中「-」為史籍乏載，朝代不明。

　　上表清晰地顯示出如下幾點：其一，孔、孟兩個家族在五十三代（即元朝）以前，並沒有使用共同的輩分排行。從第五十四代「思」字輩，始共用行輩排字。但第五十七代又出現了不同，兩個人的名字孔訥和孟元都用了兩個字。說明此期兩個家族行輩的共用並不嚴格，也不正規。其二，從五十八代，即明代以後，兩個家族的輩分排行開始完全相同，直至民國。如此一來，可以大致得出結論：孔、孟兩個家族自明初開始正式共用同樣的輩分排行。這種現象從明初出現後，一直持續到民國，前後共歷三百餘年。這如果不是有意所為，僅僅用所謂的「偶然」、「巧合」之類作理由，恐怕未必能夠解釋得通。其三，當我們將嫡裔傳承與所處朝代相比照，發現當孔子家族的五十九代孔彥縉在明成祖（公元1402年）時，孟子家族五十九代孟彥璞已是明穆宗（公元1567年）時期，孟子五十九代後裔相對於孔子五十九代後裔在時間上已延後了百年之餘，這似乎又可以說明：如果孔、孟共用通天譜的話，那麼孟子家族一定是傚仿孔子家族，而不會是相反。

　　從孔子家譜及孟子流寓各地支譜的材料記載〔註39〕看，孔子後裔的輩分排序始於明初孔子五十七代孫孔訥（明太祖洪武十七年襲位）。其時，由於孔子家族的自身發展，子孫繁衍，生齒難以數計。鑒於此，為使長幼有序，以定尊卑，孔訥提議，排定行輩用字。原本定了八個字：「公彥承弘聞貞尚胤」，由於各支族繁衍快慢不同，同一時代出現輩分高低的差異，繁衍較慢者有五十六代出生需要起名。因此，又上朔至五十六代孔希學，五十七代孔訥二字

〔註39〕一併參閱鄒城市孟子學術研究會、孟氏宗親聯誼會編《孟子與孟氏宗族》，北京：中國文史出版社2005年版，第40頁。另據清徐珂《清稗類鈔·姓名類·孔氏命名之字派》載：「曲阜孔氏為孔子之後，命名皆有字派，其遷徙他郡縣者，但係孔子嫡傳，亦必同一字派。蓋自元代之五十四代衍聖公名思晦者起，於是凡五十四代孫，均以思字為派。思字下為克字派，克字以下，則為希、言、公、彥、承、弘、聞、貞、尚、衍十派，再次則為興、毓、傳、繼、廣、昭、憲、慶、繁、祥十派，又次則為令、德、維、垂、祐、欽、紹、念、顯、揚十派。」（徐珂編撰《清稗類鈔》（五冊），北京：中華書局1984年版，第2148～2149頁）

不宜統一排行輩，採用孔訥字「言伯」中的第一個字「言」字。如此，便以預定與逆定合一的形式，排定了孔子後裔自五十六代到六十五代的十個行輩字：「希言公彥承弘聞貞尚胤」〔註40〕，並上報朝廷，於洪武二年（公元1369年）孟子第五十八代孫孔公鑒時正式實行。爲此，孔府還專門頒佈了《孔氏行輩告示》：「立行輩所以分尊卑，定表字所以別長幼，邇來我族人滿數萬丁，居連數百里，豈爲目不能遍識，且耳不能便聞。若無行輩則昭穆易紊，無表字則稱謂不論。在前業經奉旨更定。今依所列吉字開列於後，凡我族人俱當遵照後開行輩，取名訓字。有不欽依世次隨意妄呼者，不准入譜。明太祖所賜行輩共八字，加之原有二字，共計十字。曰『希、言、公、彥、承、弘、文、貞、尚、胤』」〔註41〕。至明熹宗天啓年間，明初御頒的十個行輩字已用完，又由孔子六十五代孫孔胤植主持議定了第六十六代至第七十五代十個字：「興毓傳繼廣昭憲慶繁祥」，奏准朝廷，於明思宗崇禎二年（公元1629年）頒定實行。其後，孔子七十五代衍聖公孔祥珂再定第七十六代至第八十五代「令德維垂祐欽紹念顯揚」十個行輩字，於同治二年（公元1863年）報請朝廷批准，並在同治四年（公元1865年）續修族譜時予以確認。

自孔子七十六代孫孔令貽於清德宗光緒三年（公元1877年）襲封衍聖公以來，腐敗的大清政治在西方文化的衝擊下走向加速崩潰，中國社會進入「三千年未有之變局」。面對內憂外患，作爲中國封建帝制在文化觀念上的主要支撐，孔子家族注定無法躲避這場猛烈的「山雨」。孔令貽似乎預感到了這一點，在上次排定的行輩字並沒有用完的情況下，預先將孔氏家族行輩再續二十個字：「建道敦安定懋修肇益常裕文煥景瑞承錫世緒昌」，規定了第八十六代至第一百零五代的輩分排序，並諮請當時已退位的清廷內務府核准備案，由北洋政府內務部批准，於民國八年（公元1919年）頒行全國〔註42〕。孔氏家族自五十六代至一百零五代世系行輩用字，因爲曾經上報清廷和民國政府的批准，這就使得孔子家譜輩分排行帶有了「國定」的性質。而孟氏家族的輩分排序，也是在明朝初仿照孔家。從上表可以看出，孟氏從五十四代「思」字輩起，就與孔氏用了相同的輩分排字，只不過當時執行得還並不十分嚴格。

〔註40〕注：如此，便出現了與孔訥同輩的孔子五十七代孫，生於孔訥之後的都以「言」字排行的情況。

〔註41〕轉引自劉瑞林《孔氏家族》，北京：華語教學出版社2000年版，第27頁。

〔註42〕以上內容部份參照鄒城市孟子學術研究會、孟氏宗親聯誼會編《孟子與孟氏宗族》，北京：中國文史出版社1991年版，第40頁。

直到五十八代「希」字輩開始，兩個家族的行輩才完全一致起來，這倒符合事物發展由不自覺到自覺的一般規律。孟氏不但行輩依仿孔氏，且其家族譜牒修成後，還要報孔府衍聖公備案。這一點也充分體現出孔、孟家族在家族事務上統轄與被統轄的關係。

四、子弟教育與孔府共生共榮

孔子首創私學，獻身教育。孔子死後，弟子雖然相率離去，但孔氏家族後裔卻延續了孔子的重教傳統，詩禮傳家，重視家族教育。並且，隨著歷代封建政府由倡導儒學而衍伸的對孔氏家族的重視。政府對孔氏家學的支持和干預，使孔氏家學性質由家族私學向國家官學轉化。與此同時，在生徒範圍上也逐漸吸納孟、顏、曾氏子弟而相繼成爲三氏學、四氏學，規模不斷發展壯大。

現有資料顯示，孔氏家學始創於三國時期。明呂元善《聖門志》載：「學始於魏文帝黃初二年崇聖侯孔羨創建」，這是孔氏家學的開始。但接下來兩晉的戰亂與儒學中衰，孔氏家學也進入「數百年中，無復講誦」〔註43〕的衰敗期。直到南朝宋文帝元嘉十九年（公元442年），由政府「詔修孔子廟，復學舍，召生徒」〔註44〕，孔府家學的辦學狀況才又有了一些起色。同時，這也是官方關注和干預孔氏家學的開始。

宋眞宗大中祥符元年（公元1008年），追封孔子爲「玄聖文宣王」詔令增擴孔子廟，親作《宣聖贊》，稱頌孔子爲「帝王之師」。大中祥符二年，「殿中丞孔勖知縣事，奏准令就廟側建學，以訓孔氏子孫」〔註45〕。三年後，孔子四十四代孫孔勖奏請於家學舊址「重建講堂，延師教授」〔註46〕。朝廷准其奏，這是孔氏廟學的開始。此後，孔氏家學的興廢，已經完全置於政府的掌控之下，其性質也由私學轉變爲官學。

〔註43〕孔繼汾《闕里文獻考》卷二十七〈學校第八之一‧四氏學建置始末〉，苗楓林主編《孔子文化大全》，濟南：山東友誼書社1989年版，第617頁。

〔註44〕潘相《曲阜縣志》卷二十一〈通編第三之七〉，清高宗乾隆三十九年（公元1774年）刻本，《中國地方志集成》（73冊），南京：鳳凰出版社2004年版，第145頁。

〔註45〕呂元善《聖門志》卷之三中〈四氏學世職學錄一人〉，苗楓林主編《孔子文化大全》，濟南：山東友誼書社1989年版，第659頁。

〔註46〕孔繼汾《闕里文獻考》卷二十七〈學校第八之一‧四氏學建置始末〉，苗楓林主編《孔子文化大全》，濟南：山東友誼書社1989年版，第617頁。

宋哲宗元祐元年（公元 1086 年）十月，「改建學於廟之東南隅，置教授一員，令教諭本家子弟。其鄉鄰願入學者聽，尋添入顏、孟二氏子孫」〔註47〕。顏氏、孟氏子孫正式進入孔子家學學習，三氏學初具雛形。

明代是孔氏家學的發展和鼎盛期。從《闕里文獻考》和《明史》等材料看，明政府對孔氏家學的關注與管理明顯加強。明太祖於洪武元年（公元 1368 年），將孔氏家學改爲「孔顏孟三氏子孫教授司」。明憲宗成化元年（公元 1465 年），「六十一代衍聖公奏准，頒給三氏學官印」。孔氏家學被正式命名爲三氏學〔註48〕。明神宗萬曆十五年（公元 1587 年），朝廷又「從巡按御史毛在請，添入曾氏，改名四氏學，並改鑄四氏學印信。比照國子監例設學官，特許歲貢生員。孔、顏、孟三氏學擴展爲孔、顏、曾、孟四氏學。自明太祖到明神宗，孔氏家學飛躍式地完成了由廟學向三氏學、四氏學的發展。在規模不斷壯大的同時，也完成了家學的政治化和官方化歷程。

在四氏學的所有經營管理中，無論是學官設置任免，還是生員入學入仕，孔氏家族都處於勿庸置疑的主導地位。顯示著孔氏家族與顏、孟、曾之間在家族教育上勢位的不平衡性。

五、婚姻締結與私人友情

以上所列孟府與孔府的關係，因爲與政治的關聯而在碑碣、家譜、史籍中留下了較多的記載。至於兩個家族間的私人交往，因爲資料缺乏，我們只能鈎沉一些零星資料，勾勒一個大體輪廓。

（一）婚姻締結

《禮記·昏義》「昏禮者，將合二姓之好，上以事宗廟，而下以繼後世也，故君子重之。是以昏禮：納采、問名、納徵、請期，皆主人筵幾於廟，而拜迎於門外，入，揖讓而升，聽命於廟，所以敬愼重正昏禮也。」婚姻是家庭與家族成立的基礎，古代婚姻強調的是合二姓之好，目的在於繁衍子嗣與家族昌盛。這樣的婚姻形式往往表現出兩個特點：一是家族利益至上。家族之間通婚的目的是爲了維繫兩個家族的生存利益；二是男女地位的不平等。爲

〔註47〕孔繼汾《闕里文獻考》卷二十七〈學校第八之一·四氏學建置始末〉，苗楓林主編《孔子文化大全》，濟南：山東友誼書社 1989 年版，第 617、618 頁。

〔註48〕孔繼汾《闕里文獻考》卷二十七〈學校第八之一·四氏學建置始末〉，苗楓林主編《孔子文化大全》，濟南：山東友誼書社 1989 年版，第 619 頁。

保持家族血統的純潔性，片面強調女子貞操，男子則可以在「廣子嗣」的名義下公然納妾。這樣的婚姻形式，雖然以往曾屢屢遭到學界的譴責。但若從歷史發展的角度考察，其實是原始氏族部落早期婚姻形式在封建社會的遺存。從氏族到後來的家族，在生產力低下的情況下，人口的多少在很大意義上決定著的它們的長期存續和發展。因此，合二姓之好，更多地繁衍子嗣以保障家族的存續顯得尤為重要。因此，對於早期婚姻不顧個人情感的「非人文性」不必過多苛責。只是，進入階級社會後，等級要素摻入婚姻，促成婚姻的質變，突出地體現在由強調血緣的同姓不婚，向強調等級的良賤不婚轉變。在這樣的情況下，地域相鄰而地位、實力相當的兩個家族，便成為婚姻締結的首選，這就是傳統認同的「門當戶對」。

　　關於孟府婚姻禁忌及其締結形式，雖然由於資料的缺乏已無法詳知。但從零星存世資料看，正是遵循了以上規律：一是地域相鄰；二是門第相近。由於孟氏家族與孔氏家族之間符合以上條件，雙方婚姻關係因此比較頻繁，下表是存世墓誌反映出的孟府婚姻梗概：

姓名 ＼ 關係	妻	繼妻	繼妻	繼妻	女（適）
五十二代孟惟恭〔註49〕	李氏				
五十三代孟之訓〔註50〕	孔氏	仇氏			
五十六代孟希文〔註51〕	孔氏				
五十八代孟公綮〔註52〕	孔氏				孔聞紹
五十九代孟彥繼〔註53〕	孔氏				

〔註49〕　桂孟《孟惟恭墓誌》，見史鶚編明世宗嘉靖本《三遷志》卷之六〈碑記二〉，現存北京首都圖書館。另見劉培桂編著《孟子林廟歷代石刻集》，濟南：齊魯書社 2005 年版，第 88～90 頁。

〔註50〕　張思大《孟之訓墓誌》，見史鶚編明世宗嘉靖本《三遷志》卷之六〈碑記二〉，現存北京首都圖書館。另劉培桂編著《孟子林廟歷代石刻集》，濟南：齊魯書社 2005 年版，第 105 頁。

〔註51〕　孔公恂《亞聖五十六代孫世襲翰林院五經博士士煥孟公墓誌銘》，見孟衍泰編清世宗雍正本《三遷志》卷十〈祭謁‧墓誌銘〉，四川大學古籍整理研究所編《儒藏》（10 冊），成都：四川大學出版社 2005 年版，第 57 頁。

〔註52〕　王景《亞聖五十八代孫世襲翰林院五經博士彙文孟公墓誌銘》，見孟衍泰等編清世宗雍正本《三遷志》卷十〈祭謁‧墓誌銘〉，四川大學古籍整理研究所編《儒藏》（10 冊），成都：四川大學出版社 2005 年版，第 58 頁。

〔註53〕　孔弘乾《孟彥繼墓誌》，見史鶚編明世宗嘉靖本《三遷志》卷之六〈碑記二〉，

五十九代孟彥璞〔註54〕	顏氏				顏賡
六十代孟承光〔註55〕	張氏				孔貞木奎
六十代孟弘譽〔註56〕	孔氏				
六十一代孟聞璽〔註57〕	孔氏				
六十三代孟貞珮〔註58〕	劉氏	孔氏	苑氏	高氏	
六十三代孟貞仁〔註59〕	董氏	孔氏			
七十代孟廣均〔註60〕	王氏	張氏	白氏		

　　從上表可以看出：孟氏與孔氏兩個家族間的確存在著較為密切的婚姻關係，其中孟子五十二代至七十代共十二個後裔，有八個娶孔氏為妻（包括繼妻）。並且，其女兒中有兩人適孔氏。所以，擔任清翰林院檢討、山西學政的孔氏後裔孔尚先，在為孟貞珮寫的《墓誌銘》中稱：「余與孟氏世講也，又世姻也」〔註61〕。另一孔氏後裔，清鹽運使孔興璉，在為孟貞仁寫的《墓誌銘》

　　　　　現存北京首都圖書館。另見劉培桂編著《孟子林廟歷代石刻集》，濟南：齊魯書社 2005 年版，第 215 頁。
〔註54〕孔貞乾《亞聖五十九代孫世襲翰林院五經博士朝璽孟公墓誌銘》，見孟衍泰等編清世宗雍正本《三遷志》卷十〈祭謁·墓誌銘〉，四川大學古籍整理研究所編《儒藏》（10 冊），成都：四川大學出版社 2005 年版，第 58 頁。
〔註55〕申時行《亞聖六十代孫贈太僕寺卿永觀孟公墓誌銘》，見孟衍泰等編清世宗雍正本《三遷志》卷十〈祭謁·墓誌銘〉，四川大學古籍整理研究所編《儒藏》（10 冊），成都：四川大學出版社 2005 年版，第 58 頁。
〔註56〕孔聞詩《亞聖六十一代孫世襲錦衣衛千户振揚孟公墓誌銘》，見孟衍泰等編清世宗雍正本《三遷志》卷十〈祭謁·墓誌銘〉，四川大學古籍整理研究所編《儒藏》（10 冊），成都：四川大學出版社 2005 年版，第 59 頁。
〔註57〕同上。
〔註58〕孔尚先《亞聖六十三代孫山西平陽府絳州清軍同知玉珂孟公墓誌銘》，見孟衍泰等編清世宗雍正本《三遷志》卷十〈祭謁·墓誌銘〉，四川大學古籍整理研究所編《儒藏》（10 冊），成都：四川大學出版社 2005 年版，第 60 頁。
〔註59〕孔興璉《亞聖六十三代孫世襲翰林院五經博士加四級靜若孟公墓誌銘》，見孟衍泰等編清世宗雍正本《三遷志》卷十〈祭謁·墓誌銘〉，四川大學古籍整理研究所編《儒藏》（10 冊），成都：四川大學出版社 2005 年版，第 59 頁。
〔註60〕萬青藜《世襲翰林院五經博士加八級雨山公墓誌銘》，見王軒手抄稿。以上表格中所引資料又均見劉培桂編著《孟子林廟歷代石刻集》，濟南：齊魯書社 2005 年版，第 89、106、171、204、216、233、270、301、316、338、347、439 頁。
〔註61〕孔尚先《亞聖六十三代孫山西平陽府絳州清軍同知玉珂孟公墓誌銘》，見孟衍泰等編清世宗雍正本《三遷志》卷十〈祭謁·墓誌銘〉，四川大學古籍整理研究所編《儒藏》（10 冊），成都：四川大學出版社 2005 年版，第 60 頁。

中也稱「余與公累世通家」〔註62〕。孔子六十一代孫孔弘乾，在爲孟子五十九代孫孟彥繼寫的《墓誌》中也有「孔孟有朱陳之好」〔註63〕的記述。上述《墓誌銘》中一再提及的「世姻」、「累世通家」、「朱陳之好」〔註64〕，表明了孟氏家族與孔氏家族彼此婚姻關係的緊密〔註65〕。

（二）私人友情

如果說孟子家族與孔子家族的關係，在事關禮儀與政治的家族事務中，較多地表現爲前者對後者的依附關係的話。那麼，雙方在私人生活的往來中卻表現出了更多的平等與友誼成分。這樣的友誼建立在兩個家族之間趨同的學緣、地緣，及家族子弟在家族教育與府務管理聯繫中形成的共同的觀念與情感認同之上，因而更具鮮活的生活特色。

〔註62〕 孔興璉《亞聖六十三代孫世襲翰林院五經博士加四級靜若孟公墓誌銘》，見孟衍泰等編清世宗雍正本《三遷志》卷十〈祭謁・墓誌銘〉，四川大學古籍整理研究所編《儒藏》（10冊），成都：四川大學出版社2005年版，第59頁。

〔註63〕 孔弘乾《孟彥繼墓誌》，史鶚編明世宗嘉靖本《三遷志》卷之六〈碑記二〉，現存北京首都圖書館。另見劉培桂編著《孟子林廟歷代石刻集》，濟南：齊魯書社2005年版，第346頁。

〔註64〕 注：「朱陳之好」意爲兩家世爲姻親，源於唐白居易長詩《朱陳村》：「徐州古豐縣，有村曰朱陳。……一村唯兩姓，世世爲婚姻。」

〔註65〕 注：上表還顯示出：孟府婚姻並不僅限於與孔府之間，另與復聖顏氏及李氏、劉氏、苑氏、高氏、董氏、張氏、白氏等一般家族也有婚姻關係。這說明孟府婚姻關係的建立並非僅限於大族。也就是說，在婚姻對象的選擇上，孟府似並無嚴格限定。但一點似乎可以肯定，即便不是名門望族，也必然是殷實之家、地方官僚或取得功名者。顯然，地域相鄰與「門當戶對」兩個婚姻締結原則在其中起著關鍵作用。《墓誌》對此屢有反映。如潘榛的《孟承相墓誌》就曾述及：孟承相凡四子，「婚嫁俱里中名閥」，其孫孟聞鉦「爲諸生有名」，與嘉靖年間鞏昌府通判潘榛家族宿有「秦晉盟」（潘榛《孟承相墓誌》，見胡繼先編明神宗萬曆本《孟志》卷之三〈名裔〉，現存清華大學圖書館。另見劉培桂編著《孟子林廟歷代石刻集》，濟南：齊魯書社2005年版，第269頁）。又如孔興璉的《亞聖六十三代孫世襲翰林院五經博士加四級靜若孟公墓誌銘》也曾述及：孟子六十三代孫翰林院五經博士孟貞仁的原配董氏，雖然並非儒學名門，但也是鄒邑庠生董紀之女，而其「子八人」、「女六人」、「孫男十六人，孫女十人」、「曾孫十一人，曾孫女十一人」，「嫁娶俱里中名門」。（孔興璉《亞聖六十三代孫世襲翰林院五經博士加四級靜若孟公墓誌銘》，見孟衍泰等編清世宗雍正本《三遷志》卷十〈祭謁・墓誌銘〉，四川大學古籍整理研究所編《儒藏》（10冊），成都：四川大學出版社2005年版，第59頁。文另收入劉培桂編著《孟子林廟歷代石刻集》，濟南：齊魯書社2005年版，第346～347頁）

1. 由孔府撰寫《墓誌銘》

　　墓誌是刻在石頭上的歷史，碑刻以特有的方式爲後人打開一扇異於文獻的窗口。仔細研讀孟子林廟石刻，從中意外發現了兩個家族間在繁茂的政治主從關係掩蓋下的平等篤厚的私人情誼。劉培桂的《孟子林廟歷代石刻集》中收有十三篇孟子後裔《墓誌》，其中爲孔子後裔所撰者即有六篇〔註66〕，幾乎佔了一半的比率。墓誌銘是存放於墓中載有死者傳記的石刻。它是把死者在世時持家、德行、政績、功業等行迹信息濃縮爲一份個人歷史檔案。一個人的生前作爲在去逝的一瞬間化爲身後名聲，這一轉化通過墓誌實現。而對於古人而言，個人的行迹事關家族的榮辱，因而，墓誌的撰寫對於逝者和家族而言就成爲極爲重要的事。而墓誌的優劣取決於墓誌撰寫者的客觀水平和主觀情感，因而墓誌的撰寫多請名家摯友，以便寫出客觀、質感、豐富而有特色的好墓誌，藉此告慰逝者、榮耀家族。孟子後裔的墓誌多請孔子後裔執筆，其中除了有對孔氏的信任與仰慕外，也從一個側面反映了兩個家族之間關係的親密。孟子五十九代孫孟彥繼娶孔弘禮女爲妻，而孟彥繼去世後，託鄒邑庠士張南崗請孔弘乾寫《墓誌》，孔弘乾即表達了其與孟彥繼之間的友誼基礎：「君與余少同庠序，廁國學則同堂同班，辱愛甚深，聞訃即哭於室。」〔註67〕

　　孔子五十八代孫曲阜少詹事孔公恂〔註68〕與孟子六十五代孫孟希文「友善二十餘年」，所以，當孟希文的長子孟元（字長伯）「走使以公狀請爲銘」

〔註66〕孔公恂《亞聖五十六代孫世襲翰林院五經博士士煥孟公墓誌銘》、孔弘乾《孟彥繼墓誌》、孔貞乾《亞聖五十九代孫世襲翰林院五經博士朝璽孟公墓誌銘》、孔聞詩《亞聖六十一代孫世襲錦衣衛千户振揚孟公墓誌銘》、孔尚先《亞聖六十三代孫山西平陽絳州清軍同知玉珂孟公墓誌銘》、孔興璉《亞聖六十三代世襲翰林院五經博士加四級靜若孟公墓誌銘》，見劉培桂編著《孟子林廟歷代石刻集》，濟南：齊魯書社 2005 年版，第 171、215、269、315、337、346 頁。

〔註67〕孔弘乾《孟彥繼墓誌》，見史鶚編明世宗嘉靖本《三遷志》卷之六〈碑記二〉，現存北京首都圖書館。另見劉培桂編著《孟子林廟歷代石刻集》，濟南：齊魯書社 2005 年版，第 216 頁。

〔註68〕孔公恂，《明史》有傳：「字宗文，景泰五年舉會試。聞母疾，不赴廷對。帝問禮部，得其故，遣使召之。日且午，不及備試卷，命翰林院給筆箚。登第，即丁母憂歸。」明英宗天順初，大學士李賢以「至聖後」上薦，「超拜少詹事，侍東宮講讀。入語孝肅皇后曰：『吾今日得聖賢子孫爲汝子傅。』孝肅皇后者，憲宗生母，方以皇貴妃有寵，於是具冠服拜謝，宮中傳爲盛事云。」（張廷玉等《明史》卷二百八十四〈儒林三〉，北京：中華書局 1974 年版，第 7298 頁）

時，孔公恂便自然流露出了彼此情感的深篤：「客秋抵鄒，往弔孟公士煥，哭失聲。蓋惜公之年不逮其德，而言念交遊，今昔之感繫之，安能不大慟於懷也。」〔註69〕

　　孟子六十一代孫世襲錦衣衛千戶孟弘譽的原配夫人也是孔氏後裔，子孟聞璽又娶孔聞詡女。孟弘譽死後，其子聞璽「持公行狀」「乞銘於」孔子六十二代孫孔聞詩。孔聞詩欣然應允：「余與令先君姻婭世好也，素爲莫逆交。於髫年時見公瑰琦磊落，不與俗侔，心竊韙之。」〔註70〕少慕不俗之氣，長爲莫逆之交，繾綣切篤之情溢於言表。

2. 立石由孔府篆額書丹

　　仔細研究孟子林廟碑碣，還發現孟氏家族許多碑石的刻立都有孔氏後裔的參與。見下表：

朝代	碑刻名稱	撰寫者	篆額書文者
元	先師鄒國公孟子廟記	孫傅	迪功郎、新泰學政、闕里孔端朝書
	聖詔褒崇孟父孟母封號之碑	仁宗	宣聖五十四代孫、中議大夫、襲封衍聖公孔思晦篆額
	朱國公祠堂記	曹元用	宣聖五十四世孫、嘉議大夫、襲封衍聖公孔思晦篆額
	孟子廟資田記	蔡文淵	宣聖五十四世孫、嘉議大夫、襲封衍聖公孔思晦篆額
	鄒國亞聖公廟興造記	鄭質	宣聖五十五代孫、從仕郎、濟寧路曲阜縣尹兼管本縣諸軍奧魯勸農事孔克欽書
	思本堂記	鄭質	宣聖五十五代孫、嘉議大夫、襲封衍聖公孔克堅篆
	太師右丞相過鄒祀孟子之碑	楊惠	宣聖五□中奉大夫、襲封衍聖公孔克堅篆額

〔註69〕孔公恂《亞聖五十六代孫世襲翰林院五經博士士煥孟公墓誌銘》，見孟衍泰編清世宗雍正本《三遷志》卷十〈祭謁‧墓誌銘〉，四川大學古籍整理研究所編《儒藏》（10冊），成都：四川大學出版社2005年版，第57頁。文另收入劉培桂編著《孟子林廟歷代石刻集》，濟南：齊魯書社2005年版，第171頁。

〔註70〕孔聞詩《孟子聖六十一代孫世襲錦衣衛千戶振揚孟公墓誌銘》，孟衍泰編清世宗雍正本《三遷志》卷十〈祭謁‧墓誌銘〉，四川大學古籍整理研究所編《儒藏》（10冊），成都：四川大學出版社2005年版，第59頁。文另收入劉培桂編著《孟子林廟歷代石刻集》，濟南：齊魯書社2005年版，第171頁。

明	孟惟恭墓誌	桂孟	宣聖五十六代孫、資善大夫、襲封衍聖公孔希學篆
	代祀鄒國亞聖公題名記	薛彌充	宣聖五十五代孫、承事郎、世職曲阜知縣孔克瞽篆額
	天順五年辛巳重修孟母斷機祠記	許彬	宣聖六十一代孫、襲封衍聖公孔弘緒篆額
	大明重修亞聖廟記	劉健	宣聖六十一代孫、襲封衍聖公、闕里孔弘泰篆
	孟彥繼墓誌	孔弘乾	至聖六十一代孫、太學生、振齋孔弘乾撰並篆蓋
	重修亞聖祖妣祠堂記	李玉	闕里三氏庠生、龍川孔承宗書丹
清	亞聖廟新天震井序	方鳴球	至聖六十八世孫孔傳槵書
	「亞聖孟子墓」碑	張繼鄒	候選復設教諭、恩貢生、闕里孔繼堋篆額

注：上表中「□」為殘毀不清的字。

從上表可以看出，孟子林廟立石多由孔府衍聖公參與，或篆額或書丹，這是一個很有趣的現象，其中機緣恐怕用「偶然」二字無法作出合理解釋，應該與兩個家族的友誼有一定關聯。孔子五十八代孫、孔顏孟三氏子孫學錄孔公璜於明武宗正德十年（公元 1515 年）秋寫的《謁先師鄒國亞聖公廟有題》詩中的兩句「鄒魯斯文同一脈，古今喬木第三家」〔註 71〕，應該是對兩家友誼的極好注腳。

3. 其他經濟與文化往來

從存世資料看，孟府與孔府關係的密切遠非上述所及。共同的地緣、學緣與歷史機緣使兩個家族在政治、經濟、文化多個方面都發生著緊密聯繫。特別是日常生活的密切往來如廟宇捐次修葺、詩文應對唱答等也都顯示出了彼此間的和睦與融洽。

在明代李玉撰寫的《重修亞聖祖妣祠堂記》碑的碑陰刻有《重建祠堂助資題名》，仔細查看碑陰所刻資助人名單，會發現名單首列「孔氏族人：孔承才、孔承方、孔承過、孔聞卿、孔弘詩、孔弘友、孔弘禮，及三氏庠生：孔承廩、孔弘繼、孔弘軾」〔註 72〕，其下才列孟氏資助人姓名。而在今孟府二

〔註71〕 孔公璜《謁先師鄒國亞聖公廟有題》，現存孟廟致敬門內院東牆。文收入劉培桂編著《孟子林廟歷代石刻集》，濟南：齊魯書社 2005 年版，第 186 頁。
〔註72〕 李玉《重修亞聖祖妣祠堂記》，石原存孟子故里鳧村孟母祠，已毀。孟府有舊

門內東側廈下鑲於磚壁中的一塊稱爲「瑞麥圖」的橫長方刻石上，刻寫著孔子後裔孔憲鏌、孔繼墉與孟子後裔孟廣均及其好友馬星冀等相互唱答的詩文，而爲之立石者爲孔退谷（孔繼墉，字退谷，清書畫家），刻石者爲孔偉宣，均爲孔氏後裔。篆題後的瑞麥一株三莖：左莖三穗、中莖四穗、右莖兩穗。下隨詩文〔註73〕。清文宗咸豐七年（丁巳），孟廣均以父兄救蝗，感天動地，一麥多莖，有感而賦《瑞麥圖》詩文，孔氏後裔孔憲鏌和孔繼墉相繼以同韻詩文唱答，並由孔氏後裔孔偉宣、孔繼墉刻字立石。其應答之巧，唱和之妙，體現了其情誼之深。

　　以上事例，均形象地反映了孔、孟家族後裔在共同的地緣背景和觀念認同下密切的生活與文化往來。

第三節　與顏氏、萬氏家族

　　孟氏家族作爲受政治特殊呵護與扶持的百年望族，除與封建帝王、孔氏家族有著密切的關係往來外，與其餘鄰近家族如顏氏、萬氏等也都有一定的關係往來。只不過，資料的嚴重潰乏，使我們無法掌握其中的詳細情況。

拓。文收入劉培桂編著《孟子林廟歷代石刻集》，濟南：2005 年版，第 230 頁。

〔註73〕孟廣均詩文：於我神君，廣行仁政；拯災救荒，群黎託命。甘霖既降，實望有麥；麥既茂止，惟君感格。古稱兩歧，今見五穗；遂生鄒民，豈曰非瑞？士民同慶，儉易爲豐；非常之美，頌我林公。丁巳歲春荒，幸賴亦翁公祖仁兄大人拯救多方，□春得雨，隴麥驟長。還至麥秋，一莖三、五穗者甚□雙歧而已……並成拙句四章□斧正，不足揄揚盛德，聊以紀實云爾。部下世愚弟孟廣均拜稿（印）

　　孔憲鏌詩文：麥秀兩歧，持以報政；僉曰循良，能蘇民命。今茲騶繹，更多瑞麥；天心仁愛，治績感格。三穗一莖，一莖五穗；農家政□，太史紀瑞。□此嘉禾，薦神告豐；東郡救荒，無如賢公。余於閏端陽望之前三日到三遷書院講席，次日即見雨山太史頌亦翁公祖大人善政，亦致瑞麥圖□章，俚句成和，謹步原韻，未免貽笑方家也。菊溪弟孔憲鏌（印）。孔繼墉贊文：麥秀二歧，自古傳爲瑞徵。今歲予於隴頭得雙歧一莖，並相傳觀，詫爲僅見。茲雨山仁兄以所獻亦翁老父臺《瑞麥圖》，見示四穗、三穗，不一而足。不但異於今所見，洵有過於古所聞者，非甚盛德，勿能感此。時在咸豐七年閏五月闕里孔繼墉謹識（印）（以上均見曲阜孔退谷摹勒上石，孔傳宣刻《瑞麥圖》，現存孟府二門東側廈下。文收入劉培桂編著《孟子林廟歷代石刻集》，濟南：齊魯書社 2005 年版，第 429～435 頁；「□」爲磨損字）

一、與復聖顏氏的交往

從現有資料看，孟氏與顏氏家族也曾有過密切交往，其中主要表現在以下兩個方面：一是婚姻締結。從上述孟氏後裔婚姻列表中可見，孟子五十九代孫孟彥璞娶妻顏氏，而其女又嫁與顏氏家族的顏膚爲妻。雖然類似材料並不多，但作爲四配之二，亞聖與宗聖之間也有著共同的地緣文化，二者之間的婚姻與經濟往來便是順理成章的事；二是經濟支持。明景泰六年，政府「從都察院左僉都御史徐有貞疏請，復以元時賜田三十頃賜孟氏，又增賜祭田二十頃，佃戶十戶」時，「顏氏同蒙賜田」。此次顏氏同蒙賜田，就是孟子五十六代孫翰林院五經博士孟希文上疏請求的結果〔註74〕。因此，在此後徐有貞撰《錫復顏孟二廟祭田記》石刻文中，記爲：「復野店之田六十頃，又得蔡莊之田四十頃而益之。總爲頃百，分而兩之。……命二氏之宗子希惠、希文爲之主掌，歲收其入以共祭贍族。……希惠、希文皆其族之良拜恩闕下。」〔註75〕

二、與萬氏的交往

萬氏家族概源於山西，後由山西逐漸遷移、擴展至江西、山東、安徽等地〔註76〕。

孟氏與萬氏的淵源起自孟子與弟子萬章，因而萬章通常被認爲是山東萬氏的始祖。兩個家族之間的交往，從現有材料所能看到的，主要見於萬氏第七十世孫萬青藜爲孟子七十代孫孟廣均及妻王氏寫的《墓誌銘》。王氏的墓誌銘全稱《皇清誥封宜人孟母王太孺人墓誌銘》，其中有：「蓋以孟氏與萬氏世

〔註74〕 孟廣均編清德宗光緒本《重纂三遷志》卷四〈祀典〉，苗楓林主編《孔子文化大全》，濟南：山東友誼書社1989年版，第222頁。

〔註75〕 徐有貞《大明錫復顏孟祭田之碑》，現存孟廟啓聖殿院甬道西側。文收入劉培桂編著《孟子林廟歷代石刻集》，濟南：齊魯書社2005年版，第151頁。

〔註76〕 萬姓始祖說法不同，通常以爲出自姬姓。據《通志·氏族略》載，周有大夫受封建芮（今山西芮城和陝西大荔一帶），傳至春秋有芮伯萬，後子孫以祖父字「萬」爲氏，戰國時孟子弟子萬章即是其遷入山東一支的後裔。魏晉時，有萬姓避北方戰火南遷，萬青藜概即其後裔。萬青藜（公元1821年～公元1883年），字文甫，號照齋，祖籍清江西九江府德化縣。道光二十年（公元1840年）進士，咸豐年間歷任禮、吏、刑、兵部左右侍郎，道光至同治年間，先後出任順天鄉試同考官，貴州、廣東、順天鄉試正考官，並兼任浙江、順天學政，牒館大總裁、經筵講官等。光緒八年（公元1882年）正月以吏部尚書兼翰林院掌院致仕，次年卒，諡文敏。

爲通家，誼至厚，情至親」〔註 77〕之語，這一概述說明兩個家族間的友好關係淵源有自。孟廣均的墓誌銘全稱爲《世襲翰林院五經博士加八級雨山孟公墓誌銘》，其中敘及兩個家族七十代後裔的交往：「咸豐元年，青藜以學士典奧東。試歸至鄒，謁雨山先生於博士署。知先賢萬子墓在城南萬村，去城十里。敬往展拜，先生命駕偕。禮成，周視堂宇肅然。詢爲先生所修復，且易墓碑『博興伯萬某』爲『先賢萬子』。頓首謝先生。先生序世次，爲亞聖七十世孫。青藜亦萬子七十世孫。古事弟子於師下一行，因以丈人行禮先生。先生欣然訂通家誼，語我萬氏近今情事特詳。復頓首謝先生，……三年春，顯皇帝臨雍。先生乘傳至都，賞貂緞有差，宴於禮部。時青藜貳禮部，以視學浙江，不克與，遂不克復見先生。今年夏，冢嗣昭銓以狀至，先生於上元夕無疾談笑終，葬有日矣，請爲銘。青藜感先生誼甚厚，不敢以不文辭。」〔註 78〕文中透露了孟氏與萬氏兩個家族之間的如下信息：其一，孟氏與萬氏世爲通家，即兩個家族世代通好，情誼深厚；其二，萬青藜試歸至鄒，拜訪孟府；其三，孟府時刻保持對萬子墓的維護並無時不關注萬氏家況；其四，孟廣均及其夫人王氏的墓誌銘均由萬氏七十世孫萬青藜執筆。這些事實，均透露和展現了孟氏與萬氏兩個家族間友誼的深厚。

〔註77〕 萬青藜《皇清誥封宜人孟母王太孺人墓誌銘》，現存孟母林王太孺人墓中，孟府藏舊拓。文收入劉培桂編著《孟子林廟歷代石刻集》，濟南：齊魯書社 2005年版，第 441 頁。

〔註78〕 萬青藜《世襲翰林院五經博士加八級雨山孟公墓誌銘》，劉培桂錄自 1990 年王軒先生所提供之手抄稿。文收入劉培桂編著《孟子林廟歷代石刻集》，濟南：齊魯書社 2005 年版，第 438 頁。

第六章　家學教育與母教文化

　　孟子家族的家學教育主要是通過參與孔府家學的三氏、四氏學家族教育實現的。孔、孟對教育的重視不僅深刻影響了兩個家族的家學教育，也模塑了兩個家族詩禮傳家的家學教育特徵。

第一節　家族重教的歷史機緣

　　孟子家族一向重視教育，這在大環境上得益於漢代以來國家緣於人才選拔對教育的重視，在家族環境上則得益於孔、孟對教育的重視與躬行實踐。

一、孔、孟對教育的重視

　　孔子和孟子是孔、孟兩個家族的拓荒者，他們對教育的重視決定了兩個家族在家族發展史上共同的重教特徵。他們在長期教育實踐中形成的教育思想，構成了兩大家族教育的核心理念，而孟子對孔子教育思想的繼承，造就了孟府與孔府在家學教學實踐上的共通共融。

　　孔子所處的時代，正是貴族等級政治崩潰，教育從「學在官府」向「學在四夷」轉變的時期。其時，隨著諸侯勢力的強大，周室力量的衰微，封建經濟的逐步建立，西周宗法制社會形態漸趨解體，「學在官府」的教育體制走上了窮途末路。官府失去了對學術和教育的控制力，「道術將為天下裂」、「帝術下私人」，文化教育開始向民間擴散。

　　官府喪失學術控制力、學術下移的直接結果是私學的興起。在眾多的學術派別中崛起的以孔子、墨子為代表的「顯學」，以全新的教育形式，為學術

的平民化和知識的普及化、爲新的封建教育制度的形成探索了一條嶄新的途徑。無論私學的創立者究竟是誰〔註1〕，毫無疑問，孔子創立的私學都是在當時和以後對中國教育影響至巨的家學教育範式。

相對於「學在官府」的傳統官學，這種新興的私學無論就其立足的社會基礎、管理體制，還是教學方法、手段和形式，都表現出了完全不同的特點：首先，它建立在以新的封建地主爲核心，包括農民、手工業和小商人等各個階層在內的廣泛的社會基礎之上。其管理體制由以往的「官師一體、政教一體」，轉變爲官師分離、政教分離。從此，教育獨立化在中國歷史上邁出了可喜的第一步；其次，在這樣的私學形式下，受教對象也由以往貴族壟斷轉變爲「有教無類」，學校向社會上不同職業與身份的民眾開放，文化普及於民間。在教學內容、教學方式和教學手段等方面，也都彰顯出了與時遷移的靈活性。總之，這一時期私學的興起是社會歷史和政治發生巨變的必然產物。作爲中國教育制度的重大變革，它的出現極大地繁榮了學術文化，在後來兩千多年的教育發展歷程中，私學都在春秋私學的基礎上不斷完善，綿延不絕，成爲不同於官學風格，而又與官學互爲補充、相輔相成的教育力量。

孔子對教育意義的認識及其重教理念源於其德治仁政的政治目標：「子適衛，冉有僕。子曰：『庶矣哉。』冉有曰：『既庶矣，又何加焉？』曰：『富之。』曰：『既富矣，又何加焉？』曰：『教之。』」（《論語・子路》）教育是一個社會在勞動力增加和經濟發展之後，實現全面發展的最終落腳點和最後歸宿。教育是由物質豐裕走向觀念進步，實現社會全面發展的必由之路。孔子在長期的教育實踐中，探索形成了一系列諸如因材施教、實事求是、學思結合、啓發教育等豐富的教育經驗和教育理念。這些經驗和理念經過孟子、朱熹等後儒的發展完善，對中國乃至世界的教育理論和教育實踐產生了深遠的影響。

孔子在「周室微而《禮》、《樂》廢，《詩》、《書》缺」的時代，而立之年創辦私學，開始了教育生涯，以《詩》、《書》、《禮》、《易》、《樂》、《春秋》爲教材，教弟子禮、樂、射、御、書、數，在道德、知識與技能三者之間，首重前者。「循循善誘」，「誨而不倦」，注重培養學生的文、行、忠、信，成爲中國歷史上最早開創私人辦學，並將畢生精力貢獻給教育事業的人。司馬

〔註1〕關於春秋私學究竟由誰創立，學術界存在歧見。或以爲孔子，或以爲鄧析。見中央教科所教育研究室編《孔子教育思想論文選（公元1949年～公元1980年）》，北京：教育科學出版社1984年版。

遷說他「弟子蓋三千焉，身通六藝者七十有二人」雖然未必是確指，但「如顏濁鄒之徒，頗受業者甚眾」〔註2〕卻是事實。孔子為中國古代私人教育思想與教育體系建設，做出了開創性貢獻，也成為「予未得為孔子徒也，予私淑諸人」（《孟子‧離婁下》）的孟子，「序《詩》、《書》，述仲尼之意」〔註3〕，發揚其政治思想和教育思想，繼承其教育實踐的原由。

私淑孔子的孟子，在戰國爭霸的新形勢下，以「得天下英才而教育之」（《孟子‧盡心上》）為人生三大樂事之一，排除客觀環境的障礙，繼續踐履孔子的教育實踐，全面繼承和發展了孔子的重教理念和教育思想。有生之年即便沒有如孔子「弟子三千，賢者七十二」的氣派，也一度有過「後車數十乘，從者數百人」（《孟子‧滕文公下》）的盛況。

孔子從社會進步的角度看到了，教育是人類社會由基礎的物質豐裕到高層的境界提升的必由之路，並進而提出了「富」而「教」的社會治理思路，凸顯了教育在社會整體系統性發展中的重要意義。作為繼承者的孟子完全繼承了他的這一社會治理理念。只不過，與孔子相比，孟子問題意識的出發點更偏重於從單個個人發展的角度加以審視。這一出發點表面上看似比孔子狹隘，事實上卻更接近於人類本質。因為，所謂社會無非是由一個個單個的人組成，由單個人結成一定的家庭、家族以至社會組織。單個人構成了層層複雜社會組織的最小、卻是最基本的因子。孟子正是從這個最基本的角度，探尋教育在個人觀念進步以至於社會進步上的作用，提出了「人之有道也，飽食、暖衣、逸居而無教，則近於禽獸」（《孟子‧滕文公上》）的教育命題。其內涵的正確性在於：對於物質豐裕的個人而言，如果不能接受及時而正確的教育，沒有思想與道德的提升，其行為則無異於禽獸。因為從一般邏輯上看，人之所以能超越普通動物而成為高級動物，最根本的區別就在於人的思想性。人的行為總是被置於一定的思想指導之下。剔除了後者，反受生存本能驅使的人，便無異於禽獸。道理很簡單，禽獸只是靠著天然的本能維持生存而已，動物的需求只滿足它們本身低級的動物性的生存。而人的思想性在賦予了人以創造文化、改造世界的主動性的同時，也賦予了人超越維持自身生存之外的更多欲望。這些欲望的實現，如果缺乏合理而正確的思想引導，就

〔註2〕司馬遷《史記》卷四十七〈孔子世家〉，北京：中華書局1982年版，第1938頁。
〔註3〕司馬遷《史記》卷七十四〈孟子荀卿列傳〉，北京：中華書局1982年版，第2343頁。

會構成對自然和社會的巨大威脅。從這個命題出發，孟子把人是否有「教」從個人修養提升到社會安危、國家興亡的高度，所謂：「城郭不完，兵甲不多，非國之災也；田野不闢，貨財不聚，非國之害也。上無禮，下無學，賊民興，喪無日矣。」（《孟子・離婁上》）方孝孺《童氏族譜序》曾從家族利益的角度闡述重視禮儀道德教育的重要性：「當其志得意滿，田園不患其不多，而購之益力，室廬不患其不完，而拓之益廣。至於子孫久遠之計所當慮者，則棄而不省，以為可委之於命，而非人之所為。嗟呼，夫豈知禮儀不修，子孫不賢，則吾所欲富貴之者，適所以禍之也。而豈足恃哉！」〔註4〕這樣的認識，不可謂不深遠高明。

二、漢代以來國家對教育的重視

秦朝長鞭驅策，兼滅六國，建立了中國歷史上第一個統一的封建帝國。但由於它在政策上一味奉行法家，在文化教育上偏執地「以法為教」、「以吏為師」，甚至焚書坑儒，以極端、高壓的手段摧殘文化，最終導致了政權的短命。

漢代建立後，總結經驗教訓，在高祖與陸賈一番馬上馬下、文治武功的激烈辯論中，糾正了秦代的文教政策。在漢初七十年黃老無為政治初步恢復了社會經濟之後，到漢武帝時，適應形勢需要，以善於守成的儒家思想為官方意識形態，確立了以儒家思想為主導的文教思想和制度。這一教育政策，在以後兩千年封建社會中雖然依時代不同而有所調整，但總體思路和框架一直不曾有大的改變。

國家尊儒術的教育政策導向對漢代教育實踐影響至巨。儒家原本以教育發端，因而特別重視教育在化民成俗和社會治理方面的作用，所謂「化民成俗，其必由學」，「建國君民，教學為先」（《禮記・學記》），尊儒必然推重教育。漢元帝初元二年（公元前47年）詔書強調：「國之將興，尊師而重傅」〔註5〕。漢章帝也在建初四年（公元79年）頒詔指出：「蓋三代導人，教學為本」〔註6〕。

〔註4〕轉引自錢杭譯，〔日〕井上徹《中國的宗族與國家禮制——從宗法主義角度所作的分析》，上海：上海書店出版社2008年版，第73頁。
〔註5〕班固《漢書》卷九〈元帝紀〉，北京：中華書局1962年版，第283頁。
〔註6〕范曄《後漢書》卷三〈章帝紀〉，《四庫全書》（252冊），上海：上海古籍出版社1987年版，第83頁。

　　漢代重教的基本國策最直接體現在國家對教育事業的掌控。董仲舒在《賢良對策》中就明確提出「立大學以教於國，設庠序以化於邑，漸民以仁，摩民以誼，節民以禮，故其刑罰甚輕而禁不犯者，教化行而習俗美也。」〔註7〕所以，漢武帝在提倡儒學之後，率先批准公孫弘等關於設博士弟子員的奏議，正式設立太學。同時「令天下郡國皆立學校官」〔註8〕，完成了官方學校體制的構建。這是在西周官學崩潰之後重新崛起的新的封建官學。它的出現意味著官學繼上三代「學在官府」的國家式教育壟斷之後，以國民普遍參與的新形式確立起來。這種新的官學教育思想和教育體制，在以後兩千年中經歷代王朝的不斷調整和發展而不斷完善。

　　在官學復興的同時，漢代也繼續開放民間私學教育。私學在政府的重視下，獲得了較大的發展空間而不斷興盛。在整個封建時代，無論在規模、範圍，還是質量、效果上，都超過了地方官學教育，實際擔負起了國家教育的主要任務。國家通過選士制度這一槓杆，對私學的辦學宗旨、教學內容與管理體制實現了合理的掌控、調節和管理。無論是官學還是私學，「學而優則仕」作為所有生徒的唯一出路，像一塊巨大且強力的磁石，吸引著學子們樂此不疲地趨走於官學與私學的征途上。

　　漢代的私學教育具有如下特點：教學內容以經學為主，當然也涉及非官方經學及其他技藝教學〔註9〕，且採用多樣化的辦學形式，在職官員及在野士人均可收徒授業。在這樣的教育體系下，孔子「有教無類」的觀念在實踐中得到切實貫徹。

　　士大夫在長期傳道授業中體味到了體現自身價值的愉悅。所以，魏晉以後，儘管政局動盪，但在社會需求的強烈刺激下，士大夫的辦學熱情不僅沒有受挫，反而更加高漲。一些為官退休、犯錯遭貶、官場失意或無意仕途的人，都把精力放在了私人講學上。這一時期，與門閥制度的興盛相伴隨，家族教育異軍突起。門第的喪失不外乎內、外兩個原因：內部是士族子弟自身

〔註7〕 班固《漢書》卷五十六〈董仲舒傳〉，北京：中華書局 1962 年版，第 2503～2504 頁。

〔註8〕 班固《漢書》卷八十九〈循吏傳・文翁〉，北京：中華書局 1962 年版，第 3626 頁。

〔註9〕 如東漢楊厚「修黃老，教授門生，上名錄者三千人」（范曄《後漢書》卷三十上〈蘇竟楊厚列傳〉，北京：中華書局 1965 年版，第 1050 頁）；東漢鍾皓「世善刑律」，「避隱密山，以詩律教授門徒千餘人」（范曄《後漢書》卷六十二〈荀韓鍾陳列傳〉，北京：中華書局 1965 年版，第 2064 頁）

素質的降低；外部是政局的動盪；對於後者，以單一的家族之力往往無力改變；而對於前者，卻可以通過家族自身努力加以改觀，而提升家族成員最理想和有效的方法就是重視家族教育。家族教育的主要內容一是嚴格家範，這是家族成員立身處世的準則；二是培養家風。家風看起來是無形的東西，但它是靠家族內部血緣關係和共同的價值取向凝成的家族的文化傳統。能否使家族成員都認同並自覺踐履這一家族傳統，是家族能否永續發展的關鍵；三是培養才學。門閥子弟要立身揚名總離不開一定的才能，因而首先從蒙學入手，結合本家族的學術傳統，把家學傳承並發揚光大下去，使家族子弟藉此立身揚名，成為家族教育的重要內容。值得一提的是，與這一時期儒學獨尊地位的喪失，家學教育也以培養「通才」為時尚，在教育內容上由以往的儒學獨尊向道、法、佛、玄、醫藥、科技、文史拓展。如南朝梁王褒《幼訓》教育諸子：「吾始乎幼學，及於知命，既崇周、孔之教，兼循老、釋之談。江左以來，斯業不墜，汝能修之，吾之志也。」〔註10〕家族教育作為私學的一部份，彌補了官學的不足，適應和滿足了社會需求。

唐宋，是中國古代教育模式確立和完善的階段，國家教育體制在這一時期趨於成熟，以後的明、清兩代除了具體內容上的個別調整外，基本框架體系保持不變。特別值得一提的是，科舉取士制度作為人才選舉制度的一項重大創新，對中國整個封建社會後期的教育體制和教育模式產生了重大影響。與以往相比，它的重大變革和進步主要表現在以下兩點：其一，它建立在所有士子公平競爭的基礎上，考試面前人人平等，擴大了人才選拔範圍，催化了平民士子地位的上升，有效地抑制了士族特權，實現了官僚系統的開放性、流動性；其二，它改善了以往學校教育與國家取士之間相對鬆散的狀況，使學校教育與人才選拔緊密聯繫在一起，共同形成一個從人才培養到人才使用的系統工程，實現了人才培養與應用的體系化。這一方面使科舉考試在更大程度和力度上成為調控教育的有效槓杆，另一方面也使更多的士子為了仕途而自動加入到受教育的行列，積極接受官、私教育，從而拓展了官、私教育的基礎，擴大了教育對象。

唐宋以來，隨著政治的隱定和一統局面的出現，儒家善守成的政治功用進一步凸顯，尤其是宋代在程朱再造儒學後，理學作為儒學的新形式，適應了社會發展的新需求，重新得到政府和社會的認同，成為官方意識形態和國

〔註10〕姚思廉《梁書》卷四十一〈王規傳〉，北京：中華書局 1973 年版，第 581 頁。

家教育的主要內容。

　　在以入仕爲唯一出路的中國古代教育體系和教育目標下，科舉考試作爲教育的指揮棒，極大地規導、制約著學校教育的方式和內容。下表是明洪武十七年的科舉考試：

第一場	第二場	第三場
本經義四道，每道三百字以上，未能者許減一道；《四書》義一道，限三百字以上	論一道，三百字以上；判語五條；詔、誥、表、箋內科一道	經史策五道，各三百字以上。未能者許減二道。

　　其中本經義與《四書》義作爲首場考試內容，主要測試考生對四書五經儒家倫理特別是程朱理學思想的理解和掌握，可見其在整個科舉考試中的份量。再看一下明代地方儒學的教學內容，也不難發現科舉考試與學校教育二者的高度一致性：

時　間	課　目	課程性質	任教人
清晨	經史	必修	府教授、州學正、縣教諭
	律	必修	訓導
飯後（上午）	書、禮、樂、算	必修	訓導
未時 （下午 1——3 時）	射	必修	訓導
餘暇	詔誥表箋疏議碑傳記	非必修	

　　明代地方儒學的教育內容雖然在不同時期有部份調整，但基本以經史爲核心，輔之以禮律樂射算等輔助內容〔註11〕。這些教學內容與科舉考試內容保持同步，一直到科舉制廢止。清代以少數民族入主中原，急於盡快實現與中原文化的對接，鑒於儒家教育在思想控制上的長效性作用，繼續倡導尊孔崇儒，以籠絡士子，凝聚人心，消除滿漢對立，穩定在中原的統治。

〔註11〕以上內容主要參照郭秉文《中國教育制度沿革史》，《民國叢書》（第三編），上海：上海書店 1934 年版。周予同《中國學校制度》，《民國叢書》（第三編），上海：上海書店 1934 年版。李國鈞、王炳照《中國教育制度通史》，濟南：山東教育出版社 2000 年版。

明清兩代的學校教育形式除了官學（包括滿族官學）外，還包括義學、社學、私塾等不同形式的地方私學。由於明、清兩代在教育政策調控上免除生員賦役、發放官費伙食，特別是給予官學壟斷輸送科舉考生的特權等，實施提高官學、抑制私學的政策傾斜，使得這些民間普通私學在困境中日漸走向沒落。當然，上述所謂的地方「普通私學」並不包括以孔、孟、顏、曾子孫爲受學對象的四氏學。相反，以四氏學爲代表的特殊私學，在全國尊孔崇儒的大環境和國家的多方優渥下，一反普通私學日益萎縮的發展趨勢，呈現出日益壯大的發展盛況。

第二節　家學建設及其特徵

孟子家族家學教育的母體是孔府家學，由孔府家學擴展而成的三氏、四氏學成爲孟子家族家學的主要載體。繼承中國文化特別是儒家文化的需要，使孔、孟家族的家學形成了重道德、輕技藝的家學教育特徵。這一方面有利於儒家文化的繼承和發揚，但另一方面也對孟子家族後裔子弟綜合能力的培養產生了不利影響。

一、家學設置與管理

（一）家學變遷：從三氏學、四氏學到三遷書院

孟子家族的家學設置經歷了從孔府家學，到孔、顏、孟子孫合併而成的三氏學，和孔、顏、孟、曾四氏子孫合併的四氏學，再到孟府獨立辦學的三遷書院，三次大的變化或轉折。

自宋哲宗元祐元年（公元 1086 年）改建孔子廟學於孔廟東南隅，不久增加顏、孟子孫入學，孔子家學兼收三氏子弟﹝註 12﹞以後，元世祖忽必烈中統

﹝註 12﹞注：關於孔府家學何時延納顏、孟子孫入學，相關資料記載有分歧：一種觀點以爲在宋哲宗元祐元年，如孔繼汾《闕里文獻考》卷二十七〈學校第八之一‧四氏學建置始末〉記載：「（宋）哲宗元祐元年十月，改建學於廟之東南隅，置教授一員，令教諭本家子弟，其鄉鄰願入學者聽，尋添入顏、孟二氏子孫。」孔繼汾以爲，孔府家學增加顏、孟二氏子孫，是在宋哲宗元祐元年，並在本書卷末〈闕里志辨僞〉中辨稱：「舊《志‧林廟門》云：『孔、顏、曾、孟四氏學，魏黃初二年創建，宋祥符二年稱爲廟學，元延祐間又益以顏、孟二氏。』考增入顏、孟二氏乃宋哲宗元祐間事，今訛爲元之延祐。」（苗楓林主編《孔子文化大全》，濟南：山東友誼書社 1989 年版，第 617、1943 頁）清乾隆年間潘相所修《曲阜縣志》

二年（公元 1261 年），九月，又以「大司農姚樞請以儒人楊庸教孔、顏、孟三氏子孫」〔註13〕，詔曰：「孔氏、顏、孟之家皆聖賢之後也，自兵亂以來，往往失學，甘爲庸鄙，朕甚閔焉，今以進士楊庸教授孔氏、顏、孟子弟，務嚴加訓誨，精通經術，以繼聖賢之業。」〔註14〕孔、顏、孟三氏子孫共學正式得到朝廷認可。明太祖洪武元年（公元 1368 年）「名廟學曰三氏子孫教授司」〔註15〕，三氏學納入國家管理體系。「七年春，二月……戊午，修曲阜孔子廟，設孔、顏、孟三氏學」〔註16〕。明憲宗成化元年（公元 1465 年），「給孔、顏、孟三氏學印，令三年貢有學行者一人，入國子監。六年，命衍聖公始襲者在監讀書一年。」〔註17〕三氏學名稱正式得到官方認可。

　　明神宗萬曆十五年（公元 1587 年）秋七月，「巡按御史毛在請三氏學益以曾氏之在嘉祥者，改名四氏學」〔註18〕。次年二月「禮部請以曾子子孫視

　　　　與同。另一種觀點以爲在元仁宗延祐年間，如明陳鎬《闕里志》記爲：「宋祥符二年（公元1009年）殿中丞勘知縣（曲阜）事，奏准就廟側建學，稱爲廟學云，延祐間又益以顏、孟二氏。」（陳鎬《闕里志》卷之十一〈林廟志〉，苗楓林主編《孔子文化大全》，濟南：山東友誼書社1989年版，第514頁）明呂元善《聖門志》也記爲：「元世祖中統三年（公元1261年），詔立曲阜廟學，以進士楊庸充廟學教授，又設正、錄各一員。仁宗延祐間益以顏、孟二氏子孫受業。」（呂元善《聖門志》卷之三中〈四氏學世職學錄一人〉，苗楓林主編《孔子文化大全》，濟南：山東友誼書社1989年版，第659～660頁）明人于慎行《兗州府志》：「宋大中祥符間，知縣事孔勖就廟側建學。延祐間入顏、孟二氏子孫，其名仍舊，至國朝洪武二年乃改爲三氏子孫教授司。」也認爲顏、孟二氏子孫加入孔氏廟學在元仁宗延祐年間。（于慎行《兗州府志》，卷十六〈學校志〉，濟南：齊魯書社1985年版，第3頁）。但既然孔繼汾《闕里文獻考》有元世祖正統三年詔以楊庸教孔、顏、孟三氏子孫，且從語言敘述風格看，顯然是對三氏子孫「自兵亂以來，往往失學」的恢復，三氏子孫共學當早於元仁宗延祐間（公元1314年～公元1320年）。而孔繼汾所記元世祖詔，合於《宋史》所記，故從孔繼汾《闕里文獻考》。
〔註13〕宋濂等《元史》卷四〈世祖本紀一〉，北京：中華書局1976年版，第74頁。另清乾隆官修《續文獻通考》卷五十〈學校四〉：元世祖中統二年九月，「立孔、顏、孟三氏學」（杭州：浙江古籍出版社2000年版，第3242頁）
〔註14〕孔繼汾《闕里文獻考》卷二十七〈學校第八之一·四氏學建置始末〉，苗楓林主編《孔子文化大全》，濟南：山東友誼書社1989年版，第618頁。
〔註15〕潘相《曲阜縣志》卷二十八〈通編第三之十四〉，清高宗乾隆三十九年（公元1774年）刻本，《中國地方志集成》（73冊），南京：鳳凰出版社2004年版，第208頁。
〔註16〕張廷玉等《明史》卷二〈太祖紀二〉，北京：中華書局1974年版，第29頁。
〔註17〕張廷玉等《明史》卷七十三〈職官志二〉，北京：中華書局1974年版，第1792頁。
〔註18〕潘相《曲阜縣志》卷三十〈通編第三之十六〉，清高宗乾隆三十九年（公元1774

孔、顏、孟三氏爲四氏學，蓋曾氏裔流寓江西之永豐，支族單弱，至嘉靖中始奉欽依世襲博士復還山東，故御史毛在以爲言，部復許之」〔註 19〕，三氏學又發展爲四氏學〔註 20〕。明、清鼎革以後，清沿其制，並設「四氏學教授一人（正七品）、學錄一人（正八品）」〔註21〕，專門教授和管理四氏子孫。

孔氏家學由廟學到三氏學再到四氏學，校址曾幾經遷移，規模也屢有變更。與之同時，政府的關注及其在學校性質上的官方化也日漸彰顯。

宋哲宗元祐元年（公元 1086 年）十月，「改建學於廟之東南隅」，是廟學的第一次遷建。同時又規定「其鄉鄰願入學者聽，尋添入顏、孟二氏子孫」，顏、孟二氏子孫開始參與孔氏家學教育，生員規模壯大。明孝宗弘治十一年（公元 1498 年），由兗州知府龔宏奏請，山東巡撫、巡按親自主持，對三氏學學館進行了大規模修建，規模較宋有所擴大：「中爲明倫堂，後爲講堂，爲公子號。前爲東、西二齋，齋後爲諸生肄習之號，學門故西向，今易南向。後作中門，又爲便門以通廟。教授、學錄各爲公廨，講堂後之左右計一百一十楹，繚以崇垣，規制煥然。」〔註 22〕經這次修建，四氏學初具規模。明神宗萬曆十年（公元 1582 年），孔子第六十一代孫孔宏復任世職曲阜知縣，以三氏學「學舍界於公府、藩臬行署，湫隘抑塞，規制不備」，「遷三氏學於按察司行署東」，至萬曆十九年「新建四氏學成」〔註23〕，改建工程歷時九年，這是校址的第二次遷移。萬曆四十二年（公元 1614 年），六十三代孫曲阜知縣孔貞叢又遷四氏學於廟西觀德門外，即清代所謂學宮，建制與弘治年間所修大致相同：「中爲明倫堂三間，左右廂各五間，東曰啓蒙齋，西曰養正齋，

年）刻本，《中國地方志集成》（73 冊），南京：鳳凰出版社 2004 年版，第 231 頁。

〔註 19〕《明神宗實錄》卷一九五，《明實錄》（五五），臺北：中央研究院歷史語言研究所，民國五十一年（公元 1962 年）版，第 3662 頁。

〔註 20〕于慎行《兗州府志》卷十六〈學校志〉，濟南：齊魯書社 1985 年版，第 3 頁。

〔註 21〕見《清史稿》卷一百十五〈職官志二〉，北京：中華書局 1977 年版，第 3322 頁；另見乾隆官修《清通典》卷三十二〈職官十〉，杭州：浙江古籍出版社 2000 年版，第 2203 頁。

〔註 22〕潘相《曲阜縣志》卷二十九〈通編第三之十五〉，清高宗乾隆三十九年（公元 1774 年）刻本，《中國地方志集成》（73 冊），南京：鳳凰出版社 2004 年版，第 219 頁。

〔註 23〕潘相《曲阜縣志》卷三十〈通編第三之十六〉，清高宗乾隆三十九年（公元 1774 年）刻本，《中國地方志集成》（73 冊），南京：鳳凰出版社 2004 年版，第 231 頁。

後爲尊經閣，左爲教授署，右爲學錄署，外闢重門，門外爲泮池，跨以橋，橋前爲狀元坊」〔註24〕，「地東西廣三十五步二尺五寸，南北長七十一步五寸，門前路地東西廣八步三尺，南北長四十七步五寸，共成中畝四畝七分九釐。」〔註25〕這是校址的第三次遷移。自此之後，又經歷了清乾隆二十四年知縣張若本及道光二年、咸豐五年、光緒二十三年衍聖公在原址基礎上的多次重修。

　　清朝後期，孟子家族子弟在參與四氏學教育的同時，又於清宣宗道光十二年（公元 1832 年），由孟子七十代孫孟廣均在孟府西院單獨設孟氏家學——三遷書院，從此，孟子家族開始獨立辦學〔註26〕。

（二）家學管理：三氏學、四氏學管理

1. 家學的管理機構及其職責

　　在整個孟氏家學的發展歷程中，三氏、四氏學經歷的時間最長，其管理也最完善、最具典型化特徵。

　　四氏學管理機構的設置，以宋代爲界，經歷了一個由無到有，由私學趨向於官學的轉變過程。宋代以前，孔氏家學在性質上只不過是一所純粹的孔氏家族私學，學校的管理由衍聖公府自行「延師教授」，沒有固定的管理機構和管理者。直到宋眞宗大中祥符二年孔氏廟學建立時，「猶未聞設官」。學校「延聘」誰或幾人爲師，也完全由孔氏家族自己決定，無需向國家或官方機構的申請或協商，也沒有固定名額，保持了較高的家學性質。隨著家學規模的擴大，從宋眞宗乾興元年（公元 1022 年）朝廷應孫宣公「請以楊光輔爲講書轉奉禮郎」始，至宋哲宗元祐元年（公元 1086 年），正式由國家「置教授一員」，「此學錄官名之始也」〔註27〕，家學在管理上開始走上官學化道路。在其後的三氏、四氏學時期，官方對學官設置和學校管理的干預力度不斷加大，最終正式確立了由國家確定學官的制度。學校學官設置也規定了固定名額，爲教授和學錄各一人，學官設置必須得到政府認命。控制私學管理，這

〔註24〕孔繼汾《闕里文獻考》卷二十七〈學校第八之一·四氏學建置始末〉，苗楓林主編《孔子文化大全》，濟南：山東友誼書社 1989 年版，第 621 頁。
〔註25〕潘相《曲阜縣志》卷三十六〈類記第四之一〉，清高宗乾隆三十九年（公元 1774 年）刻本，《中國地方志集成》（73 冊），南京：鳳凰出版社 2004 年版，第 270 頁。
〔註26〕注：民國十三年（公元 1924 年），末代衍聖公孔德成改「四氏學」爲「闕里孔氏私立明德中學」，「四氏學」結束。
〔註27〕呂元善《聖門志》卷之三中〈四氏學世職學錄一人〉，濟南：山東友誼書社 1990 年版，第 659 頁。

是孔氏家學趨向官學化的重要標誌。

教授（又稱正堂或正齋）的職責是「掌訓課……，以學錄文行兼優，歷俸六年者升補」〔註28〕，主要負責教學任務。它的前身是宋眞宗乾興元年（公元 1022 年）始設的講書。宋哲宗元祐元年（公元 1086 年），在改建廟學後「置廟學教授一員，於舉到文官內差，或委本路監司舉有義行者爲之」，這是教授設置的開始。金章宗明昌元年（公元 1190 年），「敕於四舉、五舉終場進士出身人內，選博學經史眾所推服者」〔註29〕充任家學教授，秩正八品。明代秩定爲從九品。清高宗乾隆七年（公元 1742 年）復改定爲正七品。

學錄（又稱副堂或副齋）是教授的輔佐，其職責是「掌副教授，訓迪生徒而教公之冑子」〔註30〕，這是孔府家學相比於國學的一種特殊的職位。學錄原本爲國子監專職，普通學校無權設置，孔氏家學設此一職，表明政府對聖門之後的特殊「眷顧」，所謂：「天下學官皆用教諭，獨四氏學用學錄者，蓋以比隆國學，亦以聖賢之子孫不與他學同也。」〔註31〕學錄始設於宋哲宗元祐四年（公元 1089 年），時學校另有學正一人。元世祖中統二年（公元 1261 年）「立孔顏孟三氏學」的同時，也「置教授、正、錄各一員，大司農姚樞請以儒人楊庸爲教授，從之。乃詔曰：『孔氏顏孟之家皆聖賢之後也，自兵亂以來往往失學，甘爲庸鄙，朕甚閔焉。今以進士楊庸教授孔顏孟三氏子弟，其務嚴加訓誨，精通經術，以繼聖賢之業。』」〔註32〕明洪武七年（公元 1374 年）裁去學正，只設學錄一員，「秩未入流」〔註33〕。清代因襲明制。雍正十三年（公元 1735 年）始定學錄官秩爲正八品。

〔註28〕乾隆官修《清朝通典》卷三十二〈職官十〉，杭州：浙江古籍出版社 2000 年版，第 2203 頁。

〔註29〕孔繼汾《闕里文獻考》卷十八〈世爵職官考第四・孔顏曾孟四氏學教授〉，苗楓林《孔子文化大全》，濟南：山東友誼書社 1989 年版，第 405～406 頁。

〔註30〕孔繼汾《闕里文獻考》卷十八〈世爵職官考第四・孔顏曾孟四氏學教授〉，苗楓林《孔子文化大全》，濟南：山東友誼書社 1989 年版，第 407 頁。另乾隆官修《清朝通典》卷三十二〈職官十〉也有：「學錄掌副教授，訓迪生徒」的記載。（杭州：浙江古籍出版社 2000 年版，第 2203 頁）

〔註31〕《孔府檔案》卷 00 七九之三，轉引自黨明德、何成主編《中國家族教育》，濟南：山東教育出版社 2005 年版，第 577 頁。

〔註32〕乾隆官修《續文獻通考》卷五十〈學校四〉，杭州：浙江古籍出版社 2000 年版，第 3242 頁。

〔註33〕孔繼汾《闕里文獻考》卷十八〈世爵職官考第四・孔顏曾孟四氏學學錄〉，苗楓林《孔子文化大全》，濟南：山東友誼書社 1989 年版，第 407 頁。

　　與此同時，學官聘用權也由孔府逐漸過渡爲由國家掌控。本來，元初成立三氏學後，曾規定三氏學教授與學錄由國家任命，衍聖公無權過問。但是，由於負責任命的官員因瀆職選人不當，導致教學質量下降，如元仁宗延祐六年（公元 1319 年），因「有司不體優待聖賢之意，將聽除人，一概注授」，引起衍聖公和四氏學員的不滿。針對這一情況，政府只得將選拔權重新歸還孔府，「必聽衍聖公遴選，以爲定制」。這使衍聖公在三氏學學官任命和學校管理中重新獲得了自主權。對於學官聘用對象的考查，在金、元間，對選拔對象的姓氏、身份沒有特別限定，從明太祖洪武元年（公元 1368 年）十一月改廟學爲「三氏子孫教授司」，規定設學官「教授一員，從流官推轉」，「學錄一員」則「以孔氏爲之」〔註34〕後，到明宣宗宣德元年（公元 1426 年），正式「定以聖裔任，而令衍聖公保舉孔氏生員年德俱尊、學問優長者，諮部除授」〔註35〕。從此，學錄專以孔氏充任，並逐漸形成了「教授用異姓，學錄必以宗人」的學官聘用規則。但這樣的聘用規則存在明顯的瑕疵，主要在於學官的雙重屬性。本來，學官一經任命，就已經納入到國家官吏序列，本質上屬於國家官員，然而，隨著衍聖公在家學學官延聘及學錄任職方面權力的增大，衍聖公府對家學的控制明顯加大，最終導致了本爲國家屬官的學官淪爲衍聖公府的私屬。他們的公開身份是朝廷命官，但因無權直接與地方政府移交公文，要稟呈衍聖公代爲辦理，如此一來等於他們的延聘、升遷和管理大權被衍聖公操縱，使得他們在執行政府決策的過程中，不得不仰衍聖公府的鼻息。從現存《孔府檔案》材料可以看到，學官除正常負責學校日常工作以外，還常常聽憑衍聖公府的差遣，負責府內其他事務，如參與和主持尼山、洙泗等書院的祭祀活動，甚至幫助衍聖公完成諸如勘察祭田，解決族內糾紛，編纂家譜等「分外之事」。這不僅造成了政府對家學的控制力大大減弱，也直接導致了政府與衍聖公府的權力爭奪與對抗。鑒於這一狀況，清高宗乾隆二十六年（公元 1761 年），「令衍聖公將揀選應用人員移送撫臣驗看，

〔註34〕 于慎行《兗州府志》卷十六〈學校志〉，濟南：齊魯書社 1985 年版，第 3 頁；另談遷《棗林雜俎·三氏學》也有「國初立孔顏孟三氏學，設教授司，教授一，學錄一，學錄即孔氏裔爲之」的記載。（談遷《棗林雜俎·三氏學》，《續修四庫全書》（1134 冊），上海：上海古籍出版社 2002 年版，第 818 頁）乾隆官修《清朝通典》卷三十二〈職官十〉一併記爲：學錄「於孔氏歲貢廩生捐貢及廩生內選用」。（杭州：浙江古籍出版社 2000 年版，第 2203 頁）
〔註35〕 孔繼汾《闕里文獻考》卷十八〈世爵職官考第四·孔顏曾孟四氏學學錄〉，苗楓林《孔子文化大全》，濟南：山東友誼書社 1989 年版，第 407 頁。

再送部具題」〔註36〕，將四氏學學官選拔的最終決定權重新收歸朝廷。

在學官的升遷上，清聖祖康熙四十一年（公元 1702 年），衍聖公孔毓圻奏請四氏學教授應與各府衛教授一體升轉，吏部復准：「四氏學二教授，由衍聖公於舉人貢生內遴選，送部題補，與直省各教授一例較俸升轉」，「並定為四氏學學錄升階」〔註37〕。四氏學教授正式納入國家官職升遷體系，教授自然成為學錄的升階，這進一步說明了四氏學與國家政治關係的日趨緊密。

從以上三氏學、四氏學官設置進程可以看出，政治對孔府家學的參與和操縱雖然始於宋代，但孔府家學真正的官方化則是在明代才實現的。學官俸祿的由無到有更充分地說明了這一點。學官俸祿在明代以前沒有定制，明代始額定教授、學錄的俸祿，「於廟田內支給，額定每月各支俸米五石，節次裁減，歲支銀二十四兩」，清朝「定百官品俸，令於曲阜縣正項錢糧內藏給教授、學錄俸銀五十六兩九錢六分。齋薪銀各十二兩、馬草我銀各十二兩，而歲貢袍昌傘蓋銀十三兩九錢七分，及齋夫、門斗各役工食亦准於縣正項內開銷。」〔註38〕

2. 家學的經濟來源與經濟管理

政府對四氏學的控制除表現在政治上的干預外，還體現在對家學的經濟優渥上。從孔府家學到四氏學，學校的經費的主要來源於兩個途徑，一是學田租賦，一是官府直接撥款（糧），而學田的主要來源同樣靠政府撥賜。這體現了孔府家學對國家財政和權力的依賴性。

（1）學田的來源與經營管理

所謂學田，泛指封建社會州縣官學和書院私學所用的田地，它是封建社會學校教育的經濟支柱。所謂「學校之政，必先於教養；教養之具，必資於金谷。」〔註39〕我國學田的設置始於宋代，《續資治通鑑》「宋真宗乾興元年」條下載：「庚辰，判國子監孫奭言：『知兗州日，建立學舍以延生徒，至數百人，臣雖以俸錢贍之，然常不給。自臣去郡，恐漸廢散，乞給田十頃，為學

〔註36〕孔繼汾《闕里文獻考》卷十八〈世爵職官考第四·孔顏曾孟四氏學學錄〉，苗楓林《孔子文化大全》，濟南：山東友誼書社 1989 年版，第 407 頁。

〔註37〕《孔府檔案》卷一六四一之九，轉引自黨明德、何成主編《中國家族教育》，濟南：山東教育出版社 2005 年版，第 576 頁。

〔註38〕孔繼汾《闕里文獻考》卷二十七〈學校第八之一·四氏學建置始末〉，苗楓林主編《孔子文化大全》，濟南：山東友誼書社 1989 年版，第 622 頁。

〔註39〕陶安《陶學士集》卷十五〈送馬師魯引〉，《四庫全書》（1225 冊），上海：上海古籍出版社 1987 年版，第 757 頁。

糧。』從之。諸州給學田始此。」〔註40〕此後，學田一直延續至清。學田的來源或由皇帝詔賜，或由官府撥給，或由地方撥款購置，或由私人捐獻。學田管理形式不一，一般分三種形式：一由土地所有者（地主鄉紳）直接管理（多爲私田）；二由學官管理（官學）；三由學校生員管理。學田的經營方式大多採用租佃制，以收取的租金（多採用貨幣、實物兼行的定額租）供給教師薪俸、生員補助及學校日常開支。按照政府規定，學田不准出賣，一般學田需向國家完納田賦，但有些特殊學田（有的《地方志》中所稱「原額」學田），可以享受國家免稅特權。學田，作爲我國封建社會教育財政史上的一大創舉，它的設置，在一定程度上緩解了辦學經費的困難，爲封建社會的人才培育起到了積極作用。

據《闕里文獻考》記載，帝王欽賜孔府家學學田最早始於宋哲宗元祐元年（公元 1086 年），此年十月，朝廷在詔令「改建學於廟之東南隅，置教授一員，令教育本家子弟」的同時，又「撥近尼山田二十頃，充廟學生員供膳。賜經史、書各一部」〔註41〕，以示對聖公冑子的優渥，這是文獻所見朝廷賜田孔氏家學的最早記載。此後的元、明兩代，朝廷和地方官員爲三氏、四氏學賜、撥土地數量達至高峰：「元世祖至元三十一年（公元 1294 年）又撥曲阜地九大頃五十畝、沛縣地五十大頃，作生徒學田。元代至順間，沛縣學田爲豪民所佔，五十四代衍聖公復之，又加墾闢。」〔註42〕僅明代見於文獻記載的賜撥土地就達四次，多集中於明神宗萬曆年間：「萬曆二十八年（公元 1600 年）巡按御史吳達可，於曲阜城北蔡莊置學田三頃多，又於泗水縣城西、臨泗兩莊置學田四頃五十四畝在奇，爲科貢盤費。」萬曆「三十七年巡鹽御史畢懋康，於城西北春亭莊，置學田三頃二十六畝有奇。」萬曆「四十年兗州知府陳良才於曲阜城北賀莊置學田五十八畝有奇。」萬曆「四十五年兗州知府張銓，於曲阜城北大廟莊捐置學田五十畝。」〔註43〕

相比於元、明兩代，清代對聖賢的優渥始由經濟轉向政治。這一點，也

〔註40〕畢沅《續資治通鑒》卷三十五〈宋紀〉「宋眞宗乾興元年」條，上海：上海古籍出版社 1987 年版，第 164 頁。

〔註41〕孔繼汾《闕里文獻考》卷二十七〈學校第八之一‧四氏學建置始末〉，苗楓林主編《孔子文化大全》，濟南：山東友誼書社 1989 年版，第 617 頁。

〔註42〕孔繼汾《闕里文獻考》卷二十七〈學校第八之一‧四氏學建置始末〉，苗楓林主編《孔子文化大全》，濟南：山東友誼出版社 1989 年版，第 618 頁。

〔註43〕孔繼汾《闕里文獻考》卷二十七〈學校第八之一‧四氏學建置始末〉，苗楓林主編《孔子文化大全》，濟南：山東友誼書社 1989 年版，第 620、621 頁。

同樣體現在學田的拔賜上。迄今爲止，還沒有看到清代增拔四氏學田的文獻記載。

至於學田的總數量，因爲各朝代賜撥數量不等，加上不斷流失，不同時期多寡不同，處於不斷變動中，如明于愼行《兗州府志》記有「四十五頃」〔註44〕。清同治朝《欽定大清會典事例》記爲「四氏學學田五十頃」〔註45〕，與乾隆《曲阜縣志》所記數額相同〔註46〕。粗略估計，明、清時期學田數額一般維繫在五十頃左右。

學田管理主要採用兩種方式：一是由教授與學錄直接管理；二是由學校選派生員進行管理。今日所見《孔府檔案》卷七九六五《孔顏曾孟四氏學教授應管地畝冊》及陳鎬《闕里志》卷二十一〈吳達可增置學田記〉，展示了相應的管理模式。

學田的經營方式取決於學田收入的用途。由於學田收入主要用於學官俸祿、生員廩餼、科考盤費、學宮修葺等，而非以商業盈利爲目的。因而，主要採用招佃耕種，收取地租的簡接經營方式，《孔府檔案》中有關於「學田招佃耕種」，「學田三十頃，佃戶十四戶」等記載，正是此類經營方式的反映。除此而外，學校也將少量學田分給家境貧寒且不享受廩餼的生員直接耕種，以解除其學習的後顧之憂。今日所見《孔府檔案》卷四八四二《孔顏曾孟四氏學貧生領種學田地畝花名冊》，其中還將貧困生員分成極貧生和次貧生，並依次詳列各自所領土地數量。

因爲四氏學田多由國家撥賜，享受免稅特權。因而，自學田出現開始，除了自然損毀外，也不斷遭居民侵佔、佃戶倒賣。因而，圍繞學田歸屬的爭奪與糾紛也絡繹不絕。從今存《孔府檔案》記載看，清丈、管理學田，處理學田糾紛，是衍聖公府始終面對的家族困擾，如元文宗至順年間「三氏學舊有田三千畝，占於豪民……思晦皆理而復之」〔註47〕，相關爭議也屢見於《孔府檔案》中，如《與徐大人書爲求情復沛縣三千大畝學田事》：「四氏學有學

〔註44〕于愼行《兗州府志》卷十六〈學校志〉，濟南：齊魯書社1985年版，第3頁。
〔註45〕李鴻章等《欽定大清會典事例》卷一百六十四〈戶部·田賦〉，北京：商務印書館光緒戊申（光緒三十四年，1908年）年版，第3頁。
〔註46〕所記數額爲：「四氏學學田五十頃」。見潘相《曲阜縣志》卷四十七〈類記第四之十二〉，清高宗乾隆三十九年（公元1774年）刻本，《中國地方志集成》（73冊），南京：鳳凰出版社2004年版，第335頁。
〔註47〕宋濂等《元史》卷一百八十〈孔思晦傳〉，北京：中華書局1976年版，第4168頁。

田三千大畝，在沛縣之刁陽里，此係歷朝撥賜以贍士子者，碑誌疆界鑿鑿可據。以隔省年遠，久爲沛□□所據。今歲移諮河院，核覆故畝，此案轉發淮徐道，至今未結。沛民支吾，堅不肯吐。欲煩鼎筅致院幕陳年翁，囑其贊襄力復，事成亦必有以報。」〔註48〕再如清聖祖康熙二十五年（公元 1686 年）衍聖公府移文《移滕縣爲衙役詐丈量屯地鎖拿學田佃戶事》：「查三界灣湖廠該縣地內，除四氏學田三十頃之外，實存若干頃，可耕種開墾者若干頃，止堪刈草者若干頃，有無強佔侵隱，查明立界造冊情節。昨五月十七日滕縣捕衙親至屯所，指稱丈量屯地，將身等捉拿綁縛，百般拷打，帶至滕縣，命在旦夕，屯□雖遺數家，殘黎俱已躲避逃散。切思屯地與民地相沿千載，限界從無相犯。既查民地與屯地無干，今突然欺害，實情理難堪。懇乞恩准□□□馬轉申移文滕邑，涇渭分明，庶免蠹役欺害。等情到學。據此，查得三界灣學田三十頃，佃戶十四戶，係至正三十一年欽撥，各有界限，並無被人霸佔，亦無侵佔民地。今據劉應舉等稟，□縣捕衙鎖拿造冊具結，是以屯廠爲民地，而佃戶爲百姓矣。合請移文滕邑，以分涇渭。……」〔註49〕衍聖公府爲三界灣學田佃戶與地方百姓就爭奪學田的糾紛向朝廷申訴，應對偏袒當地百姓的地方官吏予以查究。還有《孔府檔案》卷四〇一四之十《諮戶部爲禁止尼山祭、學兩田買賣事》：「襲封衍聖公府爲諮請部示事……《闕里志》載，宋元祐元年撥附近尼山地二十大頃，爲四氏學學田。嗣因歷年久遠，山戶轉輾租種，民佃夾雜，竟爾私相授受，換段移丘，隱佔侵欺，無所不有，以致祭、學兩田日漸虧缺。近今查丈，頑佃固結買賣，紛紛告爭。查闕里聖廟祀田，無佃戶私相買賣之例。伏查近奉新例，凡租遺祀產，子孫並不許典賣，有犯即照盜賣例問擬等語。是民間祀產、義田尚不許子孫典賣，況歷朝恩賜先聖祭、學地畝，轉許佃戶自相買賣乎？但本爵無案可稽，礙難遵守。相應諮請，部示。……乾隆三十一年九月初十日」〔註50〕上述檔案記載，客觀眞

〔註48〕《孔府檔案》卷六三五八，中國社會科學院歷史研究所編《孔府檔案史料選》（六），苗楓林主編《孔子文化大全》，濟南：山東友誼書社 1989 年版，第 20 頁。

〔註49〕《孔府檔案》卷四八四一之一，中國社會科學院歷史研究所編《孔府檔案史料選》（六），苗楓林主編《孔子文化大全》，濟南：山東友誼書社 1989 年版，第 21 頁。

〔註50〕《孔府檔案》卷四八四一之一，中國社會科學院歷史研究所編《孔府檔案史料選》（六），苗楓林主編《孔子文化大全》，濟南：山東友誼書社 1989 年版，第 83 頁。

實地反映了孔氏家族學田的侵佔、買賣及清丈、管理等問題上所面臨的困境。

（2）政府撥款及其使用

政府直接撥款是孔氏家學資金來源的另一個主要渠道。所撥款項主要用於學官俸祿、生員廩膳和生員科貢盤費、學宮修葺等。

目前材料所及，政府最早對孔氏家學撥款是在金代。金章宗明昌元年（公元 1190 年）：「敕旨，夫子廟以係省錢修蓋，仍設教授一員……許孔宅子孫不限人數，年十三已上願習業者皆聽就學，已習詞賦經義準備應試人，依州府養士例，每人每月支官錢二貫，米三升，小生減半支給」〔註 51〕。此次所撥款項主要用於考生科貢盤費。從撥款的偶然性和用途的單一性看，尚處於政府早期向私學撥款的非制度化狀態。

明代，隨著三氏、四氏學的官方化，政府撥款也逐漸實現了正規化和制度化。明太祖朱元璋在把孔府廟學改為三氏子孫教授司，將孔府家學正式納入國家教育體系的同時，在經濟上也開始將其納入國家官僚俸祿體系。「設教授一員，從流官推轉，歲廩穀九十六石。學錄一員，以孔氏為之，歲廩穀六十石，皆由孔廟佃戶出辦。每員齋夫銀二十四兩，由曲阜縣均徭征派」〔註 52〕。從于慎行《兗州府志》所載當時曲阜縣的銀差徵發數額中，證實了這項支出：「歲貢銀縣學三十六兩，四氏學三十六兩，共銀七十二兩。……齋夫府學二名，縣學教諭、訓導二員各二名，四氏學四名，每名十二兩，共銀一百二十兩。膳夫縣學四名，四氏學六外，每名十兩，共銀一百兩。」〔註 53〕但是，從「歲廩穀由孔府出辦」，「齋夫銀由曲阜縣撥付」的官俸來源的規定看，此時的四氏學在經濟上還只能算實現了半官方化。

清代四氏學學官的俸祿全部由官府統一撥給，孔繼汾《闕里文獻考》記載：「國朝定百官品俸，令於曲阜縣正項錢糧內，歲給教授、學錄俸銀五十六兩九錢六分，齋薪銀各十二兩，馬草銀各十二兩，而歲貢袍、帽、傘、蓋銀十三兩九錢七分，及齋夫門斗各役工食，亦准於縣中正項內開銷。」〔註 54〕學官俸祿來源由明代的廟田內支給，改為由曲阜縣正項錢糧內開銷，這意味

〔註 51〕孔元措《孔氏祖庭記》卷第七〈澤及子孫〉，苗楓林主編《孔子文化大全》，濟南：山東友誼書社 1989 年版，第 201 頁。

〔註 52〕于慎行《兗州府志》卷十六〈學校志〉，濟南：齊魯書社 1985 年版，第 3 頁。

〔註 53〕于慎行《兗州府志》卷十五〈戶役志〉，濟南：齊魯書社 1985 年版，第 4 頁。

〔註 54〕孔繼汾《闕里文獻考》卷二十七〈學校第八之一·四氏學建置始末〉，苗楓林主編《孔子文化大全》，濟南：山東友誼書社 1989 年版，第 622 頁。

著四氏學官方化程度的深化。

　　給生員廩膳與三氏學生員的分類同步實行的。三氏學生員的分類始於明世宗嘉靖六年（公元 1528 年），此年，山東巡撫劉節奏稱：「三氏學生員歲貢向來惟以入學為序，並無考選例，是以學者無所勸懲。請定為考選之法，凡在學生員先立廩膳、增廣、附學之名，廩增域照府學各四十名，或照學各三十名，附學不限數，俱令提學官考校，以上等者為廩膳，次等者為增廣，餘為附學。」〔註 55〕按照山東巡撫劉節的上奏，三氏學生員首次依考試為據分為廩膳、增廣和附學三個種類或等級，但尚沒有給廩米。到嘉靖十九年（公元 1540 年）才「始給生員廩米」，並且按照山東巡撫李中的上奏，從「泗水縣涇府故絕祿米內，歲給三百六十石為三氏學廩膳」。嘉靖二十三年（公元 1544 年），又「以泗水道遠，支給不便，改將曲阜縣應納魯府祿米三百七十三石支給」。明神宗萬曆四十年（公元 1612 年）按照提學道陳瑛的奏請，又依府學數，「將四氏學廩生加十名」，但增加的廩生，其「廩餼在學田內支領」〔註 56〕，不再由國家財政內支出。清朝統治時期，對四氏學學官俸祿和生員廩膳的支出，在數量上基本上維繫了明朝已有的水平。這也從一個側面反映了清朝對聖賢府邸的支持由經濟向政治傾斜的事實。

3. 生徒來源與出路

（1）生徒來源與入學資格

　　孔氏家學的生徒來源隨著家學的擴展而屢有變更，總的趨勢是隨著學校的官方化與特權的增多，入學的條件或資格越來越嚴格。金章宗明昌元年（公元 1190 年）敕旨稱：「許孔宅子孫不限人數，年十三已上願習業者皆聽就學。」〔註 57〕可見，宋代以前，孔氏子孫及鄉鄰子弟，只要年齡在十三歲以上，不論文化程度，也無需考選，可一律憑自願入學。自宋哲宗元祐年間加入顏、孟二氏子孫後，生員數猛增，被迫實施限制措施。明英宗正統九年（公元 1444 年）五十九代衍聖公孔彥縉提出「三氏子孫初止在學讀書習禮，未定生員名額」，奏請朝廷「照君縣學例，置立生員，聽提學官考選，應山東布政使司鄉

〔註 55〕孔繼汾《闕里文獻考》卷二十七〈學校第八之一・四氏學建置始末〉，苗楓林主編《孔子文化大全》，濟南：山東友誼書社 1989 年版，第 620 頁。

〔註 56〕以上均見孔繼汾《闕里文獻考》卷二十七〈學校第八之一・四氏學建置始末〉，苗楓林主編《孔子文化大全》，濟南：山東友誼書社 1989 年版，第 619～621 頁。

〔註 57〕孔元措《孔氏祖庭記》卷第七〈澤及子孫〉，苗楓林主編《孔子文化大全》，濟南：山東友誼書社 1989 年版，第 201 頁。

試。詔從之」〔註 58〕。至此，三氏學開始設置生員限額，三氏子孫需要經過考選才能獲取入學資格。明世宗嘉靖六年（公元 1527 年），為使三氏學生員有所勸懲，按巡撫劉節奏稱，通過考選分生員為廩膳、增廣和附學三種級別後，部議：「照州學例，設廩、增各三十名。」〔註 59〕又明確規定了前兩個級別生員的限額。至神宗萬曆十六年（公元 1587 年），根據山東巡撫李戴、御史毛在的奏請，由禮部報朝廷批准，三氏學再加入曾氏子孫成為四氏學，入學生員數額再次增加。萬曆四十年（公元 1612 年），山東提學道陳瑛以為四氏學舊額僅三十名偏少，報請山東巡撫，將四氏學廩、增生員名額各增至四十名〔註 60〕。但即便如此，生員名額的增加，相較於四氏子孫人數的增加也只不過是杯水車薪。清代，科舉之法悉依前朝，四氏學生員基本維持原狀，未作大的變更。

可見，事實上，並不是所有四氏子孫都有進入四氏學學習的資格。特別是伴隨著三氏、四氏學所受政治優渥的增多，對四氏子孫入學資格的限制愈加嚴格。清高宗乾隆五十年（公元 1793 年），山東學政給孔子七十二代孫世襲翰林院五經博士孔憲增的批文就曾強調：「向來孔、顏、曾、孟大譜內子孫准入四氏學，其支譜只在原籍應試，曲阜及郾城、廣東皆同此例……孔、顏、曾、孟支譜尤多，若聞風而來，何以區別，非所以亢大宗而清學校也。」〔註61〕顯然，隨著四氏子孫繁衍和入學人數的增多，特別是隨著朝廷對四氏學在考選、入貢和廩膳等政治經濟待遇的提高，大量流寓外地的四氏子孫甚至外姓覬覦進入四氏學，以分享國家給予四氏學的優渥。在這種情況下，對四氏學生員入學資格的嚴審也就是勢在必行的了。批文明確規定，孔、顏、曾、孟

〔註58〕 孔繼汾《闕里文獻考》卷二十七〈學校第八之一·四氏學建置始末〉，苗楓林主編《孔子文化大全》，濟南：山東友誼書社，1989 年版，第 618、619 頁。

〔註59〕 孔繼汾《闕里文獻考》卷二十七〈學校第八之一·四氏學建置始末〉，苗楓林主編《孔子文化大全》，濟南：山東友誼書社 1989 年版，第 620 頁。

〔註60〕 見孔繼汾《闕里文獻考》：「是年，提學道陳瑛言於撫按曰：『四氏學官有教授、學錄，視國學則少殺，視郡學則較隆，其廩、增額數自當比視郡學。向因人材未盛，故舊額僅三十人，今後裔衍，入學者已三百有餘，而廩額如故，非所以重聖賢之裔也，應將四氏學廩生加十名，如府學數，增、廣生員亦如之。』」（孔繼汾《闕里文獻考》卷二十七〈學校第八之一·四氏學建置始末〉，苗楓林主編《孔子文化大全》，濟南：山東友誼出版社 1989 年版，第 620～621 頁）

〔註61〕 《孔府檔案》卷五八七九之一，轉引自黨明德、何成主編《中國家族教育》，濟南：山東教育出版社 2005 年版，第 586 頁。

四氏子孫只有在「大譜」，即屬於四氏大宗者方可有資格入四氏學，所謂「大宗」即：曲阜孔氏、曲阜陋巷顏氏、山東嘉祥曾氏和鄒縣孟氏。今日仍保存於孟廟的乾隆五十八年（公元 1801 年）《「孟傳松等冒考四氏」一案碑》，證實了這一情況，碑文稱：「向來孔、顏、曾、孟子孫之在大譜者准入四氏學考，其餘支譜只在原籍應試。曲阜及鄆城、廣東皆同此例。今查孟傳松等支譜既非大譜所載，自應仍歸寧陽應試。」〔註 62〕

（2）學習內容與生員出路

學校，作為思想教育和人才培育的主要渠道，受到歷朝政府的重視。特別是明、清以來，隨著封建政治的沒落和西方思想的浸入，加強對教育的控制，實現學校教育與科舉考試、人才選拔的高度統一，成為政府控制思想、維繫統治的重要一環。在這樣的社會大背景下，對三氏、四氏學控制的加強也是勢所必然。普通學校的課程完全視科舉考試內容而設，以儒家《四書》、《五經》、《性理大全》、《大學衍義》等經學為主，而輔之以《二十二史》、《通鑒綱目》、《御策經解》等史學、御策事務策文。而承擔著「繼聖賢之業」的四氏學，其學習內容除了通常科舉考試內容外，更主要地在於「精通經術」〔註 63〕，詩禮傳家，以完成繼承聖學，為世人樹立尊孔讀經典範的政治使命。所以，學習內容重點在於儒家經典，並由單純《詩經》擴展為儒家《五經》。

明朝以前，學校只不過是為科舉輸送考生的途徑之一。明朝建立伊始，國家急需人才，朱元璋堅定地執行「治國以教化為先，教化以學校為本」的基本國策。以學校教育為根本，重視學校建設和學校教育的人才輸送功能，使學校和科舉更緊密的結合在一起。

三氏、四氏學生員一般有科舉、選貢、選任曲阜知縣和選任聖廟執事官等幾種出路，這幾種出路從另一個側面顯示出朝廷對聖門之後的優禮。

首先在科舉方面，三氏學、四氏學生員受到朝廷諸如特設「耳」字號、在曲阜專設考棚及增加考試名額等種種特殊優待。

〔註 62〕《「孟傳松等冒考四氏「一案碑》，該碑由孟子六十八代孫、世襲翰林院五經博士孟傳璉率闔族公立於乾隆五十九年（公元 1802 年），碑現存孟廟啟聖殿院甬道東側。文收入劉培桂編著《孟子林廟歷代石刻集》，濟南：齊魯書社 2005 年版，第 389 頁。

〔註 63〕孔繼汾《闕里文獻考》卷二十七〈學校第八之一‧四氏學建置始末〉，苗楓林主編《孔子文化大全》，濟南：山東友誼書社 1989 年版，第 618 頁。

　　明朝雖然自太祖朱元璋起就加強了對聖賢後裔教育問題的關注，並通過將三氏學納入國家機構、專設學官、置立學田等手段強化管理，百般獎掖。但三氏子孫通過正常考試中第的卻並不多，所謂「科第久稀，仕籍甚少，不稱聖賢之里」〔註64〕。據資料記載，自明初至熹宗天啓元年（公元1621年）二百五十多年間，四氏學僅有二十二人中舉〔註65〕，這有悖於朝廷重視儒學、提攜聖賢後裔的政策導向。鑒於此，明熹宗天啓元年（公元1621年），雲南道御史李日宣請行山東曲阜等縣，「將所在孔氏後裔於山東省額中式外，每科加舉一二人，貢之闕下，以光新政」，禮部議准「孔氏後裔另編『耳』字號，於填榜時總查各經房，如孔氏無中式者，通取孔氏試卷，當堂公閱，取中一名，加於東省原額之外。但不必拘定一人，以滋多礙。凡歷五科，皆取中二名。後於崇禎七年魯宗學分去一名，遂止中一名。」〔註66〕清世祖順治十四年（公元1657年），允准「提學道施閏章言於山東巡撫繆正心題准，將舊額二名歸還四氏，不拘孔、顏、曾、孟，憑文取中」。經過此番調整，雖然多數考中者仍為孔氏後裔，但科舉優禮已從孔氏一家擴展至孔、孟、顏、曾四氏。清世宗雍正二年（公元1724年），「復增一名，共正額三名」。清高宗乾隆元年（公元1736年），「恩科廣額於三名外，得廣一名」。四氏學每次科中的舉人，都在三名以上，到清穆宗同治九年（公元1870年）竟達八名之多，以故山東鄉試有「無孔不開榜」之說。據孫永漢《續修曲阜縣志》記載：有明一代，曲阜籍進士十七人，四氏學占十人；有清一代曲阜籍翰林七人，四氏學佔六人。進士四十三人，四氏學佔三十四人〔註67〕，這才出現了所謂「孔、顏族人，十得四、五，科第蟬聯，仕籍頗多」〔註68〕的四氏後裔科考「繁榮」的局面。由於中舉名額過多，造成眾多舉人長期賦閒等缺。因之，清高宗於

〔註64〕于慎行《兗州府志》卷四〈風土志〉，明萬曆二十四年刻本，濟南：齊魯書社1985年版，第10頁。

〔註65〕據孔繼汾《闕里文獻考》卷二十八〈學校第八之二〉（苗楓林《孔子文化大全》，濟南：山東友誼出版社1989年版，第630～631頁）所記資料統計。

〔註66〕孔繼汾《闕里文獻考》卷二十七〈學校第八之一·四氏學建置始末〉，苗楓林主編《孔子文化大全》，濟南：山東友誼書社1989年版，第621～622頁。

〔註67〕孫永漢修，李經野、孔昭曾纂《續修曲阜縣志》，民國二十三年（公元1934年）鉛印本。

〔註68〕覺羅普爾泰修《乾隆兗州府志》卷五〈風土志〉，乾隆二十五年（公元1770年）刻本，《中國地方志集成》（71冊），南京：鳳凰出版社2004年版，第121頁。

乾隆九年（公元 1744 年）八月將直解省額「酌減十分之一」，時山東共七十六名，按比例減額七名。但即便全國範圍內科舉普遍減額，政府仍不忘對四氏學的特殊優禮，特別規定，四氏學三名保持不變，不在減額之列〔註69〕。而與此相反，每遇朝廷增額錄取，卻特別指明「耳」字號依例增加，如清仁宗嘉慶二十五年（公元1820年），「欽奉恩詔會試額數，俟禮部臨期奏明人數請旨酌量廣額……山東四氏學『耳』字號於本省廣額二十名內分中一名」〔註70〕，朝廷對四氏科舉的優渥由此可見一斑。

　　選貢是四氏生的主要出路，包括歲貢、拔貢、優貢、陪侍恩貢等多種名目，是地方貢入國子監生員的途徑。歲貢本是地方普通府州縣學向國子監進貢生員的通常途徑。明憲宗成化元年（公元 1465 年），六十一代衍聖公孔弘緒上奏朝廷以為：聖賢子孫「在學讀書者不下二三百名，止由科目一途進取，不無淹滯，乞依各府儒學事例設歲貢。部議令三歲貢一人，以曾經科舉及考試，通習經書，素有行止者充選。」此規定及數額並沒有依府學例，而是依縣學例。至明世宗嘉靖六年（公元 1527 年），經山東巡撫奏准，三氏學「以廩膳名次起貢，每三年貢二人」，增加了一倍。明神宗萬曆四十年（公元 1612 年），經提學道陳瑛報請，四氏學歲貢增加為「每年貢一人」〔註71〕，從此成為定例。至此，四氏學的歲貢生終於同於府學，為曲阜縣學的兩倍〔註72〕。除歲貢外，三氏、四氏學生員還享受拔貢、優貢、陪侍恩貢等進入國子監的多種選拔途徑。據孔繼汾《闕里文獻考》所記統計，明、清兩代，以上四種貢生孔、顏、曾、孟入貢人數如下表〔註73〕：

〔註69〕《高宗實錄》卷二二三，《清實錄》（11 冊），北京：中華書局 1985 年版，第873 頁。

〔註70〕劉錦藻《清朝續文獻通考》卷八十五〈選舉二〉，杭州：浙江古籍出版社 2000年版，第 8443 頁。

〔註71〕孔繼汾《闕里文獻考》卷二十七〈學校第八之一‧四氏學建置始末〉，苗楓林主編《孔子文化大全》，濟南：山東友誼書社 1989 年版，第 619、620、621 頁。

〔註72〕潘相《曲阜縣志》卷四十二〈類記第四之七〉：「四氏學視府學，歲貢一人，縣學二歲一人。」（清高宗乾隆三十九年（公元 1774 年）刻本，《中國地方志集成》（73 冊），南京：鳳凰出版社 2004 年版，第 294 頁）

〔註73〕此表據孔繼汾《闕里文獻考》卷二十八〈學校考第八之二〉（苗楓林主編《孔子文化大全》，濟南：山東友書社 1989 年版，第 634～638 頁）所記資料統計。所計數額中，拔貢生始於明武宗正德年間，止於高宗乾隆十八年；優貢生只有清高宗乾隆九年一人；陪祀恩貢生始於明熹宗，止於清高宗乾隆三年（公元 1738 年）；歲貢生始於明憲宗成化年間，止於清高宗乾隆年間。

朝代	拔貢生				優貢生				陪祀恩貢生				歲貢生			
	孔	孟	顏	曾	孔	孟	顏	曾	孔	孟	顏	曾	孔	孟	顏	曾
明	10		1						11	3	2	1	108	4	7	
清	16	1	8	1	1				34	10	10	10	91	6	26	2

由貢監踏入仕途，成爲四氏學生員在科舉以外入仕的另一個重要途徑。但從上表所列資料顯示，在兩朝貢生名額中，依然以孔氏子孫據多。特別是歲貢生，孔氏更是佔有絕對優勢，其餘顏、曾、孟三氏則相對明顯較少。這也從一個側面體現了孔、顏、曾、孟四氏地位的不平衡性。爲此，明武宗正德四年（公元 1509 年），生員顏重禮及本學教授曾「先後具疏，並以貢舉不均爲言。禮部議令：貢孔氏三名之後，其年同貢顏氏一名。孔氏又貢三名之後，其年同貢孟氏一名，著爲例」〔註 74〕。但這一規定，只不過以行政命令的形式，對以往極不平衡的狀況稍加修正而已，孔、顏、曾、孟在入貢上的不平衡性事實上並沒有根本改觀。其實，在四氏學中，無論是學校管理，還是生員出路，孔、顏、曾、孟四氏子孫的不平衡表現隨處可見。這在根本上是由其各自家族代表在儒家思想體系中地位的不同所決定的。

從三氏、四氏學的設置和發展情況看，國家通過對原本屬於私學性質的三氏、四氏學不斷加強干預，使其逐漸實現由私學向官學化轉變，這充分彰顯了三氏、四氏學在國家政治中的重要性和特殊性。

（三）三遷書院的成立與運作

由於資料所限，關於孟氏家學三遷書院的建立和運作方式，諸如建立者、建院目的、所收生徒、書院執教者，以及存廢時間等一系列問題都不明確。

關於三遷書院的設立者，資料記載有分歧：一種認爲由孟子七十代孫孟廣均所建。持這一觀點的材料主要見於孟廣均《孟子世家譜》自序和清吳若灝所編《光緒鄒縣續志》。《孟子世家譜·序》自稱：「均前於道光十二年設立三遷書院」〔註75〕；《光緒鄒縣續志》卷十二〈人物志〉也有「孟廣

〔註74〕孔繼汾《闕里文獻考》卷二十七〈學校第八之一·四氏學建置始末〉，苗楓林主編《孔子文化大全》，濟南：山東友誼書社 1989 年版，第 619 頁。

〔註75〕孟廣均編清穆宗同治本《孟子世家譜》卷首〈孟廣均序〉，現存鄒城市文物局。

均……立三遷書院，訓族中子弟及親友無力延師者」〔註 76〕；另一種認為由孟廣均之父、孟子六十九代孫孟繼烺始創。曾經在孟府任教的孟昭旹在一篇回憶性小文《孟氏宗支的家庭教育》中持這一觀點，文稱：「孟氏家學名『三遷書院』，大約創辦於六十九代孟繼烺時，七十代孟廣均死後漸廢。後世僅存其址，在孟府以西以北的家廟〔註 77〕裏。牘門書『三遷書院』四字，近世猶存。」〔註 78〕從文中不確定的敘述口吻看，作者似乎對此也並不肯定〔註 79〕。但無論由誰而建，從上述材料記述看，孟氏家學「三遷書院」的確曾經存在過。

　　關於創設三遷書院的目的或初衷。從三遷書院的設立時間看，以道光十二年（公元 1832 年）始設計，此年下據民國十三年（公元 1924 年）四氏學廢止近百年。這意味著三遷書院設立後近百年四氏學才正式廢止，顯然，三遷書院與四氏學是並行的。結合三遷書院與四氏學並立的情況及吳若灝所編《光緒鄒縣續志》「訓族中子弟無力延師者」的記載情況，應是孟子家族為解決不能進入四氏學的孟子家族子弟而設。因為，從前述四氏學收徒情況可以看出，四氏學的招生名額有限。至清代，隨著孟氏家族的發展，子孫增多，四氏學有限的生徒名額顯然無法滿足孟子子孫接受教育的需求。由此可見，三遷書院所收生徒應是不能入四氏學的孟氏子孫後裔。如此看來，三遷書院的建立應該是四氏學的重要補充形式。

　　至於三遷書院的存世時間及其具體運作情況，由於當時政治環境惡劣，存世資料幾於空白，以至迄今所知甚少。清朝統治自仁宗嘉慶十八年（公元

〔註76〕吳若灝《光緒鄒縣續志》卷十二〈人物志〉，《中國地方志集成》（72 冊），南京：鳳凰出版社 2004 年版，第 621 頁。

〔註77〕注：所謂「家廟」，是明熹宗天啓三年（公元 1623 年）為旌表在白蓮教起義中因「協力剿賊」（清世宗雍正本《三遷志》卷八〈奏疏·孟弘譽奏請優恤疏〉，臺灣孟氏宗親會民國七十二年（公元 1983 年）重印贈孟祥居家藏本）而殉難的孟子六十代孫孟承光而建，又稱「旌忠祠」。

〔註78〕收入濟寧市政協文史資料委員會、鄒縣政協文史資料委員會編《孟子家世》，北京：中國文史出版社 1991 年版，第 180 頁。

〔註79〕由鄒城市孟子學術研究會、孟氏宗親聯誼會編的《孟子與孟氏宗族》（北京：中國文史出版社 2005 年版，第 264 頁）也提出：「大約創辦於六十九代孫孟繼烺之時」，概係受此文影響所致。但同在該書第 154 頁中，又記為：「道光十二年（公元 1832 年）正月，孟廣均在孟府內西偏院設立『三遷書院』」，這顯然又是受《孟子世家譜》孟廣均自序的影響的印記。一書中出現自相矛盾，顯然是作者受了不同材料和觀點的影響，而又缺乏考辨的結果。

1813 年）的天理教起義開始由盛轉衰，道光以後更是江河日下，在內憂外患
交織的環境下，站在政治風口浪尖的孟子家族自然難逃其厄。僅存的零星資
料顯示：三遷書院自道光十二年（公元 1832 年）始設至同治三年（公元 1864
年）結束，概歷時三十年〔註 80〕。在這三十年的風雨歷程中，三遷書院的運
作也並不正常，作為孟氏家學，書院規模始終不大，所收主要是「無力延師」
或不能進入四氏學的孟氏子孫。學校的執教者也主要是孟廣均及幾個族內有
知識威望的長者。不過，即便在這樣的窘境下，三遷書院的教育還曾一度頗
有成效。據孟廣均編清穆宗同治本《孟子世家譜》記載先後有「登賢書者六
人，食廩餼者六人，補弟子員者三十一人。當此修譜之役，各自踊躍，共為
採訪，實心任事」〔註 81〕。

三遷書院於清穆宗同治初廢止後，在清末至民國易代的動盪時期，孟子
家族子弟教育也一度時斷時續。但是，孔、孟重教思想的影響始終如影隨形，
孟子家族的家學教育在極度艱難動盪的間隙斷斷續續地維持下來，又曾建起
「前學」和「後學」兩處家塾，分別位於孟府西跨院和緣綠樓西北。其中「前
學」生徒範圍較廣，所有孟氏近支學行兼優的子弟經選拔均可入塾就讀；「後
學」的生徒範圍相對狹窄，只教授翰博子弟。因為前學和後學在動盪艱難的
環境下運行，又只收孟氏子孫入學，因而規模都不大，且因應時局變化時興
時廢〔註 82〕，相關具體情況更加模糊不清。

乾隆年間提督學政、內閣學士謝溶生曾總結四氏學的盛衰稱：「學校者，
帝王所以儲才育賢之地也。學校之有衰盛即國家之治亂因之。誠哉，是言歟！
闕里家學蓋二千年，而每隨國故為興替，君子觀此亦可以識世運矣。」〔註 83〕
四氏學與三遷書院的興衰歷程，再一次昭示了家與國的一致性，家學和家族

〔註 80〕 注：此資料本自鄒城市孟子學術研究會、孟氏宗親聯誼會編《孟子與孟氏宗
族》，北京：中國文史出版社 2005 年版，第 154 頁。

〔註 81〕 孟廣均編清穆宗同治本《孟子世家譜》卷首〈孟廣均序〉，現存鄒城市文物局；
另孟廣均編清德宗光緒本《重纂三遷志·孟廣均序》有「書院諸生，與有勞
焉」的記載。（苗楓林主編《孔子文化大全》濟南：山東友誼書社 1989 年版，
第 21 頁）

〔註 82〕 參見孟昭旃（注：原文誤寫作「梅」）《孟氏宗支的家庭教育》，濟寧市政協文
史資料委員會、鄒縣政協文史資料委員會編《孟子家世》，北京：中國文史出
版社 1991 年版，第 180 頁。

〔註 83〕 孔繼汾《闕里文獻考》卷二十七〈學校第八之一·四氏學建置始末〉，苗楓林
主編《孔子文化大全》，濟南：山東友誼書社 1989 年版，第 623 頁。

的興衰，與國家或民族命運密切相關。家學教育與家族的興衰是國家興衰的縮影，儒家家學與家族的命運尤其如此。

二、重視倫理教化的家學教育特徵

（一）孔、孟教育理念與儒家德治教育

孟子家族家學教育的內容與宗旨取決於教育目的，而其家學的教育目的則源於儒家文化及其以之爲核心的中國傳統教育文化。作爲中國教育文化與儒家教育文化的典型體現，孟子家族家學教育在對人的德與才（品德與知識）兩方面的教育與培養上特別偏重於前者即道德教化。

早在儒家創立者孔子那裡，教育的目的圍繞修齊治平：一是內在的修身工夫，博學弘毅，守死善道，提升志士仁人個人的精神境界；一是外在的齊家治國平天下，「不患無位，患所以立」，「學而優則仕」，培養從政的能力和素質。

孟子的教育目的與孔子相同，也是爲了完成儒家由修身達至治國平天下的社會使命。只不過，二人在教育的出發點上有所不同，孔子教育的出發點源於「性相近，習相遠」（《論語‧陽貨》）的人性理論。「性相近」，人的天賦秉性的相近性，使孔子勇於打破「學在官府」的教育壟斷，積極開拓「有教無類」的教育實踐；「習相遠」，後天（社會）對先天秉性（人的自然屬性）的巨大影響，使教育有了存在的必要和可能。這成爲孔子開拓私人教育，從事教育實踐的思想和理論基礎。但是，孔子「性相近，習相遠」的人性理論的模糊性，引發了儒家後學在人性善惡問題上的分裂。從春秋到戰國一百年間對人性問題的關注和由此引起的大討論，形成了關於人性善惡的不同結論。孟子與公都子的對話，反映了戰國中後期人性結論的多樣化〔註84〕。然而，在關於人性的種種不同結論中，儒家後學孟子的性善與荀子的性惡形成了鮮明的對立。不過，不論孟子的性善還是荀子的性惡，在教育的問題上最終都走了一條殊途同歸的路子：孟子的性善是通過教育「求放心」，保持並擴充人性固有的「善端」；而荀子的性惡則是通過教育「化性起偽」，改變我固有之的「性惡」。善、惡不同的人性發端，通過教育走向相同的歸宿。

〔註84〕「告子曰：性無善無不善也。或曰性可以爲善可以爲不善，……或曰有性善有性不善……今曰性善，然則彼皆非與？」（《孟子‧告子上》）

在與告子的人性辯論中，孟子發展了「生之謂性」的自然人性論，提出人除了與禽獸共有的自然屬性外，也有異於禽獸而獨有的「四心」：「無惻隱之心，非人也；無羞惡之心，非人也；無辭讓之心，非人也；無是非之心，非人也。」「惻隱之心，仁之端也；羞惡之心，義之端也；辭讓之心，禮之端也；是非之心，智之端也。人之有是四端也，猶其有四體也。」（《孟子‧公孫丑上》）仁、義、禮、智四種道德，規定了人與人、人與社會之間的關係，也劃清了人與動物的界限，是人異於禽獸的獨有的社會屬性，構成了人的本質屬性。這種本質屬性決定了人先天就具有善的特性。因而「善性」，猶如人的四體，是先天固有，與生俱來，所謂：「仁義禮智，非由外鑠我也，我固有之也。」（《孟子‧告子上》）至於如何看待人性惡的表現，孟子用人性善端的喪失來解釋。孟子認為，人心固有的善性，只不過是一種道德的端倪，一種善的根芽，如果不經過後天內在的修養和外的教育，就會「蔽於物」「陷溺其心」（《孟子‧告子上》）。只有經過內在的修養和外在的教育，將人心固有的善端「擴而充之」，或者求回所放之心，才能使善的根芽成就為道德的實現。所以，孟子說：「學問之道無他，求其放心而已矣。」（《孟子‧告子上》）這就為教育在保持人性善端中的作用找到了一個合理的位置。可見，孟子教育的出發點是其性善論，為了「求放心」，使人性善端不被物所蔽，不至陷溺而由端倪擴而充之，成為「火之始然，泉之始達」（《孟子‧公孫丑上》）的道德現實，以由養父母達至安天下。

孟子提出性善論的目的，在於論證其仁政學說的可行性。在孟子看來，仁政之所以可行，在於人人都有仁義禮智四端之心。不過，這四端還只是仁義禮智的四種「發端」，要使四端成為現實，需要通過教育予以保持和擴充。這便決定了教育的內容必然以發掘人的善端為核心，以仁義禮智的道德啟蒙為主題。而仁義禮智在社會關係中的根本表現是孝悌人倫，所謂：「孝悌也者，其為人之本歟？」（《論語‧學而》）所以孟子一再強調「謹庠序之教，申之以孝悌之義」（《孟子‧梁惠王上》），「設為癢、序、學、校以教之……皆所以明人倫也」（《孟子‧滕文公上》）。這裡所謂的「人倫」，就是「父子有親，君臣有義，夫婦有別，長幼有序，朋友有信。」（《孟子‧滕文公上》）孟子確信，從明人倫入手，可以達到使「人人親其親，長其長，而天下平」（《孟子‧離婁上》）的社會治理目的，如他所說：「周於德者，邪世不能亂。」（《孟子‧盡心下》）

孔子和孟子關於教育的出發點雖然源於不同的人性論，但卻在治國平天下的政治訴求下達到一致。共同的教育目的，決定了早期儒家的教育特徵，即從明人倫開始，在培養高尚的個人道德境界的基礎上，實現仁政。所謂：「有大人者，正己而物正者也。」（《孟子‧盡心上》）由保人心而「保宗廟」、「保社稷」、「保四海」（《孟子‧離婁上》），由仁人以達仁政。

繼承孔子的重教理念，孟子對教育理論和教育實踐更加一往情深。在《孟子》七篇中，除了一般教育理論中所涉及的社會教育、家庭教育和學校教育三種形式外，還特別強調了社會環境對人的影響。所謂「聖人有憂之，使契為司徒，教以人倫──父子有親、君臣有義，夫婦有別，長幼有敘，朋友有信」（《孟子‧滕文公上》），「仁言不如仁聲之入人深也，善政不如善教之得民也。善政，民畏之；善教，民愛之。善政得民財，善教得民心。」（《孟子‧盡心上》）指的是社會教化。所謂「中也養不中，才也養不才，故人樂有賢父兄也。如中也棄不中，才也棄不才，則賢不肖之相去，其間不能以寸。」（《孟子‧離婁下》）指的是家庭教育。所謂「居移氣，養移體，大哉居乎！」（《孟子‧盡心下》）指的是環境影響。所謂「謹庠序之教，申之以孝悌之義」，「設為庠序學校以教之。庠者，養也；校者，教也；序者，射也。夏曰校，殷曰序，周曰庠；學則三代共之，皆所以明人倫也。」（《孟子‧滕文公上》）指的是學校教育。孟子看到了，以上幾個方面共同構成了一個人綜合的受教環境。由它們所形成的教育合力，勢必對一個人的成長產生巨大影響。而在以上幾個方面中，可作出主觀選擇的惟有學校教育。所以，孟子和孔子一樣，在奔走各國意欲影響和改變社會政治環境而不得伸張的情況下，只得以「無官守」的草芥布衣身份收徒講學，試圖通過優化和改善教育環境，由個人獨善達至天下兼善。

孔、孟的教育思想、教育理念及其所創造的教育模式，在漢代以後，借著尊孔崇儒的政治潮流而發揚下來，奠立了漢代以後兩千年中國教育的理念、模式和格局。

西漢經學大師董仲舒繼承了儒家重德的教育思想，主張開學校，「立闢癰庠序，修孝悌敬讓，明以教化，感以禮樂，所以奉人本也」〔註85〕。通過將教育納入天人相與的神聖軌道，進一步論證儒家教育的必要性和可行性。方向

〔註85〕董仲舒《春秋繁露》卷六〈立元神〉，《四庫全書》（181冊），上海：上海古籍出版社1987年版，第733頁。

一旦確定，接下來就是教育內容的明確，「漢武帝罷除百家，表章六經，專設五經博士，作爲朝廷權威的學術官員和最高學府——太學的教師，從而使經學成爲封建王朝官方學術、選士的主要衡量標準和教育的基本內容，……學術界則有漢代儒學即爲經學，漢代教育即爲經學教育的概括。」〔註86〕學術觀點一旦得到政治的支持，便立刻表現出無窮威力。自此之後，六經成爲毫無疑問的爲學與教化「大本」，如匡衡所說：「六經者，聖人所以統天地之心，著善惡之歸，明吉凶之分，通人道之正，使不悖於其本性者也。故審六藝之指，則人天之理可得而和，草木昆蟲可得而育，此永永不易之道也。」〔註87〕

宋代以降，原始儒學經歷魏晉的失落而被宋儒重新改造之後，儒家六經雖然仍作爲教育的內容，但其地位顯然已退居其次：二程治學，「以《大學》、《語》、《孟》、《中庸》爲標指，而達於六經。」〔註88〕朱熹的《四書集注》刊行，又特別加上科舉以四書爲考試內容的推波助瀾，四書地位更是扶搖直上，影響顯然超越五經。但是，無論是五經還是四書，儒家經學「以明道、明理爲教育目的，通過求仁、明人倫的教育，培養人才，『學而優則仕』，使之參與政權」〔註89〕的教育目的和宗旨始終不變，在這個意義上，倒眞應了孔子「吾道一以貫之」（《論語・里仁》）的思想理念。

在整個中國封建社會史上，以選仕爲制度導向，儒家經典不僅成爲國學教育的核心，也毫無例外地成爲私學、家學教育的主要內容。曾經以協助張居正推行「一條鞭法」而聞名於時的龐尙鵬，在對他的南海龐氏家族寫的《龐氏家訓》中，羅列了他對龐氏家族子弟職業教育傾向和從業的期許：一，子弟以儒術爲世業、畢力從之。力不能，則必親農事，勞其身，食其力，乃能立其家。否則束手坐困，獨不患凍餒乎？二，士家工商各居一藝。士爲貴，農次之，工商又次之。量力勉圖，各審所尙，皆存乎其人耳〔註90〕。顯然，

〔註86〕趙家驥、俞啓定、張汝珍《中國教育思想通史》（2卷），長沙：湖南教育出版社1994年版，第119～120頁。

〔註87〕班固《漢書》卷八十一〈匡張孔馬傳・匡衡〉，北京：中華書局1962年版，第3343頁。

〔註88〕脫脫等《宋史》卷四百二十七〈道學一・程頤〉，北京：中華書局1977年版，第12720頁。

〔註89〕蔡方鹿《華夏聖學——儒學與中國文化》，成都：四川人民出版社1995年版，第169頁。

〔註90〕轉引自錢杭譯，〔日〕井上徹《中國的宗族與國家禮制——從宗法主義角度所作的分析》，上海：上海書店出版社2008年版，第301頁。

即便是地處嶺南的民間普通家族，其教育子弟的首選仍是希望子弟操習儒業，由「士」步入仕途，除此而外，退而求其次的才是以農業、工商業爲生業，靠勞動自食其力，以「避免束手坐困」，這不僅是嶺南家族，也是中國所有封建大家族共同的教育期待。

　　孟子家族重視家學教育的目的極其明確：除了文化層面上通過家族教育，實踐孔孟儒家重教理念，使家族子弟得到儒家思想和禮儀知識的系統薰陶，維繫儒家思想統系，同時延續詩禮傳家的家族家風的延續不輟以外，對於在封建社會後期主要靠外在的政治扶持發展起來的孟氏家族而言，其家學設立還有一個更切合時代的現實性目的，即通過家學對儒家知識的灌輸，提升家族子弟的學識素養，使家族子孫更多地由此踏入以儒家經學爲主要科考內容的科場，並進一步由科場而官場，藉此實現儒家學而優則仕的教育理想，實現本家族的延續與壯大。

　　隋唐以前，人才選拔雖然崇尚個人德、才，但在中國重血緣倫理的文化背景下，靠家世血緣和財富關係涉足仕途，仍然是大家族的首選。漢代的貲選和魏晉盛行的九品中正制，都是這一社會現實的反映。唐朝雖然已開始嘗試實行通過考試公正評選進入仕途的選才方式，家世的作用開始淡化，但歷史的慣性使然，任子、恩蔭等家世因素在官位取得及官位級別高低等方面的影響作用仍然很大。而與此相比，宋代科舉官僚制度下，舊的世族組織的進一步打破及統治者對人才的渴求，使考試的公正性與機會的均等性都得到了較爲徹底的貫徹。因此，宋代以後，家族是否永續的決定條件除了家族自我經營的有效性外，更多要看本家族與國家政治的關聯度，亦即家族中掌握儒學知識並順利踏入仕途的人才的多少。家族子孫成員一代接一代依靠所受到的儒學教育，在科舉考試中及第，踏入仕途，成爲官僚，更好地實現家族與政治的「聯姻」，又反過來借助於政治的庇護，實現本家族的長久存續與發展。就這一點而言，孟子家族相比於其他普通家族，更具得天獨厚的條件，在教育思想、教育理念及教育歸宿上與國家政治需求更有一種天然的一致性。

（二）家學教育特徵

　　孟子家族家學教育的內容，與普通家學教育相比，既有特性，也有共性。前者源於儒家後裔所肩負的傳承儒家教育思想的歷史使命，以及因此在政治上受到的政府的特殊禮遇。這一點，使得孟氏家學無需與其他普通家學一樣，需要承受來自自身生存方面的經濟壓力，即在耕與讀之間，不必擔憂前者。

因而，與一般耕讀傳家的家族教育相比，詩禮傳家足矣，所謂：「凡生員各治一經。學官月有課，季有考，別其等以報學政，學政考取其最優者食餼於官，曰？膳生員」〔註91〕；後者則源於其作爲私學教育與國家政治之間的通常關係。作爲家族私學，雖然在科舉入仕中受到國家的特別優待，享受入仕特權，但畢竟需要憑著對儒術的習染而親自參與到科舉考試的競爭中，以此實現家族與政治的聯姻。緣於此，孟府家學教育的內容以四書五經爲核心，而在勞動技能的培養上，則不必像普通家族那樣注重。在德才教育的側重點上，更偏重於「恪遵先祖聖訓」，注重溫良恭儉、禮義廉恥等儒家傳統道德品格的培養。

這樣的家學教育模式，對於儒家眞精神的傳承與弘揚無疑具有積極作用。正如潘相《曲阜縣志》所說，曲阜之所以在設縣學的同時，還要專設四氏學：「非直以崇報先聖賢也，蓋將欲孔顏曾孟之裔學孔顏曾孟之學，而縣學及天下學之學孔顏曾孟者，皆式於孔顏曾孟之裔也」〔註92〕。但從現實的角度看，由於其一味偏重於理論、道德的培養，忽視社會實踐能力的培育。家學教育內容的過於純粹化，對於孟子家族自身發展勢必帶來無法避免的負面影響：一方面，在政府的經濟呵護與衣食無憂下，孟氏子孫長期缺乏家族經濟經營方面的危機意識與必要訓練，孟子家族田產的屢賜屢失，雖然有客觀環境因素，但也不能否認與主觀上家族內部經營管理的缺陷有關，這在某種程度上阻礙了孟氏家族自身基於經濟基礎之上的全面發展；另一方面，孟氏嫡裔以奉祀爲職志以及國家在科舉入仕上對孟府的特殊護祐，反而使孟氏子孫因爲科舉目標的偏離與入仕壓力的減弱，而自行削減了其在學業修習方面的進取精神。如此一來的直接後果，孟昭胏〔註93〕在《孟氏宗支的家庭教育》一文中曾提到過：「因爲以奉守林廟、主持祭祀爲職責，不求聞達，所以包括繁驥先生本人，在經術、學業上都沒有很深的造詣。實際上繁驥夫人王淑芳女士是他家文化水平最高的人。」〔註94〕在政治的多方扶植下純粹的詩禮傳家式教育，不僅不利於孟氏家族後裔不斷自勵成長，反而在殘酷的社會競爭

〔註91〕潘相《曲阜縣志》卷四十二〈類記第四之七〉，清高宗乾隆三十九年（公元1774年）刻本，《中國地方志集成》（73冊），南京：鳳凰出版社2004年版，第294頁。

〔註92〕潘相《曲阜縣志》卷四十二〈類記第四之七〉，乾隆三十九年（公元1774年）刻本，《中國地方志集成》（73冊），南京：鳳凰出版社2004年版，第294頁。

〔註93〕注：孟昭胏曾經被孟子七十四代孫孟繁驥延聘爲私塾師。

〔註94〕孟昭胏《孟氏宗支的家庭教育》，濟寧市政協文史資料委員會、鄒縣政協文史資料委員會編《孟子家世》，北京：中國文史出版社1991年版，第181頁。

中不斷趨弱，這正是「狼群效應」〔註95〕的法則。而與之不同的是，我國多數靠自身力量在民間生長壯大起來的大家族，其家族生存與家族教育的宗旨定位於「耕讀傳家」。事實上，仔細推敲，「耕」與「讀」二者之間的關係是相互輔成的。習於「耕」是家族經濟發展、力量壯大的前提，精於「讀」是家族保持永續發展的潛力和保障。失去前者，家族的發展會因為缺乏內在基礎而面臨瀕於萎縮的危機。所以，從這一意義上說，政治的特殊呵護所造成的家族自身生存無憂的環境，不僅不是家族壯大的助推力，反而會成為家族發展的障礙。

第三節　孟母教子與中國母教文化

家庭是社會的基本細胞。《大學》「治國平天下」自「齊家」始，「齊家」的主要內容是家庭教育和管理。在中國古代父權家長制社會中，雖然「齊家」的主要實施主體是父教。然而，由於母親在家庭中的特殊角色定位，決定了母教在家庭教育中的特殊地位。中國傳統家庭教育中的「父嚴母慈」，實際上界定了家庭教育中合理的教育模式。

母教文化在中國家庭教育史上源遠流長，從周朝「三太」（太姜、太妊、太姒）算起，到戰國的孟母、晉代的陶（侃）母和北宋的岳母，母教文化從未中斷，為父權籠罩的社會塗上了一抹亮色。

孟母教子是中國母教文化的典型體現，然而，當我們梳理相關文獻的時候卻發現：有關孟母和孟母教子的文獻和口碑史料，隨著時間的延伸經歷了一個從無到有，從少到多，從模糊到清晰的演變過程。

一、孟母其人及其故里爭議

關於孟母的姓氏，已如前述，司馬遷的《史記》沒有記載，到韓嬰的《韓詩外傳》和劉向的《列女傳》才出現了孟母教子的事蹟，再到金代孫弼所撰《鄒公墳廟之碑》和明代劉濬的《孔顏孟三氏志》又出現了孟母姓「李氏」或「仉氏」的姓氏爭論。孟母姓氏及其事蹟明顯經歷了一個從無到有，從不

〔註95〕澳大利亞農場主的羊群因常遭受狼群的襲擊，農場主對狼群進行了圍剿式捕殺，這使羊群在相當時間裏再無生存的後顧之憂。但是，令農場主詫異的是，缺少了狼群，他們的羊竟越來越不健康，病死率陡然升高。農場主漸漸明白了：是狼的存在使羊群保持健壯敏捷和優生狀態，這就是「狼群效應」。

清晰到清晰，由模糊爭議到逐漸趨同的過程。

而其中關於孟母的籍貫問題，卻始終撲朔迷離。明陳士元《孟子雜記》卷一在引用列述《韓詩外傳》、《列女傳》所記孟母教子事蹟的同時，在「軻母仉氏」條下按：「《姓苑》『仉氏出梁四公子之後』」，在「補傳」條下述孟子祖源：「孟子名軻，字子車，鄒人也。其先魯桓公子慶父，稱孟孫氏。孟孫激公宜，不知去慶父幾世矣，是為孟子父。孟子生三歲而卒，母仉氏，或云魏公子仉啓女也。」〔註96〕魏公子仉啓究係何人，史書無載。但是，這裡所說的魏國，確是三家分晉後的魏國。三家分晉後，魏國疆域在晉南河東地區，今天的行政區劃屬山西境內。查相關文獻記載，明神宗萬曆四十三年（公元1615年）成書的《太原府志》卷二四「古蹟」條下有：「孟母故宅，在榆次縣古城西南隅。蓋孟子鄒人，其母並人也。其地有三徙鄉。」「孟母廟，在縣城西南隅，弘治年建，相傳此地為孟母故宅。」文中的「並」即古并州，今山西太原的別稱〔註97〕。從文字的記述次序可見，明代弘治年間，人們據此地為孟母故宅而建孟母廟。孟衍泰編清世宗雍正本《三遷志》也有：「孟母故宅在山西太原府諭次縣，本《志》云：母并州人也，其地有三徙鄉。」〔註98〕孟繁仁根據文獻記載，就這一問題進行了實地考證，得出的結論是：在古代與「魏國」接壤的今山西榆次的確有「孟母故宅」，而「東賈里」即今山西太谷縣東三十華里陽邑鎮西。作者據宋鄭樵《通志·氏族略》的「仉，音掌。梁州有仉啓」〔註99〕、「掌氏，魯大夫黨氏之後，以音掌，故從音文」〔註100〕

〔註96〕陳士元《孟子雜記》卷一〈孟母〉，《四庫全書》（207冊），上海：上海古籍出版社1987年版，第291、300頁。

〔註97〕顧祖禹《讀史方輿紀要》卷三九〈山西一〉記載：「古曰冀州。舜分置十二州，此為并州。（應劭曰：地在兩谷之間，故曰并州。）《禹貢》仍曰冀州，《周禮·職方》：正北曰并州。成王封叔虞於唐，此為晉地。戰國時為趙地，亦兼韓、魏之疆……秦併天下，置太原、河東、上黨、代、雁門、雲中等郡。漢武置十三州，此亦為并州……」（顧祖禹《讀史方輿紀要》卷三九〈山西一〉，《續修四庫全書》（603冊），上海：上海古籍出版社2002年版，第11頁）可見，故并州所轄，包括今太原及晉中一帶。

〔註98〕孟衍泰編清世宗雍正本《三遷志》卷十二〈古蹟〉，四川大學古籍整理研究所編《儒藏》（10冊），四川大學出版社2005年版，第88頁。

〔註99〕鄭樵《通志》卷二十九〈氏族略五〉，《四庫全書》（373冊），上海：上海古籍出版社2003年版，第346頁。

〔註100〕鄭樵《通志》卷二十九〈氏族略四〉，《四庫全書》（373冊），上海：上海古籍出版社2003年版，第324頁。

的記載，以為：山西歷史上的確有仇姓存在，且與魯國黨姓共祖。在作者看來，魯國黨姓係山西仇姓遷移而來。至於山西仇姓遷魯的原因，據作者推測，認為是為避春秋戰國時期外部「晉、秦」、「晉、楚」或內部「韓趙魏」之間的戰亂。其時，「由於動亂頻仍，民不聊生，百姓無法安居樂業，所以在這一時期向東南方向的齊、魯、吳、越等國逃避戰亂和移民的很多。孟子母親的仇氏家族或她的父親『魏公子仇啟』可能就是在這一時期由『并州』榆次遷徙到鄒、魯一帶。」〔註101〕作者還據《山西人口姓氏大全》提供的數據判斷，到 1991 年全國人口普查時，山西境內的「仇」姓人口為二百人，雖然人數不多，足以作為山西有「仇」姓的證據。

　　按照鄭樵的解釋，「黨」、「仇」皆音「掌」，於是「仇」、「黨」、「掌」三姓同音通用，且均與山西（梁州）、山東（魯）有某種歷史關聯。從文獻記載看，山東的「黨」性，最早見於《左傳・襄公二十九年》的魯大夫「黨叔」〔註102〕。至今，仇、掌、黨三姓在山東都有較為集中的聚居地。山東壽光的仇西村是仇姓人的聚居地〔註103〕，而山東的黨姓聚居地則廣泛分佈在濟南市（市中區黨家鎮、歷城區黨家莊）、章丘市（黨家鎮黨家村）、陽谷、沂水〔註104〕、濟寧、墾利、滕州、鄒城等地。如鄒城匡莊鄉張家屋村、平陽寺鎮黃廠村，濟南高新區的牛汪莊、賢文莊都是掌姓人的聚居地。但是，從今天的居住情況看，仇、掌或黨姓聚居地不僅局限於山東和山西，這大概是後期繁衍遷徙所致。如此一來，在古代材料記載不十分確切的情況下，從後代姓氏居住地的角度進行考察，實際難以作為孟母祖籍所在的信據。更何況，以上關於孟母祖籍的考察，本身就建立在一個並不確定的前提——孟母姓仇氏的基礎之上，建立在這一基礎上的祖籍考察，其結論仍難以令人置信。所以，關於孟母的身世問題，在沒有新的可靠證據出現之前，還是應該持審慎的態度。

〔註101〕孟繁仁《「孟母」仇氏是「并州」晉中人》網址：
　　　　http://www.sxjzwb.com/jzzt/showarticle.晉中新聞網 2007 年 9 月 26 日。
〔註102〕原文為：「范獻子來聘，拜城杞也。公享之，展莊叔執幣，射者三耦。公臣不足，取於家臣。家臣：展瑕、展玉父為一耦；公臣：公巫召伯、仲顏莊叔為一耦，鄫鼓父、黨叔為一耦。」（阮元《十三經注疏》（下冊），中華書局 1980 年版，第 2005 頁）
〔註103〕今山東省濰坊市壽光縣檔案館收藏有清朝年間木刻活字印本《山東壽光仇氏家譜》（著者不詳）。
〔註104〕今山東省臨沂市沂水縣楊莊鎮有一黨家山村，黨家山村的東面三公里處有仇林村。

　　不過，如果我們轉換視角，將孟母看作中國母親的一個代表和符號，將孟母教子看作中國母教文化的一個典型象徵，從而將注意力和興趣點投射到隱於其背後的文化和家庭教育問題，那麼，再一味糾結於孟母的姓氏、籍貫問題也便沒有必要了。

二、孟母教子的文獻記載

　　總的來看，孟母教子的內容包括胎教、幼兒之教、爲學之教、夫妻之教、爲仕之教，幾乎涵蓋了從幼兒習慣的儒染與養成，到成年後家庭關係的處理，以及個人毅力培養、事業追求等人生成長過程中的許多重要問題。上述相關文獻記載，均見於漢代韓嬰的《韓詩外傳》和劉向的《列女傳》。

（一）三遷之教

　　「三遷擇鄰」見於《列女傳》卷一：「鄒孟軻之母也，號孟母。其舍近墓。孟子之少也，嬉遊爲墓間事，踊躍築埋。孟母曰：『此非吾所以居處子。』乃去。舍市傍。其嬉戲爲賈人衒賣之事。孟母又曰：『此非吾所以居處子也。』復徙，舍學宮之旁。其嬉遊乃設俎豆揖讓進退。孟母曰：『眞可以居吾子矣。』遂居。及孟子長，學六藝，卒成大儒之名。君子謂孟母善以漸化。」〔註105〕孟子家始居於墓地附近，孟子年幼，受環境影響，學做送葬祭享的「墓間之事」。孟母以爲這樣的環境不宜於兒子的成長，於是遷居於街市之旁。年幼好模仿的孟子又學賈人做「衒賣之事」。在士農工商，以「士」爲尚的時代，一心要培養兒子成爲士人的孟母，再攜子遷居於學宮之旁。年幼的孟子於是學「揖讓進退」之禮，孟母以爲這才是有助於兒子成長的理想的居住環境。

　　「子墨子言，見染絲者而歎曰：『染於蒼則蒼，染於黃則黃』，所入者變，其色亦變。五入必，而已則爲五色矣。故染不可不愼也。非獨染絲然也，國亦有染。」（《墨子・所染》）墨子從染絲聯想到染國。其實，國染始於人染。現代生物學和心理學已經清楚地表明，人類與自然和社會環境關素緊密。社會環境對人的影響，源於人的模仿能力，而兒童的模仿能力強於成人，且是一種缺乏主觀選擇的無意識、無選擇性的模仿和複製。兒童就是在對周圍環境的簡單複製、模仿中成長，形成自己的行爲習慣、性格特徵和思維方式。

〔註105〕劉向《列女傳》卷一〈母儀傳・鄒孟軻母〉，《四庫全書》（448 冊），上海：上海古籍出版社 1987 年版，第 15 頁。

可見，環境影響對於兒童的成長至關重要，所以孔子說：「里仁爲美，擇不處仁，焉得知？」（《論語・里仁》）而在孩子不具備選擇能力的情況下，父母有責任替代孩子作出有益於身心成長的環境選擇。

孟母重視環境，三遷擇鄰，不僅直接促成了孟子「學六藝，卒成大儒之名」，而且對後來孟子重視後天環境的思想認識也產生了深遠影響。孟子認爲從「四端」的性善根柢要成就爲善性，還必須經過後天的塑造、培育，環境薰陶在其中也佔有重要地位，如《孟子・告子上》舉例所說：「雖有天下易生之物也，一日暴之，十日寒之，未有能生者也。吾見亦罕矣。吾退而寒之者至矣，吾如有萌焉，何哉！」「牛山之木嘗美矣，以其郊於大國也，斧斤伐之，可以爲美乎！是其日夜之所息，雨露之所潤，非無萌蘖之生焉，牛羊又從而牧之，是以若彼濯濯也。人見其濯濯也，以爲未嘗有材焉，此豈山之性也哉！」這反映了孟子對後天外在環境的重視，這不能不說與孟母重視環境的啓蒙教育有關。

（二）斷機之教

「斷織喻學」的故事，同時見載於《韓詩外傳》和《列女傳》。《韓詩外傳》卷九：「孟子少時，誦。其母方織。孟子輟然中止，乃復進。其母知其諠也。呼而問之曰：『何爲中止？』對曰：『有所失，復得。』其母引刀裂其織，以此誡之。自是之後，孟子不復諠矣。」〔註106〕《列女傳》卷一：「孟子之少也，既學而歸，孟母方績。問曰：『學所至矣？』孟子曰：『自若也。』孟母以刀斷其織。孟子懼而問其故。孟母曰：『子之廢學，若吾斷斯織也。夫君子學以立名，問則廣知。是以居則安寧，動則遠害。今而廢之，是不免於廝役，而無以離於禍患也。何以異於織績而食，中道廢而不爲，寧能衣其夫子，而長不乏糧食哉？女則廢其所食，男則墮於修德，不爲竊盜則爲虜役矣。』孟子懼，旦夕勤學不息，師事子思，遂成天下名儒。君子謂：孟母知爲人母之道矣。」〔註107〕孟子讀書中道而輟，正在織布的孟母很生氣，揮刀割斷了辛苦織就的布，以教育孟子行貴永恆，做事爲學不可中途而廢。孟子受到教育，就此自誡，堅持不懈，「遂成天下名儒」。《列女傳》比《韓詩外傳》成書稍晚，

〔註106〕韓嬰《韓詩外傳》卷九，《四庫全書》（89 冊），上海：上海古籍出版社 1987 年版，第 846 頁。

〔註107〕劉向《列女傳》卷一〈母儀傳・鄒孟軻母〉，《四庫全書》（448 冊），上海：上海古籍出版社 1987 年版，第 15 頁。

而所增之辭，在今天看來，更合於兒童教育的邏輯。從生理學上看，兒童對事物有著廣泛的好奇心，所以兒童的興趣培養並不難。但兒童興趣的持久性差，因而，培養兒童持之以恆的精神和毅力，對兒童的成長至關重要。孟母以揮刀斷織的嚴厲方式培養孟子養成持久的恒心和毅力，因此才有了其後孟子一生仁政事業上持之以恆的不懈追求。

（三）殺豚之教

「殺豚示信」見於《韓詩外傳》卷九，原文爲：「孟子少時，東家殺豚。孟子問其母曰：『東家殺豚何爲？』母曰：『欲啖汝。』其母自悔而言曰：『吾懷妊是子，席不正不坐，割不正不食，胎教之也。今汝有知而欺之，是教之不信也。』乃買東家豚肉以食之，明不欺也。」〔註108〕孟子年幼時，一次，鄰家殺豬，孟子問：「鄰家殺豬幹什麼？」孟母未加思索隨口回答：「給你吃。」話剛出口，孟母就爲自己的信口開河後悔了。心想，自己在懷孕期間爲了正確的胎教而席不正不坐，肉割不正不食，現在卻在孩子面前說假話，這等於教唆孩子不講誠信。於是，本不想買肉的孟母眞的買了肉，以示言而有信。

「殺豚示信」的故事蘊含了三重含義：一是重視胎教。「割不正不食」、「席不正不坐」源於《論語·鄉黨》，是孔子、儒家心導耳目，以德役行的具象化。外在的衣食住行，內化爲人的內心信仰，對人的心靈人格產生潤物無聲的塑造作用。孟母對胎教的重視，是中國早期胎教文化和儒家愼獨、自省文化的繼承；二是重視誠實守信。誠信不欺，是儒家的重要思想。在《論語》、《中庸》等儒家文獻中屢屢提到「誠」、「信」：「人而無信，不知其可」（《論語·爲政》）、「信以誠之，君子哉」（《論語·衛靈公》）、「民無信不立」（《論語·顏淵》）、「君子誠之爲貴」（《中庸》）；三是身教重於言教。兒童的學習從模仿開始，而兒童的模仿尙不具備主觀選擇性。父母作爲孩子最初的模仿對象，其一言一行，在孩子面前都是一種無聲的示範。

孟母誠信教育的思想和方法，秉承了孔子的教育理念，對孟子的思想行爲產生了巨大影響，促成了孟子對講求誠信、返身求己的道德人格的追慕。我們在《孟子》七篇中可頻繁看到相關思想表述，如《孟子·離婁下》：「誠者天之道也，思誠者人之道也」，由此導出了漢儒「仁義禮智信」五常及宋儒「夫信者，人君之大寶也。國保於民，民保於信。非信無以使民，非民無以

〔註108〕韓嬰《韓詩外傳》卷九，《四庫全書》（89 冊），上海：上海古籍出版社 1987 年版，第 846 頁。

守國。是故古之王者不欺四海，霸者不欺四鄰，善爲國者不欺其民，善爲家者不欺其親。……上不信下，下不信上，上下離心，以至於敗」〔註109〕的誠信思想。

「禮禁未然之前，法施已然之後」〔註110〕，道德與法是社會約束的兩個方面，各有特點，不可替代。誠信作爲人類最基本的倫理準則，代表了人類最本眞的道德訴求。儒家洞徹並立足於這一點，意在通過切己省察、誠實守信、涵養持敬、愼獨守一，提升道德境界並由此推進人類文明。

（四）出妻之教

「出妻之教」同見於《韓詩外傳》和《列女傳》。《韓詩外傳》：「孟子妻獨居，踞。孟子入戶視之，白其母曰：『婦無禮，請去之。』母曰：『何也？』曰：『踞。』其母曰：『何知之？』曰：『我親見之。』母曰：『乃汝無禮也，非婦無禮。《禮》不云乎：「將入門，（問孰存）；將上堂，聲必揚；將入戶，視必下，掩人不備也。」今汝往燕私之處，入戶不有聲，令人踞而視之，是汝之無禮也，非婦無禮也。』於是孟子自責，不敢去婦。」〔註111〕《列女傳》：「孟子既娶，將入私室，其婦袒而在內。孟子不悅，遂去不入。婦辭孟母而求去，曰：『妾聞夫婦之道，私室不與焉。今者妾竊惰在室而夫子見妾勃然不悅，是客妾也。婦人之義，蓋不客宿，請歸父母。』於是孟母召孟子而謂之曰：『夫《禮》，將入門，問孰存，所以致敬也；將上堂，聲必揚，所以戒人也；將入戶，視必下，恐見人過也。今子不察於《禮》而責於人，不亦遠乎！』孟子謝，遂留其婦。君子謂：孟母知禮而明於姑母之道。」〔註112〕

兩文相較，敘述稍有出入。惟語言風格，前文更具概括性。大意是：一日，孟子妻在家獨居，隨便踞坐於地，孟子入室，見妻踞坐，轉身對母親說：兒媳無禮，請去之。孟母問清緣由後，引《周禮》「將上堂，聲必揚」的禮儀規範，批評了孟子的無禮，制止了孟子休妻。這則故事反映了如何正確引導

〔註109〕司馬光《資治通鑒》卷二〈周紀二〉「顯王十年」，北京：中華書局1997年版，第32頁。
〔註110〕司馬遷《史記・太史公自序》，北京：中華書局1982年版，第3298頁。
〔註111〕注：此段文字「將入門」下疑有疏漏，與劉向《列女傳》對照，漏掉「問孰存」三字。韓嬰《韓詩外傳》卷九，《四庫全書》（89冊），上海：上海古籍出版社1987年版，第850頁。
〔註112〕劉向《列女傳》卷一〈母儀傳・鄒孟軻母〉，《四庫全書》（448冊），上海：上海古籍出版社1987年版，第15～16頁。

和處理夫妻關係和家庭關係。

在中國古代男尊女卑的婚姻形式下，女子在夫權、族權、父權、政權的重壓下搖首觸禁，在婚姻的締結、消滅和婚姻的權力、義務與地位上毫無自由、平等與權力可言。婚姻雙方雖然在理論上有諸如《儀禮・喪服傳》「夫妻一體」地位平等的強調，但在事實上，自父系以來就意味著女子人格獨立以及婚姻自由的喪失，這是孟子以妻子踞坐而求出妻的社會大背景。按照禮制規範，席地而坐的正規坐姿是「跪坐」，「踞坐」又稱為「箕」或「箕踞」，因姿勢散漫不雅而被視為無禮、傲慢的表現。因而，《禮記・曲禮上》有「坐毋箕」的規誡，《戰國策・燕策》也有荊軻刺秦王失敗後，「自知事不就，倚柱而笑，箕踞以罵」，以表示對秦王傲慢蔑視的記述。但是，按照古代禮制，「跪坐」是正規場合下的人際禮儀規定，私人獨處時的坐姿則可以不必拘泥。孟母從人之常情出發，區別禮儀社交與私人獨處場合的不同，給予孟子以正確引導。這充分體現了孟母在教子問題上嚴與慈、循禮與隨和、理論與現實結合，既嚴格規範又靈活練達的教育觀。「出妻之教」在充斥夫權、父權，籠罩冷酷與壓抑的社會氛圍下，讓人感受到人情的溫暖與母性的慈愛。同時，這則故事也以特定的方式，表達了儒家「吾日三省吾身」（《論語・學而》）的自我教育思想。孟母用自身行為影響、教育了孟子嚴於律己、善於自省的君子品格，「人必自侮，然後人侮之」和「行有不得者皆反求諸己」（《孟子・離婁上》）都是這一品格和思維的映像，由這一思維邏輯進而外推為「家必自毀而後人毀之，國必自伐而後人伐之」（《孟子・離婁上》）治國之道。

（五）擁楹之教

「擁楹之教」見於《列女傳》卷一：「孟子處齊而有憂色，孟母見之曰：『子若有憂色，何也？』孟子曰：『不敢。』異日閒居，擁楹而歎。孟母見之曰：『向見子有憂色，曰：「不也。」今擁楹而歎，何也？』孟子對曰：『軻聞之，君子稱身而就位，不為苟得而受賞，不貪榮祿。諸侯不聽則不達其土，聽而不用則不踐其朝。今道不用於齊，願行而母老，是以憂也。』孟母曰：『夫婦人之禮，精五飯，羃酒漿，養舅姑，縫衣裳而已矣。故有閨內之修而無境外之志。《易》曰：「在中饋，無攸遂。」《詩》曰：「無非無儀，惟酒食是議。」以言婦人無擅制之義，而有三從之道也。故年少則從乎父母，出嫁則從乎夫，夫死則從乎子，禮也。今子成人也，而我老矣。子行乎子義，吾行乎吾禮。』

君子謂：孟母知婦道。」〔註113〕孟子在齊，見實現王道之政無望，意欲去往他國推行仁政，又顧念老母年高，故擁楹而歎。孟母發現，援《詩》引《易》，鼓勵孟子立意高遠，放下負擔，輕裝前行。

「擁楹之教」是入仕之教。歷史上，孟子以其對儒家學說的繼承發揚而被封以「亞聖」稱號。從這則故事背後，我們看到了「亞聖」的真正成就者。類似「擁楹之教」的故事，未必一定是孟母所為，但一定是中華母親誨子成才最通常的教子方式。從理論上看，儒家文化強調的是以孝親為根柢的「父母在，不遠遊」（《論語・里仁》）。然而，儒家更強調「士志於道，而恥惡衣惡食」（《論語・里仁》）。倡導男子積極入仕，心存高遠，而以「遊必有方」（《論語・里仁》）作為孝親與治國無法兩全下的權宜和中和。「擁楹之教」在孝親與治國、情感與理智、「家國不可兩全」的矛盾中選擇了後者。這樣的抉擇，成就了孟子一生為道的奔波，也展現了以孟母為典型的母愛的偉大。

蔣伯潛說：「《易》云：『蒙以養正』，諺云『教兒嬰孩』，蓋母教之影響於子女者大矣。」〔註114〕勵志勉學，悉心教子的孟母，不僅成就了一代儒師，也成就了自身作為中華母親的人格形象。

《韓詩外傳》和《列女傳》二書均出現於漢代特定的社會政治與學術背景下。漢武帝推崇儒術，促進了儒學經典繼秦火之後的復興。燕人韓嬰，曾任文帝博士，傳《詩》於燕、趙之間，推闡詩人之意而作《詩內外傳》。而漢宗室、經學大師劉向則針對西漢後期外戚日盛，后妃干政的政治狀況，博採經、史，「因其志尚，率爾而作」，寫成了《列女傳》這部史學雜傳，為漢代后妃禮制提供模本，以鞏固劉氏王權〔註115〕。這兩部著作的可信度在歷史上均受到質疑，原因主要有以下幾方面：一是兩書的時代較晚，非出於先秦；二是在孟母其他生平行跡都模糊的情況下，唯獨教子內容如此詳細，內容記述缺乏清晰合理的路徑；三是這兩部書並非正史。傳統上，不被列入正史的

〔註113〕劉向《列女傳》卷一〈母儀傳・鄒孟軻母〉，《四庫全書》（448 冊），上海：上海古籍出版社 1987 年版，第 16 頁。

〔註114〕蔣伯潛《諸子通考》上編〈諸子人物考・孟子〉，杭州：浙江古籍出版社 1985 年版，第 145 頁。

〔註115〕《漢書》卷三十六〈楚元王傳・附劉向傳〉敘述劉向作《列女傳》的意圖為：「向睹俗益奢淫，而趙、衛之屬，起微賤，逾禮制。向以為王教由內及外，自近者始，故採取《詩》、《書》所載賢妃貞婦，興國顯家可法則，及孽嬖亂王者，序次為《列女傳》。凡八篇，以誡天子。」（班固《漢書》，北京：中華書局 1962 年版，第 1957～1958 頁）

野史、雜傳之類〔註 116〕，儘管內容並非全然向壁虛造，但是按照傳統思維邏輯，其可信度依然要大打折扣。如果我們對其所述內容認真辨析，不難發現，其中的確存在一些問題：

其一，二書所記有關孟母教子的故事，與其餘的教子故事多有類同。《韓詩外傳》關於「殺豚示信」的故事，與《韓非子》中曾子「烹彘教子」以明不欺的記載類同。《韓非子・外儲說左上》：「曾子之妻之市，其子隨之而泣。其母曰：『女還，顧反為女殺彘。』妻適市來，曾子欲捕彘殺之。妻止之曰：『特與嬰兒戲耳。』曾子曰：『嬰兒非與戲也。嬰兒非有知也，待父母而學者也，聽父母之教。今子欺之，是教子欺也。母欺子，子而不信其母，非以成教也。』遂烹彘也。」明陳士元《孟子雜記》據此並參照《晉書》載皇甫謐母任氏訓子曾提到「孟母三徙以成仁，曾父烹豕以存教」，指出：韓嬰以烹豕為孟母之教，是偶合之意，還是附會之作？另外，對於《列女傳》關於孟母斷機教子一事的真偽，陳士元也據《後漢書・列女傳》「樂羊子妻，勸夫勤學，亦有斷機事」，且其「學如累絲之語，取譬甚切，豈亦慕孟母之懿矩，而效法者邪？」〔註 117〕陳士元意在通過對這些故事不同記載的排比羅列，對其間可

〔註 116〕關於《韓詩外傳》的性質評價，陳振孫謂：「蓋多記雜說，不專解《詩》。」（陳振孫《直齋書錄解題・經部・詩類》，上海：上海古籍出版社 1987 年版，第 35 頁）清四庫館臣引王世貞語評為：「大抵引《詩》以證事，非引事以明《詩》。其說至確。……使讀詩者開卷之初，即不見本旨」，（永瑢等《四庫全書總目》卷十六〈詩類二〉，北京：中華書局 1965 年版，第 136 頁）而將之貶入《詩》之「附錄」而「綴於末簡」，以表不屑。關於《列女傳》的性質評價，從《隋書・經籍志》到《四庫全書》一直都歸於史部雜傳類，如張新科的《唐前史傳文學》（西安：西北大學出版社 2000 年版，第 166 頁）、陳蘭村的《中國傳紀文學發展史》（北京：語文出版社 1999 年版，第 136 頁）都將之歸入雜傳。然而，也有大批研究者提出，《列女傳》即便不是真正意義上的小說，但至少可以說具備了小說的特徵，「開啓了漢魏六朝雜傳的小說化之路」，應該算作由雜傳向小說過渡的「雜記體小說」。提出類似觀點的如賈冬月《劉向〈新序〉〈說苑〉〈列女傳〉的小說特徵》（《綏化學院學報》2006 年第 6 期，第 66～69 頁）、熊明《劉向〈列女〉〈列士〉〈孝子〉三傳考論》（《錦州師範學院學報》2003 年第 5 期，第 15～20 頁）、吳志達《中國文言小說史》（濟南：齊魯書社 1994 年版，第 63、66 頁），另外，王增斌、田同旭《中國古代小說綜論通解》也將之與《新序》、《說苑》一同視為「雖不被古人作為小說看待，而現在看來卻真正具有某些小說特質的作品。」（王增斌、田同旭《中國古代小說綜論通解》，北京：中國文聯出版公司 1998 年版，第 46 頁）

〔註 117〕陳士元《孟子雜記》卷一〈孟母仇氏〉，《四庫全書》（207 冊），上海：上海古籍出版社 1987 年版，第 292 頁。

能存在的串借，委婉地提出質疑。

其二，孟母教子中的許多情節不合於人之常情，有誇張附會之嫌。提出這一看法的主要是清崔述，他的《孟子事實錄》對孟母教子的故事逐條提出質疑。關於三遷之教，以為：雖然「孟母教子之善，當非無故而云然者。即三遷之事，亦容或有之。然謂孟子云云者，則必無之事也。孔子曰：『唯上知與下愚不移。』孟子曰：『豪傑之士，雖無文王猶興。』人之相遠，固由於習，然大聖賢之生必與眾異。必不盡隨流俗為轉移。孟子雖幼，安得遂與市井壙墓之群兒無以異乎？孟子曰：『舜之居深山之中，與木石居，與鹿豕游，及其聞一善言，見一善行，若決江河，沛然莫之能禦也。』然則孟子亦當如是。使孟子幼時，絕不知自異於群兒，則孟子壯時，亦安能自異於戰國縱橫之徒哉！且孟母既知墓側之不可居，則何不即擇學宮之旁而遷之，乃又卜居於市側乎？《國語》稱文王曰：『在母弗憂，在傅弗勤。』《列女傳》云：『文王生而明聖，太任教之以一而識百。後世儒者，遂謂文王生有聖德，大王知其必能興周，故舍泰伯而傳國焉。』夫同一聖人也。文王則生而即為聖人，孟子則幼時無少異於市井小兒，一何其相去懸絕乎？蓋凡稱古人者，欲極形容其人之美，遂不復顧其事之乖，其通病然也。故欲明太任之胎教，遂謂文王之聖，生而已然。欲明孟母之善教，遂若孟子之初，毫無異於庸愚。其實聖人之為聖人，亦必由漸而成。聖人幼時雖未即為聖人，而亦不與流俗同也。善讀書者當察其意所在，不必盡以為實然也，故今不載此事。」〔註118〕崔氏雖引孔子上智下愚之說與文王生而明聖，以否認三徙之教中有關孟子幼時學喪者築埋與賈人衒賣等平庸之舉，以為「聖人幼時雖未即為聖人，而亦不與流俗同也」，以先驗論的角度否定孟母三遷的事，雖然其論據不免荒唐，但終究還是站在否定的立場。另外，崔氏對「斷織之教」、「殺豚之教」和「休妻之教」也一併提出懷疑，以為：「自裂以織以喻學之不可中輟，理固當然。然且誦且思，豈無中止之時？乃責其聲之必無斷續乎！至於『啖汝』云者，不過一時之戲言耳，其失甚小，因悔此一戲而遂買豚肉以彌縫之，是教之以文過飾非也。孟母何反出於此乎！此皆說者欲極形容孟母之善教而附會之，反失其正者，皆不可為信。故今並不錄。《韓詩外傳》云：『孟子妻獨居，踞。孟子入戶視之，白其母曰：「婦無禮，請去之。」母曰：「乃汝無禮也。禮不去

〔註118〕崔述《孟子事實錄》卷上〈在鄒〉，四川大學古籍整理研究所編《儒藏》（10冊），成都：四川大學出版社2005年版，第303頁。

乎？將上堂，聲必揚；將入戶，視必下。不掩人不備也。」於是孟子自責，不敢去婦。』余按：獨居而踞，偶然事耳，教之則可也，非有大過，豈得輒去！聲揚，視下，亦謂朋友賓客間耳。房幃之內安得事事責之。此蓋後人所附會，必非孟子之事，故亦不載。」〔註119〕崔氏以孔子的「上智與下愚不移」以斷孟子既為聖賢，必不需母教而成才，實不能不說有失荒唐。對此，倒不如清乾隆皇帝「雖命世亞聖之才，亦資父母教養之力也」來得更真實恰切一些。但其中所指如「孟子妻踞」〔註120〕等記載，懷疑有為誇大孟母之教而小題大做之嫌，則的確是值得審慎看待的問題。以人之常情審視，孟子是否能如此無視生活現實與禮儀規範之間的差異，而拘泥如此，實在值得懷疑。

其三，關於孟母斷織的時間，不同版本的記載互有參差。劉向《列女傳》與《孟子外書》、《韓詩外傳》略有出入。劉向《列女傳》認為是在「孟子稍長，就學而歸」時，而《孟子外書》和《韓詩外傳》則認為是在「孟子幼誦，其母方織」時，孰是孰非，難以辨明。曹之升《孟子年譜》卷上「周顯王十一年」條下，對此作過一番考證：「《孟子年表》：『癸亥十有五歲就學於魯，歸家，母斷機以教。』《韓詩外傳》：『孟子少時誦，其母方織，孟子輟然中止，乃復進，其母知其諠也，呼而問之曰：「何為中止？」對曰：「有所失復得。」其母引刀裂其織，以此誡之。自是之後，孟子不復諠矣。』《列女傳》云：『稍長，就學而歸，母方織，問曰：「學何所至矣？」對曰：「自若也。」母以刀斷織，軻懼。問其故，母曰：「子之廢學，若我斷斯織矣。夫君子學以立名，問以廣知，是以居則安寧，動則遠害。今而廢之，是不免於廝役，而無以離於禍患也，何以異於織績而食！中道廢而不為，寧能衣其夫子而長不乏養哉？」孟子懼，旦夕勤學不息。師事子思，遂成名儒。』二說所載互異。《孟子正義》獨引劉《傳》者，所以證邠卿長師孔子之孫子思之說，明乎就學而歸在出就外傅之日，非猶是慈母之課讀於家也。」〔註121〕曹氏由《孟子正義》引劉廢韓，判斷孟母斷織是在孟子稍長外傅之時，而非年幼在家誦讀之時。

〔註119〕崔述《孟子事實錄》卷上〈在鄒〉，四川大學古籍整理研究所編《儒藏》（10冊），成都：四川大學出版社2005年版，第303～304頁。

〔註120〕元仁宗愛育黎拔力八達《聖詔褒崇孟父孟母封號之碑》，現存孟廟亞聖殿啟聖殿院甬道西側。文收入劉培桂編著《孟子林廟歷代石刻集》，濟南：齊魯書社2005年版，第49頁。

〔註121〕曹之升《孟子年譜》（4冊），北京：北京圖書館出版社2005年版，第381～383頁。

而明代許彬《重修孟母斷機祠記》又提出新說，以爲：「初遊學齊、梁之間，未成而歸。母怒，引刀趨機斷之曰：『是織也，累絲成寸，積寸成尺，如斯不已，遂成丈匹。子之廢學，得無似之乎？』孟子懼，而復出就學，遂成大儒」〔註122〕的說法。以斷織之教於遊學於齊、梁之後，又於《列女傳》、《韓詩外傳》所記之外更添紛亂，更不知其說之源，概對二書所記誤解所致。

　　漢代以後才出現的《韓詩外傳》和《列女傳》二書所記孟母教子的故事的確有值得質疑之處，其中齟齬矛盾與類同等曾引發學者諸多懷疑。這些問題因爲材料所限已無法確證。但我們不妨轉換視角，把孟母看作所有中國母親的象徵，把孟母教子看作是千萬中國母親和中國家庭的成才教育，看作中國母教文化的象徵。如此，便不必一定執著、拘泥於這些問題的眞實與否。正如孫葆田所說：「漢人所傳三遷之說，其事有無不可知，然亦足見自古聖賢之成其來有自。」〔註123〕

三、孟母尊崇及其文化遺跡

　　對孟母的尊崇，伴隨著孟子地位的提升而不斷升級。

（一）文人讚頌

　　隨著西漢《韓詩外傳》、《列女傳》所載孟母教子的故事在民間的普及流傳，東漢以後引起眾多文學家、史學家和士人的廣泛關注。

　　率先關注讚頌孟母的是東漢女史學家、文學家班昭。班昭是東漢著名史學家班固的妹妹，家學淵源，博學高才，賦、頌、辭、書、論無所不通。所作《孟母頌》：「孟子之母，教化別分；處子擇義，使從大倫。子學不進，斷機示焉；子遂成德，爲當世冠。」展現了女性對中國母教文化現象的關注和獨特視角。

　　西晉，女文學家左芬〔註124〕又作《孟母贊》：「鄒母善導，三徙成教；鄰

〔註122〕許彬《重修孟母斷機祠記》，收入劉培桂編著《孟子林廟歷代石刻集》，濟南：齊魯書社 2005 年版，第 155 頁。

〔註123〕孫葆田《孟志編略》，山東省博物館藏清光緒十六年刻本。見山東文獻集成編纂委員會編《山東文獻集成》（11 冊）卷二〈事實〉，濟南：山東大學出版社 2009 年版，第 11 頁。

〔註124〕左芬（墓誌「芬」寫作「棻」），齊國臨淄（今山東淄博）人，才華橫溢，尤長於詩文。爲晉武帝妃嬪，世稱左嬪妃，又稱九嬪。《晉書·后妃傳》記爲：「少好學，善綴文，名亞於思，武帝聞而納之……帝重芬詞藻，每有方物異

止庠序，俎豆是傚。斷機激子，廣以墳奧。聰達知禮，敷述聖道。」〔註125〕

　　隨著宋代孟子地位的上升，孟母的地位也受到士人的廣泛關注，宋太宗時，「聲名藉甚，公卿多薦之者」的華州進士韓丕「嘗著《孟母碑》、《返魯頌》，人多諷誦之。」〔註126〕從流傳至今的《三字經》看，至南宋，孟母教子的故事已在民間廣泛流傳〔註127〕。

寶，必詔爲賦頌，以是屢獲恩賜焉」。（房玄齡等《晉書》卷三十一〈后妃上·武悼楊皇后·附左貴嬪〉，《四庫全書》（255 冊），上海：上海古籍出版社 1987年版，第 576、579 頁）今存詩、賦、頌、贊、誄等 20 餘篇，多爲應詔之作，以《啄木詩》、《離思賦》、《感離詩》爲最有名。

〔註125〕漢班昭《孟母頌》和晉左芬《孟母贊》，見孟府藏舊拓，現存鄒城市博物館。孟子七十代孫孟廣均曾刻石立碑，碑原存孟母斷機堂，已毀。文收入劉培桂編著《孟子林廟歷代石刻集》，濟南：齊魯書社 2005 年版，第 409～410 頁。

〔註126〕脫脫等《宋史》卷二百九十六〈韓丕傳〉，北京：中華書局 1977 年版，第 9859 頁。

〔註127〕《三字經》的作者和成書時代問題，自明代以來即引起關注，然至今沒有確論。所以，趙南星在《三字經注·序》中說：「世所傳《三字經》、《女兒經》者，皆不知誰氏所做。」迄今爲止，對這一問題的探討大致有四種説法：《辭源》即提出了其中三種：一爲「相傳南宋王應麟編」。但緊接其後，又提出爲南宋區適撰，並列舉出四個證據：明代黃佐《廣州人物傳》之十，明末屈大均《廣東新語》十一和清代惲敬《大雲山房記》之二。三爲「清邵晉涵説是明人黎貞撰」（廣東、廣西、湖南、河南辭源修訂組，商務印書館編輯部編《辭源》，北京：商務印書館 1988 年版，第 24 頁）。提出第四種説法的是今人吳蒙，他在其標點的《三字經百家姓千字文·前言》中否定了《辭源》的這三種説法，闡述了他的觀點：「《三字經》的作者，明清人多指爲南宋名儒王應麟，也有宋人區適、明人黎貞等説，但都是出於傳聞，並無實在的證據。《三字經》中說：『爲學者，必有初，《小學》終，至《四書》』。朱熹的著作經慶元黨禁後，獲得全面的尊崇和推行，已是進入元代的事。而《三字經》又有鼓勵仕進的內容，故似當作成於元延祐年恢復科舉，規定考試程序中《四書》用朱氏集注之後。近時人們發現南宋陳淳用三字句寫成的《啓蒙初誦》，起首爲：『天地姓，人爲貴，無不善。』以下還有『性相近，君臣義，父子親，長幼序』等語，很像是《三字經》的先河。說明《三字經》從雛形到更定，經過了相當長的時間。今本《三字經》還有對明清歷史的簡述，則是歷代增補的結果。」吳蒙非常謹慎地提出南宋陳淳的三字句《啓蒙初誦》作爲《三字經》的先河，後經元、明、清歷代不斷修改完善而成今本。這一説法很有道理。事實上，我國許多古籍，尤其是類似於《三字經》、《百家姓》等始於民間的啓蒙讀本多經歷不斷增補完善的過程，明代黎貞的工作恐即屬此類，認爲某代一次性成書的説法難免有教條之嫌。所以，一定要討論《三字經》的具體作者，不唯難度較大，且沒有必要。不過，綜觀明清學者的觀點，《三字經》和《百家姓》一樣，均始出於宋代，後歷經元、明、清的不斷修飾、增補與完善，當是較爲通達的看法，從史事上看也與宋代以來孟子地位的變化相契合。

　　元代張頡撰《孟母墓碑》文，對孟母教子不吝讚頌之辭：「夫以聖賢之質，在傅不勤，處師不煩，固有不待教而能者？考之劉向《列女傳》，孟母之教歷歷可紀。墓而築埋，市而賈衒，其居使之舍學官旁，則設俎豆乃性然也。以有知而教信，示斷織以勸學，猶曰『童子之教』耳。『子行子義，吾行吾禮』之言，實在齊時，孟子老矣，而母訓益嚴。謂教之所致，非邪。世之人知以教子責之父師，不察母教之尤近也。知乳哺之爲恩，而不知訓誨之爲恩；知蓄養之爲慈，而不知禮法之爲慈。咻之燠之，賢則親，無能則憐。喻惰於褓裸之中，養成於長大之後。習與性成，父師之訓不能入，雖有美材不得爲良器矣。孔子再歲而孤，孟子夙喪其父，操心危，慮患深，以達於大聖大賢之域，繫母訓是賴。因表諸孟母之墓，使天下之爲人母者知所取則焉。」〔註128〕借孟母教子的範例及「長大之後，習與性成，父師之訓不能入」，強調母教與幼教的重要。

　　明、清，隨著孟子地位達到鼎盛，對孟母的關注由一般士人到地方官僚。今存孟廟刻石、《三遷志》、《鄒縣志》等文獻顯示：明代凡來孟子故里鄒縣任職，或道經鄒縣的官僚士宦，在拜謁孟廟時多一同拜謁孟母祠，有大量詩文爲證。明洪武間鄒縣丞鄧原忠作《孟母斷機祠贊》曰：「……懿惟孟母，克教厥子。始而三遷，慎厥修止。賢哉子輿，孔孫是師。師訓惟謹，母言敢違？母也惟賢，斷機以喻。……人誰無母？克教者稀。間或有焉，孰喻以機？父而教子，且有未至。矧爲母者，罕聞於世。有母若孟，厥子乃賢。有子若孟，母德著焉。……」〔註129〕表彰了孟母功績。

　　明世宗嘉靖三十一年（公元 1552 年），欽差整飭沂州等處兵備、山東按察司僉事史鶚修孟氏家志，徑以「三遷」命名，從此奠立了孟氏《三遷志》的家志名稱，與孔氏《闕里志》和顏氏《陋巷志》一併，在家譜之外又成家志系列。《志》成，史鶚以牲醴祭告於孟廟，闡明了以「三遷」命名的緣由：「志名『三遷』，厥義何在？蒙養以正，由於母愛。爰采蘋藻，用告厥成；師其昭感，俯鑒斯情。」〔註130〕明確孟氏家《志》的編纂爲紀念和彰顯孟母三

<hr>

〔註128〕張頡撰《孟母墓碑》，碑現存孟母林孟母墓前左側。文收入孟廣均編清德宗光緒本《重纂三遷志》卷七〈藝文二〉，苗楓林主編《孔子文化大全》，濟南：山東友誼出版社 1989 年版，第 425～426 頁。另收入劉培桂編著《孟子林廟歷代石刻集》，濟南：齊魯書社 2005 年版，第 35～36 頁。

〔註129〕鄧原忠《孟母斷機祠贊》，碑原存孟母斷機祠，現已佚。文收入劉培桂編著《孟子林廟歷代石刻集》，濟南：齊魯書社 2005 年版，第 92～93 頁。

〔註130〕史鶚《致告於先師孟夫子之神文》，碑現存孟廟承聖門外西側北壁。文收入劉培桂編著《孟子林廟歷代石刻集》，濟南：齊魯書社 2005 年版，第 215 頁。

遷之功。明神宗萬曆十八年（公元 1590 年），巡按山東監察御史鍾化民祭孟廟孟母殿，作《昭告於邾國公宣獻夫人文》：「子之聖即母之聖，妻之聖即夫之聖。不有三遷之教，孰開浩然之聖？人生教子，志在青紫；夫人教子，志在孔子。古今以來，一人而已。為丈夫者，瞻對慈顏，安可不奮然獨往，必求至於孔子。尚享！」〔註 131〕以孟母為大丈夫勵志的標榜。次年（即明神宗萬曆十九年，公元 1591 年）八月，孟子五十九代孫世襲翰林院五經博士孟彥璞和林廟舉事孟承桂在馬鞍山孟母林重立《邾國宣獻夫人墓碑》〔註 132〕。次年（明神宗萬曆二十年，公元 1592 年）春，李化龍謁孟廟又作專《斷機》詩讚曰：「三遷辛苦傍書堂，誰信慈幃有義方？一斷機絲接聖緒，丈夫空自說剛腸。」〔註 133〕

清高宗於乾隆三年（公元年 1738 年）七月，親自遣總理省直山東等處鹽法道楊宏俊致祭於孟母，有「惟大賢之教施無窮，皆慈母之恩勤有素」〔註 134〕的讚語。

（二）帝王尊崇

士人的讚譽，推動了國家統治層的關注，帝王從中窺到了利於統治的玄妙，對孟母的封諡接踵而至。

唐玄宗天寶七年（公元 748 年）「詔歷代忠臣義士孝婦烈女，史籍所載德行彌高者，並令郡縣長官隨其所在立為祠宇，歲時致祭。孝婦七人，鄒孟子母居第五。」〔註 135〕孟母尊崇借著政治力量的推動在民間迅速展開。

〔註 131〕鍾化民《昭告於邾國公宣獻夫人文》，由兗州府知府易登瀛、鄒縣知縣王自謹一同立碑刻文，碑現存孟廟孟母殿前甬道東側。碑文收入劉培桂編著《孟子林廟歷代石刻集》，濟南：齊魯書社 2005 年版，第 255 頁。

〔註 132〕孟彥璞、孟承桂《邾國宣獻夫人墓碑》，碑原存馬鞍山孟母林，現已毀，孟府藏舊拓。文收入劉培桂編著《孟子林廟歷代石刻集》，濟南：齊魯書社 2005 年版，第 256 頁。

〔註 133〕李化龍《謁孟廟示諸生》碑，現存孟廟啓聖殿甬道東側南首。文收入孟廣均編清德宗光緒本《重纂三遷志》卷九〈藝文四〉（苗楓林主編《孔子文化大全》，濟南：山東友誼出版社 1989 年版，第 568 頁）及劉培桂編著《孟子林廟歷代石刻集》，濟南：齊魯書社 2005 年版，第 257 頁。

〔註 134〕愛新覺羅‧弘曆《皇帝遣楊宏俊致祭於孟母文》，碑現存孟廟孟母殿前迴廊東側。文收入劉培桂編著《孟子林廟歷代石刻集》，濟南：齊魯書社 2005 年版，第 354 頁。

〔註 135〕孟廣均編清德宗光緒本《重纂三遷志》卷四〈祀典〉，苗楓林主編《孔子文化大全》，濟南：山東友誼出版社 1989 年版，第 203 頁。

　　元仁宗延祐三年（公元 1316 年）七月，仁宗下詔正式爲孟子父母上封號：「上天眷命，皇帝聖旨：朕惟由孔子至於孟子百有餘歲，而道統之傳獨得其正。雖命世亞聖之才，亦資父母教養之力也。其父夙喪，母以三遷之教勵天下後世。推原所自，功莫大焉。稽諸往代，實闕褒崇。夫功大而位不酬，實著而名不正。豈朕所以致懷賢之意哉？肆頒寵命，永賁神休，可追封其父爲邾國公，母爲邾國宣獻夫人。」〔註 136〕詔文以蒙、漢兩種文字鐫刻巨碑立於孟廟。這是孟母有封號的開始。

　　清高宗乾隆二年（公元 1737 年），侍郎趙殿最奏請加孟母封號，以示尊崇，禮部題奏，讚頌孟母教子功績，以爲：「昔在元代已尊封鄒國宣獻夫人，崇祀廟庭。我皇上崇儒重道，典禮尤隆。孟母鄒國夫人，誠宜加增封號，以作民教而樹風聲也。應如該侍郎趙殿最所奏，請旨敕加封號，以示尊崇。其封號字樣，由內閣撰擬。……十月，內閣交出亞聖孟子母仉氏封號。欽定『端範』」〔註 137〕，乾隆正式「追崇孟母邾國宣獻夫人爲端範宣獻夫人」〔註 138〕。

　　孟母封號由元代的「邾國宣獻夫人」到清代的「端範宣獻夫人」，體現了政府關注與尊崇的不斷升級。

（三）文化遺跡

　　唐玄宗於天寶七年（公元 748 年）下詔旌表孝歸烈女之後，紀念孟母的祠、廟建設在全國不斷湧現，僅見於孟衍泰編清世宗雍正本《三遷志》和孟廣均編清德宗光緒本《重纂三遷志》的就有：「孟母廟在陽谷縣東北四十里，世傳孟母祀蠶之所」、「孟社在沂水縣，社有孟母祠」〔註 139〕、「明陳公璉曰：『桂林屬邑有孟母、太伯等廟』」〔註 140〕等多處記載。

〔註 136〕仁宗《聖詔褒崇孟父孟母封號之碑》，現存孟廟啓聖殿院甬道東側。文收入劉培桂編著《孟子林廟歷代石刻集》，濟南：齊魯書社 2005 年版，第 49 頁。

〔註 137〕愛新覺羅‧弘曆《皇帝遣楊宏俊致祭於孟母文》碑陰「禮部等衙門謹題，爲敬請推崇賢母封號，以光聖朝祀典事」，現存孟廟孟母殿前迴廊東側。文收入劉培桂編著《孟子林廟歷代石刻集》，濟南：齊魯書社 2005 年版，第 354～355 頁。

〔註 138〕孟廣均編清德宗光緒本《重纂三遷志》卷四〈祀典〉，苗楓林主編《孔子文化大全》，濟南：山東友誼書社 1989 年版，第 208 頁。

〔註 139〕孟衍泰編清世宗雍正本《三遷志》卷十二〈古蹟〉，四川大學古籍整理研究所編《儒藏》（10 冊），成都：四川大學出版社 2005 年版，第 88 頁。

〔註 140〕孟廣均編清德宗光緒本《重纂三遷志》卷十〈雜志〉，苗楓林主編《孔子文化大全》，濟南：山東友誼書社 1989 年版，第 621 頁。

1. 鳧村亞聖祖妣祠堂

鳧村又稱富村、傅村、鄒興鄉、鄒儒里，據傳是孟子的出生地。

關於孟子故宅，劉向《列女傳》僅有「其舍近墓」的記載。查閱存世資料，今日所見有金代孫弼於金宣宗貞祐元年（公元 1213 年）的《鄒國公墳廟之碑》，碑文約略提到了孟子故里：「鄒城東南隅有岡曰『文賢』，其勢迴旋掩抱。有溝曰『因利』，水自巽方而來，灌城壕而西之。古人傳之曰，因此山川之秀而孟子生焉。今魯國鄒興鄉鄒儒里即其地也。」後文又說：「公為齊卿時，將母喪而歸葬於魯也，今在鄒興鄉馬鞍山之麓者是也。」〔註 141〕這是今日所見有關孟子出生地的最早記載。文中記載雖有多處模糊，如鄒儒里在「城東南隅」還是城北等問題，但要在碑文明確了孟子故里在馬鞍山之麓的事實。

明世宗嘉靖四十一年（公元 1562 年），李玉記孟子六十代後裔孟氏家族舉事孟承義在富村重修故里祠堂的《重修亞聖祖妣祠堂記》，將孟子故里確定為富村：「鄒之北二十里，嶔峛矼硉屄反蜿蜒者，九龍山也。山之西北有村名富者，初不詳其名之所自，始考之舊《志》，是為吾亞聖夫子孕粹鍾英之故址也。」於是，「毅然以恢復為己任。乃聚族眾經之營之」，「且繪誕聖之祖妣二像於中」〔註 142〕。

至清朝康熙末，婁一均任鄒縣知縣，再次從當地父老口中確認了孟子出生地：「孟子鄒人，未解所生之地，逮余來宰鄒邑，至鄒之北境，見有居民稠密，山川環抱之區。為之停驂而采風焉。父老告余曰：『此亞聖孟子誕生處也。』古《紀》云，孟母夢有大人自泰山來，將止於嶧。明旦，里人見有祥雲五色環繞其宅，而孟子生焉。蓋周烈王之四年四月初二日也。伊時名其地曰：孟孺里。及魏晉時稱『鄒興鄉』，今又名『鳧村』。尚有孟子古宅在焉。其後裔聚族而居，代有優崇之典，並無差役。」於是，除令「將集市行稅供孟母祠堂之祀」外，又令「一切攤派、雜項概行豁除，以示優寵」〔註 143〕。

〔註 141〕孫弼《鄒國公墳廟之碑》，碑原存鄒縣城北十公里鳧村馬鞍山孟母林孟母墓前，已毀。孟府藏有舊拓。文收入劉濬編明憲宗成化本《孔顏孟三氏志》卷六〈歷代修建廟宇碑文·鄒國公墳廟之碑〉，成都：四川大學古籍整理研究所編《儒藏》（9 冊），成都：四川大學出版社 2005 年版，第 381～382 頁。

〔註 142〕李玉《重修亞聖祖妣祠堂記》，原存孟子故里鳧村孟母祠，現已毀。現孟府藏有舊拓。文收入劉培桂編著《孟子林廟歷代石刻集》，濟南：齊魯書社 2005年版，第 229 頁。

〔註 143〕婁一均《蠲免富村雜徭記》，碑原存孟子故里鳧村，已佚。文收入劉培桂編著《孟子林廟歷代石刻集》，濟南：齊魯書社 2005 年版，第 345 頁。

其後，在孟衍泰編清世宗雍正本《三遷志》和孟廣均編清德宗光緒本《重纂三遷志》直接肯定凫村爲孟子故里：「孟母故宅在馬鞍山之西，即孟子所生地也，今名付村。」「鄒縣北有村曰富村，舊名鄒興鄉，俗傳爲孟子故里，金孫弼《謁祠記》所謂鄒儒里是也。里皆孟氏居。」〔註144〕

關於孟母祠的建造修葺，孟廣均編清德宗光緒本（光緒十三年，即公元1887年）《重纂三遷志》和五年後（即清德宗光緒十八年，公元1892年）吳若灝修的《鄒縣續志》均有記載。從上述記載看，故里孟母祠自明世宗嘉靖四十一年（公元1562年）重建後，清道光三年（公元1823年）孟毓松又增置了故里祠祭田。後又經道光五年（公元1825年）、同治十二年（公元1873年）林廟舉事孟毓官、鄒縣令耿天九及孟子七十一代孫孟昭銓等的重修〔註145〕而延續下來，但規模不詳〔註146〕。

2. 廟戶營三遷祠

廟戶營三遷祠，是爲紀念《列女傳》所載孟母由「舍近墓」一遷至「舍市旁」而建。與其餘孟母遺址相比，廟戶營三遷祠始建較晚。清聖祖康熙五十二年（公元1713年），始以縣城西廟戶營爲「三遷曾經之地」〔註147〕，於此創建亞聖祠。祠由正殿三楹和東、西兩配房組成，其後也屢經傾壞和屢次修葺，延續至今〔註148〕。

3. 孟母斷機堂

由「舍市旁」到「舍學宮之旁」，是孟母三遷的最後一站，也是對於孟子

〔註144〕孟衍泰編清世宗雍正本《三遷志》卷十二〈古蹟〉，四川大學古籍整理研究所編《儒藏》（10冊），成都：四川大學出版社2005年版，第87頁；孟廣均編清德宗光緒本《重纂三遷志》卷四〈祀典·孟子故里祠〉，苗楓林主編《孔子文化大全》，濟南：山東友誼書社1989年版，第233頁。

〔註145〕吳若灝《鄒縣續志》卷五〈祀典志·祠廟〉，《中國地方志集成》（72冊），南京：鳳凰出版社（原江蘇古籍出版社）2004年版，第554頁；孟廣均編清德宗光緒本《重纂三遷志》卷四〈祀典〉，苗楓林主編《孔子文化大全》，濟南：山東友誼書社1989年版，第234頁。

〔註146〕今日所見係曲阜市文物局主持於1982年重修，主體規模爲一門、一殿三楹，內有孟子父母像。

〔註147〕孟廣均《廟戶營添設祭田碑記》，現鑲於鄒縣城西廟戶營前村孟母三遷祠享殿迴廊西壁。文收入劉培桂編著《孟子林廟歷代石刻集》，濟南：齊魯書社2005年版，第437頁。

〔註148〕今日所見廟戶營三遷祠，係由鄒城市文化部門組織自1992年至1996年重新修整而成。

成才至關重要的遷居之地。所以，隨著漢晉間三徙教子傳說的普及與宋代孟子地位的提高，至元代，地方官僚即已注重相關遺址的建設。

元成宗元貞元年（公元 1295 年），鄒縣尹司居敬依當地民間傳說，以「孟子故宅，其傳有自來矣……又以子思講堂在縣治東」〔註149〕，而在鄒縣城東南隅復建孟子故宅及子思講堂，「又臺下構室曰『斷機』，思懿範也。然無神像」〔註150〕，此即為「斷機堂」〔註151〕的由來。

元順帝至正四年（公元 1344 年），孟子五十二代孫孟惟讓與鄒縣耆儒馬亨、李元彬、李儼等，為斷機堂內孟母「埏埴作像，冠服擬一品命婦，端嚴古雅，甚得其制」〔註152〕，此為斷機堂孟母神像之始。

斷機堂在元、明兩代屢屢修建。明神宗萬曆三十七年（公元 1609 年），縣令胡繼先重修時，「易斷機堂為孟母祠，東與子思祠、書院相望」〔註153〕，「斷機堂」正式改名「孟母祠」。

〔註149〕張頤《中庸精舍記》碑陰《中庸精舍碑陰記》，碑原存子思書院，現已佚。文收入劉濬編明憲宗成化本《孔顏孟三氏志》卷六〈亞聖孟氏志事類・歷代修建廟宇碑文〉，四川大學古籍整理研究所編《儒藏》（9 冊），成都：四川大學出版社 2005 年版，第 400 頁。另收入劉培桂編著《孟子林廟歷代石刻集》，濟南：齊魯書社 2005 年版，第 30 頁。

〔註150〕今日所見最早的孟氏家志，劉濬編明憲宗成化本《孔顏孟三氏志》記有：「孟母斷機堂三間，在今亞聖公廟北半里許，隔因利溝，元鄒縣尹司居敬建，祀邾國公及孟母。」（劉濬編明憲宗成化本《孔顏孟三氏志》卷六〈亞聖孟氏志事類・廟宇〉，四川大學古籍整理研究所編《儒藏》（9 冊），成都：四川大學出版社 2005 年版，第 351 頁）鄭質《斷機堂邾國宣獻夫人新像記》也記有：「鄒邑巽隅，有臺崇丈許，曰『曝書』，世傳為孟子故居。元貞元年，邑尹司君居敬，因建沂國公書院於左，追往意也。又臺下構室，曰『斷機』，思懿範也。然無神像。」（劉濬編明憲宗成化本《孔顏孟三氏志》卷六〈亞聖孟氏志事類・歷代修建廟宇碑文〉，四川大學古籍整理研究所編《儒藏》（9 冊），成都：四川大學出版社 2005 年版，第 398 頁；文另收入劉培桂編著《孟子林廟歷代石刻集》，濟南：齊魯書社 2005 年版，第 76 頁）

〔註151〕清曹之升《孟子年譜》卷上「周顯王七年」條下稱：「古蹟荒遠多不可考，或子思教學之地，其門人多居之者，傳所稱三徙學宮之旁，當即指此。」（曹之升《孟子年譜》，《先秦諸子年譜》（4 冊），北京：北京圖書館出版社 2005 年版，第 366 頁）

〔註152〕劉濬編明憲宗成化本《孔顏孟三氏志》卷六〈亞聖孟氏志事類・歷代修建廟宇碑文〉，四川大學古籍整理研究所編《儒藏》（9 冊），成都：四川大學出版社 2005 年版，第 398 頁；另見劉培桂編著《孟子林廟歷代石刻集》，濟南：齊魯書社 2005 年版，第 76 頁。

〔註153〕孟廣均編清德宗光緒本《重纂三遷志》卷四〈祀典〉，苗楓林主編《孔子文化大全》，濟南：山東友誼書社 1989 年版，第 236 頁。

明代斷機堂與子思書院一併毀於天啓二年（公元 1622 年）的白蓮教起義。清代自康熙七年（公元 1668 年）始，歷經雍正、道光、同治，二百年間屢毀屢修。清宣宗道光十二年（公元 1832）春，孟子七十代孫孟廣均又於孟母祠西側立「孟母斷機處」大字石碑一通〔註 154〕。斷機堂的中丁之祭也一直持續到 1944 年秋，但這處歷元、明、清六百年歷史的遺跡，於 1945 年最終毀於戰火，今已無存。

4. 孟廟孟母殿

孟廟於宋徽宗宣和三年（公元 1211 年）三遷至鄒縣城南（即今址）時，主持籌建的徐紱以「三遷之教，實係賢母」，「東爲堂三間六架，見行塑鄒國公父母」〔註 155〕，奏疏獲朝廷許可。這是孟廟中祭祀孟母的開始。

元仁宗延祐三年（公元 1316 年），詔封孟母爲邾國宣獻夫人，「自鄒國公新廟成，適其父母神像於故殿。蓋以有年，今既加封，欲創建宮室東南隙地」。但「時未暇，乃即故基而更其制，冠以冕旒，服以五彩」。孟母服制儀容從此以「危危峨峨，煌煌燁燁」之貌，而「儼然南面，春秋祭祀一同其子。」〔註 156〕

宋代所建孟廟，毀於金季戰亂。元世祖至元年間，孟氏後裔孟德昌等又「別構孟子前殿，像邾國公若夫人於故室而時祀之。然逼隘不能容禮器之設，風雨穿漏，摧圮將壓」。基於此，元泰定帝致和元年（公元 1328 年），監縣帖哥及縣令楊欽等重修孟子父母祠堂，「簷四出，楹五間。南北深三丈有奇，東西廣五丈，高如深之數而少縮焉。棟宇戶牖庭陛與夫丹堊之飾，儉而弗陋，侈而弗逾，於以妥靈揭虔」〔註 157〕。經孟德昌和帖哥等前後相承的努力，孟廟中終於有了專祀孟子父母的專祠，且規模有所擴大。

〔註 154〕現存孟廟康熙御碑亭東側。

〔註 155〕宣和四年（公元 1212 年）《鄒縣榜》，現存孟廟致敬門內院西壁。文收入劉培桂編著《孟子林廟歷代石刻集》，濟南：齊魯書社 2005 年版，第 8 頁。另：孟廣均編清德宗光緒本《重纂三遷志》也有「孟廟自宋宣和四年徙建於鄒縣南門外，鄒縣貢士徐紱等始於廟東爲堂，祀孟子父母，並疏聞於朝」的記載（見孟廣均編清德宗光緒本《重纂三遷志》卷之四〈祀典〉，苗楓林主編《孔子文化大全》，濟南：山東友誼書社 1989 年版，第 217 頁）

〔註 156〕延祐四年（公元 1317 年）《聖詔褒崇孟父母封號之碑》碑陰《追封邾國公邾國宣獻夫人碑陰之記》，現存孟廟啓聖殿院甬道西側。文收入劉培桂編著《孟子林廟歷代石刻集》，濟南：齊魯書社 2005 年版，第 50 頁。

〔註 157〕曹元用《邾國公祠堂記》，現存孟廟啓聖殿院甬道東側。文收入劉培桂編著《孟子林廟歷代石刻集》，濟南：齊魯書社 2005 年版，第 56 頁。

明孝宗弘治十年（公元 1497 年），又「詔修孟廟，始於廟東建堂各四楹，前爲邾國公殿，後爲宣獻夫人殿，而以故殿祀亞聖夫人。」〔註 158〕孟廟中孟父和孟母專殿建成，分別祭祀，原孟子父母合殿變爲祭祀孟子夫人的專殿。

5. 孟母林享堂

孟母林，即孟母墓所在地，位於今鄒縣城東北二十五里馬鞍山。據孟廣均編《重纂三遷志》卷四〈祀典〉記載，自宋太宗時華州進士韓丕作孟母碑，後又陸續有元成宗元貞元年（公元 1295 年）鄒縣令司居敬、明武宗正德二年（公元 1507 年）孟子五十七代孫孟元，及明神宗萬曆九年（公元 1583 年）孟子五十九代孫孟彥璞分別爲孟母墓立碑。

孟母林享堂的建設較晚，始於清代乾隆九年（公元 1744 年），由孟子六十五代孫孟衍泰創建。爲此，孟衍泰特作《創建享堂記》以記：「自元仁宗延祐三年，封……聖祖母仉氏爲宣獻夫人，……又加封聖祖母仉氏爲端宣獻夫人。歷代推獎有加無已。予因賜頻臨，益思坤德難沒。於是統領闔族，興茲土木，庶有以仰篤追美之典。抑且春露秋霜，瞻拜墳墓而致精誠，以爲昭假者，即於此焉。」〔註 159〕碑文記錄了孟衍泰建孟母林享堂的目的是爲了便於後人祭祀孟母林墓。

清宣宗道光二十一年（公元 1841 年），孟子七十代孫孟廣均修孟母林享殿時，又於堂後立「啓聖邾國公、端範宣獻夫人神位」碑，碑現仍存孟母林享殿後，有微殘，但尚基本完好。

今日的孟母林，紅牆、綠樹、古冢相互掩映，以有形的文化形式，彰顯著無形的母教文化魅力。

四、中國母教文化

不同的民族在不同歷史時期和生存環境中，孕育了各具特色的文化類型。擁有五千年文明史的中華民族經過不斷創造與積累，形成了自己富有特色的博大精深、豐富璀璨的傳統文化，母教文化是中華文化海洋中一顆璀璨的明珠。

〔註 158〕孟廣均編清德宗光緒本《重纂三遷志》卷四〈祀典〉，苗楓林主編《孔子文化大全》，濟南：山東友誼書社 1989 年版，第 233 頁。

〔註 159〕孟衍泰《創建享堂記》，現存孟母林「啓聖邾國公、端範宣獻夫人神位碑」東南側，已殘。文收入劉培桂編著《孟子林廟歷代石刻集》，濟南：齊魯書社 2005 年版，第 358 頁。

　　母教文化，顧名思義就是關於母親教育的文化。單從語言學意義上理解原本包含兩個意向：一是「母親對子女的教育」，母親既是新生命的孕育者，更是人生的第一位教師，承擔著子女教養，特別是早期教育的重大責任；二是「對母親的教育」和母親的自我教育，通過母親的教育和自我教育，提升母親素質和母教質量。這裡的義項主要指向前者，特指母親這一特殊社會群體，在中國特有的文化教育背景下，在撫養教育子女的社會實踐活動中所體現出的在思想觀念、行為習慣、教育手段、教育途徑、教育內涵和教育特徵等方面的一種精神文化現象。

（一）母教文化淵源

　　從歷史上看，中國在由史前社會向文明過渡的過程中，由血緣紐帶解體不充分造成了中國在步入文明社會以後血緣與家族的長期存在。這在某種意義上決定了中國母教文化具有特別深厚的文化根源。

　　中國母教文化雖然肇始於知母不知父的母系氏族時期，但就教育內涵的豐富性和母教意義的明確性而言，主要指向進入文明社會以後。中國在進入階級社會以後，家族的長期興盛和婦女的遠離社會，決定了子女教育仍然更多由母親承擔。

　　劉向《列女傳》有周室三母教子的記載〔註160〕。如果將「周室三母」算作中國母教文化的源頭，那麼，中國母教文化已經有三千年的歷史了。從周室三母教子開始，在長期的文化流轉中，中國形成了重視母教的悠久傳統,《韓詩外傳》有「賢母使子賢也」〔註161〕的說法。反之，重視母教的文化氛圍，塑造了中國歷史上許多深明大義，教子有方的賢母，從春秋戰國的魯季敬姜、孟母、齊田稷母，到兩漢的叔孫敖母、雋不疑母，再到晉、隋陶侃母、鄭善果母和兩宋的蘇（軾）母、歐（陽修）母、岳（飛）母，她們用高尚的道德、偉大的人格和完美的教育，培養出無數博學廉潔愛國之士。她們是中國母教文化的代表和象徵。她們的事蹟連綴起來，構成了一條完整的中國母教文化鏈條。

〔註160〕劉向《列女傳》卷一〈母儀傳・周室三母〉,《四庫全書》（448 冊），上海：
　　　　 上海古籍出版社 1987 年版，第 10 頁。
〔註161〕韓嬰《韓詩外傳》卷九,《四庫全書》（89 冊），上海：上海古籍出版社 1987
　　　　 年版，第 846 頁。

（二）母教文化特徵

孟子爲論證人性的趨同性，有「口之於味也，有同耆焉；耳之於聲也，有同聽焉；目之於色也，有同美焉。至於心，獨無所同然乎」（《孟子‧告子上》）。孟子揭示了人性的一致性，母愛和母教及由此凝練而成的對母親的崇尚之情，是全人類所共有的，無所謂東西和中外。在人類社會發展實踐上，從早期古希臘崇敬眾神之母瑞亞的母親節，到後來英國、美國、泰國、葡萄亞、印度在世界範圍遍地開花的形形色色的母親節的設置，從柏拉圖在《理想國》中闡述母親的重要，到日本小原國芳《母親教育學》的撰寫，再到十七世紀捷克教育家誇美紐斯對兒童教育與母教的重要的呼吁，都以各民族特有的方式證明了這一點。但是，地域、民族與文化的不同，又決定了不同地域、民族、國家母愛與母教內涵和方式的不同，這正是文化趨同性與趨異性並存的重要體現。

中國母教文化在歷史發展與文化內涵上的獨特性，主要表現在兩個方面：一是在教育內容上重視道德的培育與毅力的錘鍊。「子曰：『弟子：入則孝，出則弟；謹而信，泛愛眾而親仁；行有餘力，則以學文。』」（《論語‧學而》）德與才，是個人成才的兩個根本。德才兼備，以德爲本，是中國傳統教育思想的核心。在成人與成才之間，中國傳統教育首重前者。歷史上，勤儉尚善，忠孝仁義的家庭教育，造就出眾多見利思義、廉潔奉公、忠君愛國的志士仁人。田稷返金〔註162〕、陶母退魚〔註163〕、岳母刺字〔註164〕均屬此類。事實地講，在教

〔註162〕劉向《列女傳》：「田稷子相齊，受下吏之貨金百鎰，以遺其母，母曰：『子爲相三年矣，祿未嘗多若此也，豈修士大夫之費哉，安所得此？』對曰：『誠受之於下。』其母曰：『吾聞士修身潔行，不爲苟得，竭情盡實，不行詐偽。非義之事不計於心，非理之利不入於家。言行若一，情貌相副。今君設官以待子，厚祿以奉子，言行則可以報君。夫爲人臣而事其君，猶爲人子而事其父也，盡力竭能，忠信不欺，務在効忠，必死奉命，廉潔公正，故遂而無患。今子反是，遠忠矣。夫爲人臣不忠，是爲人子不孝也，不義之財非吾有也，不孝之子非吾子也，子起。』田稷子慚而出，反其金，自歸罪於宣王，請就誅焉。宣王聞之，大賞其母之義，遂舍稷子之罪，復其相位，而以公金賜母。君子謂稷母廉而有化。」（劉向《列女傳》卷一〈母儀傳‧齊田稷母〉，《四庫全書》（448冊），上海：上海古籍出版社1987年版，第18頁）

〔註163〕南朝宋劉義慶《世說新語》：「陶公少時，作魚梁吏。嘗以坩鮓餉母。母封鮓付使，反書責侃曰：『汝爲吏，以官物見餉，非唯不益，乃增吾憂也！』」（劉義慶《世說新語》卷下之上〈賢媛〉，《四庫全書》（1035冊），上海：上海古籍出版社1987年版，第165頁）文同見明解縉《古今列女傳》：「陶侃母湛氏，豫章新淦人也。初侃父丹聘爲妾，生侃，而陶氏貧賤，湛氏每紡績資給之，使交結勝已。侃少爲潯陽縣吏，嘗監魚梁以一坩鮓遺母，湛氏封鮓及書責侃

育子女做人與爲學二者之間，前者更重要，它涉及子女一生的世界觀和人生觀的樹立，是子女終生爲人處事的準則，也是子女一生幸福的源泉。當然，除此而外，我國傳統母教也把勉學作爲教育的重要內容，前述孟母仉氏三遷、斷機，及宋代歐母教子〔註165〕，都是通過改善環境、塑造性格、磨礪意志，而勉勵學習、增長知識的教子故事；二是在教育方式上，重視「垂範」的行爲和實踐教育。父嚴母慈，是中國家庭教育的傳統格局，這是由父親和母親不同的個人性格角色與社會角色定位決定的。父權社會下，父親作爲家族權威的代表，在家族教育中更多借助於家法家規的嚴格規範。相比之下，母親則適合於運用「垂範」和柔性手段，通過言傳身教，循循善誘，使子女自覺踐行。在傳統母教故事中，孟母買豕示信及鄭善果母紡績不輟〔註166〕的故事都是言傳與身教結合的

曰：『爾爲吏，以官物遺我，非唯不能益吾，乃以增吾憂矣。鄱陽孝廉范逵寓宿於侃，時大雪，湛氏乃徹所臥新薦自剉，給其馬，又密截髮賣與鄰人供肴饌。逵聞之，歎息曰：』非此母不生此子。』後侃竟以功名顯」（解縉《古今列女傳》卷二〈晉〉，《四庫全書》（452 冊），上海：上海古籍出版社 1987 年版，第 90 頁）

〔註164〕「岳母刺字」的故事，不見於宋人記載，包括野史筆記。脫脫等撰《宋史·岳飛傳》有「初命何鑄鞫之，飛裂裳以背示鑄，有『精忠報國』四大字，深入膚理」（脫脫等《宋史》卷三百六十五〈岳飛傳〉，北京：中華書局 1977 年版，第 11393 頁）的記載，但書中並未提及刺字者爲岳母。明中葉以後，岳飛的故事始在民間廣泛流行，熊大木於明世宗嘉靖三十一年（公元 1552 年）創作的《武穆精忠傳》方有岳飛請工匠刺「精忠報國」四字的記載。至明末，由李梅草創，馮夢龍改定的《精忠旗傳奇》有「史言飛背有『精忠報國』四大字，係飛令張憲所刺」的記載，明指刺字者爲張憲。直到清乾隆年間，杭州錢彩根據民間傳說創作的小說《精忠說岳》第二十二回「結義盟王佐假名，刺精忠岳母訓子」方有岳母刺字的明確表述。可見，有關「岳母刺字」史無依據，只不過是在母教文化這一大的文化氛圍下催生的民間傳說故事。但是，刺字者由工匠到母親的演變，也從側面反映了中國母教文化的興盛。

〔註165〕歐陽修《瀧岡阡表》：「修不幸生四歲而孤，太夫人守節自誓，居貧，自力於衣食，以長以教，俾至於成人。」（陳亮編《歐陽文粹》，《四庫全書》（1103 冊），上海：上海古籍出版社 1987 年版，第 802 頁。

〔註166〕《隋書》卷八十〈列女傳·鄭善果母〉：「母恒自紡績，夜分而寐。善果曰：『兒封侯開國，位居三品，秩俸幸足，母何自勤如是邪？』答曰：『嗚呼！汝年已長，吾謂汝知天下之理，今聞此言，故猶未也。至於公事，何由濟乎？今此秩俸，乃是天子報爾先人之徇命也。當須散贍六姻，爲先君之惠，妻子奈何獨擅其利，以爲富貴哉！又絲枲紡織，婦人之務，上自王後，下至大夫士妻，各有所制。若墮業者，是爲驕逸。吾雖不知禮，其可自敗名乎？』」（魏徵等《隋書》卷八十〈列女傳·鄭善果母〉，北京：中華書局 1973 年版，第 1805 頁。同見明解縉《古今列女傳》卷二〈隋·鄭善果母〉，《四庫全書》（452 冊），

典範。母親的柔性教育與父親的剛性教育在教育方法上各有優長，互爲補充，構成剛柔結合的家庭教育模式。然而，就這兩種不同教育方式的效果而言，則母教的柔性手段凸顯了更好的教育成效。

（三）母教文化價值

從文化意義上看，無論古今，母教始終以其他教育渠道所無法替代的特殊功能，顯示著其獨特的價值和意義。

1. 教育內涵：母教側重品格塑造

對於構成個人綜合素質的組成要素，不同學科有不同的衡量角度和標準。但無論是基於哪個學科或何種角度考量，最基本的無非是德與才兩個方面。而在這兩者之間，道德人格的樹立是基礎的和首位的。這就決定了在教育內涵上，人的道德精神的培育和心靈建設的重要。如王東華所說：「早期智力教育不在於獲取知識的多少，而在於發展孩子的思考能力，培養孩子的思考習慣，儘管獲取知識也許是一種結果，但卻絕非是目的。」〔註167〕而心靈的培育、道德的養成主要靠早期教育，特別是母教來完成。

2. 教育方式：母教長於化育

一個人成長的關鍵在於道德品格的培養，而道德教育最有效的方式不是生硬地說教，而是身體力行的化育（或習育）。這也決定了道德教育最理想的實施者是母親，而不是學校或其他社會教育者。正像王東華所強調的：「習育可以說是一種後天的社會遺傳，意志、品德都要靠這種習育來完成的，它最終形成一個人的行爲範式，也就是爲人處事的態度和程序。」「一旦範式養成，便不好再靠教育改造，而範式多在早期孩童時代，從母教的垂範中獲得、養成，而不是從口頭教育、外在教育、理論教育中獲得。」範式既然在如此大的意義上決定了一個人一生的發展，而這樣的範式又主要靠幼兒對與之最密切的母親的行爲的模仿獲得，因此，母親的垂範式身教在早期幼兒教育中便起著決定性作用。

緣於此，母親要不斷強化日常自我教育意識，如王東華帶有比喻性的分析：「面對母親，孩子的目光就像永不停息地雷達一樣，全天候地注視、跟蹤著。他將母親行爲完整地複製下來，成爲自我塑造的資料庫。」〔註168〕但從

上海：上海古籍出版社1987年版，第92頁。
〔註167〕王東華《發現母親》，北京：中國婦女出版社2003年版，第349頁。
〔註168〕以上均見王東華《發現母親》，北京：中國婦女出版社2003年版，第65、70、440頁。

情理上講，母親也是普通的人，在孩子全方位跟蹤的視野裏，往往很難做到「全天候」保持正確。既如此，母親的自我反省能力就是十分必要的了。孟子問鄰家殺豕，母親也曾信口應答爲「給你吃」，但話說出口，立馬糾正——買肉視信。這就是自我反省基礎上的自我約束。從這個角度看，母親教育孩子的過程，的確也是自我教育和自我塑造的過程。

3. 教育效果：母教優於父教

建立在生理與心理學分析基礎上的男姓與女姓不同的生理與心理特徵，證實了父愛與母愛的不同，而這一點又進一步決定了父教與母教在教育方法與教育效果上的不同。

母子關係的親密確立於懷孕期，而父子關係的建立則是從子女出生之後才開始的，並且，父、母不同的社會角色定位，也決定了父、母對子女的情感差異。前者對子女的愛，更多的是社會義務、責任與期望，因而對子女的教育表現爲嚴厲而高遠；後者對子女的愛則更多的是骨肉親情，因而對子女的教育表現爲寬和而慈善。《詩經·魏風·陟岵》形象地表達了這兩種不同的情感期待：「陟彼岵兮，瞻望父兮。父曰：嗟！予子行役，夙夜無已。上愼旃哉，猶來無止。陟彼屺兮，瞻望母兮。母曰：嗟！予季行役，夙夜無寐。上愼旃哉，猶來無棄。」父親的「猶來無止」充斥著對中止軍事的憂慮，而母親的「猶來無棄」則飽含著盼子速歸的義無反顧，二者的區別是不言而喻的，毛《傳》將這種區別解說爲：「父尙義」，「母尙恩」〔註169〕。

《禮記·表記》分析父愛與母愛的差異爲：「使民有父之尊，有母之親，如此而後可以爲民父母矣，非至德其孰能如此乎？今父之親子也，親賢而下無能。母之親子也，賢則親之，無能則憐之。母親而不尊，父尊而不親。」由於父親更多地從自身的社會角色定位出發，注重社會責任，而表現出對子女的「愛才而厭無能」。父親對子女較高的社會角色期待，使其對子女的愛往往表現得冷酷而缺乏溫情，使子女對其有敬畏而乏親近。由於母親更多地從家庭角色定位出發，注重家庭親情，無論子女是否有才，都從親情出發，或親之，或憐之，沒有條件，沒有差異，因而母親的愛常表現爲「親賢而憐無能」，充滿了最原始最本眞的情愫和溫暖。揚雄以敬與愛區別子女對父、母情感的不同：「或問：太古德懷不禮懷，嬰兒慕，駒犢從，焉以禮？曰：嬰犢乎？

〔註169〕孔穎達《毛詩正義》，阮元《十三經注疏》（上冊），北京：中華書局1980年版，第358頁。

嬰犢母懷不父懷，母懷愛也，父懷敬也。」〔註170〕馬克斯·韋伯也曾對這兩種不同類型的情感有過對比性表述：父親愛的是最能實現他期望和要求的兒女。而母愛則不同，母親公平地愛著每個孩子。母愛是無條件的，母親愛這新生的嬰兒，因爲這是她的孩子，而並不是因爲這個孩子具備了何種特定的條件，或者達到了何種特定的目的，或者實現了何種特定的期望。但是，父愛卻是有條件的：我愛你是因爲你實現了我的期望，是因爲你盡了你的義務〔註171〕。

母愛源自天性，是子女更根本的情感渴求。劉劭《人物志》曾經有過類似分析：「蓋人道之極，莫過愛敬……然則人情之質，有愛敬之誠，則與道德同體，動獲人心，而道無不通也。然愛不可少於敬，少於敬，則廉節者歸之，而眾人不與。愛多於敬，則雖廉節者不悅，而愛接者死之，何則？敬之爲道也，嚴而相離，其勢難久。愛之爲道也，情親意厚，深而感物。」〔註172〕而父愛在責任的遮蔽下，對子女的愛表現得深邃而藐遠。在限於以感性的方式體察世故的幼小的子女那裡，可能不容易體會得到。只有當子女步入社會，更多體認到廣泛的社會責任後，父愛才成爲子女對母愛渴望的一種重要補充。這也就是《孝經·士章》說的：「資於事父以事母而愛同。資於事父以事君而敬同。故母取其愛，而君取其敬。兼之者，父也。」所以，父愛與母愛同樣以愛爲基點，其表現方式各有側重，前者更傾向於社會責任，後者更傾向於家庭親情，二者具有差異性和互補性。然而，由於子女與母親之間的天然的親近感及母教的柔和性，使子女特別是幼兒，在情感上更樂於接愛母親春風化雨，潤物無聲般的教育方式。

總之，母親特有的角色定位，天然地賦予了她承擔子女教育尤其是幼兒教育的重任。子女是否能成就爲德才兼備的社會人才，在很大程度上取決於子女的第一任教師——母親的垂範力、教育力和影響力。從這個角度立論，弘揚中國母教文化，形成重視母教的社會風尚，對於社會發展始終都是十分重要的，無論古代與現代。

〔註170〕揚雄《揚子法言》卷三〈問道〉，《四庫全書》（696 冊），上海：上海古籍出版社 1987 年版，第 293 頁。
〔註171〕轉引自王東華《發現母親》，北京：中國婦女出版社 2003 年版，第 313 頁。
〔註172〕劉邵《人物志》卷中〈八觀〉，《四庫全書》（848 冊），上海：上海古籍出版社 1987 年版，第 778 頁。

附　錄

一、孟子家族家譜世系

（一）孟子先祖世系表

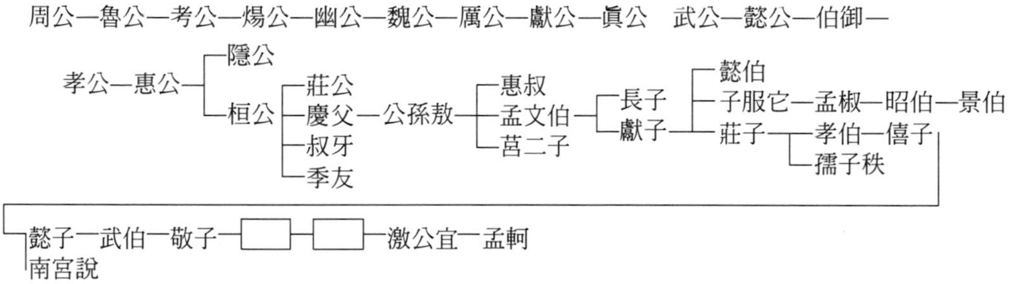
周公—魯公—考公—煬公—幽公—魏公—厲公—獻公—眞公　武公—懿公—伯御—
孝公—惠公
隱公
桓公
莊公
慶父—公孫敖
叔牙
季友
惠叔
孟文伯
莒二子
長子
獻子
懿伯
子服它—孟椒—昭伯—景伯
莊子
孝伯—僖子
孺子秩
懿子—武伯—敬子
激公宜—孟軻
南宮說

（二）孟子嫡裔世系表

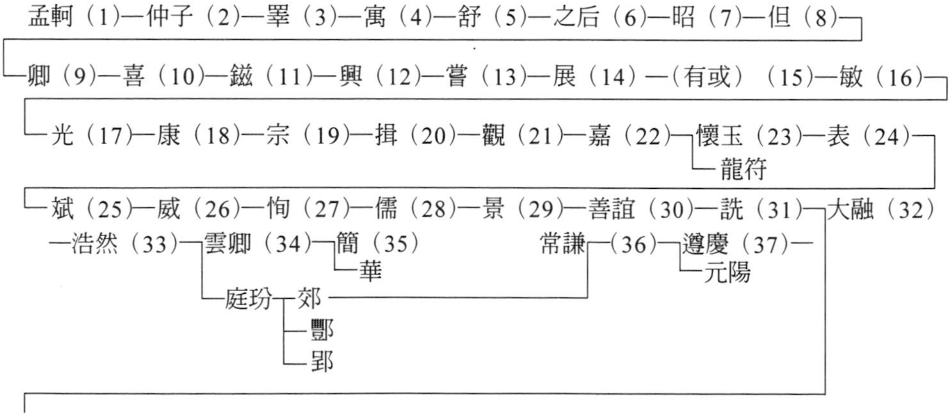
孟軻（1）—仲子（2）—睪（3）—寓（4）—舒（5）—之后（6）—昭（7）—但（8）
卿（9）—喜（10）—鎡（11）—興（12）—嘗（13）—展（14）—（有或）（15）—敏（16）
光（17）—康（18）—宗（19）—揖（20）—觀（21）—嘉（22）
懷玉（23）—表（24）
龍符
斌（25）—威（26）—恂（27）—儒（28）—景（29）—善誼（30）—詵（31）
大融（32）
—浩然（33）
雲卿（34）
簡（35）
華
常謙
（36）
遵慶（37）—
元陽
庭玢
郊
鄷
郢

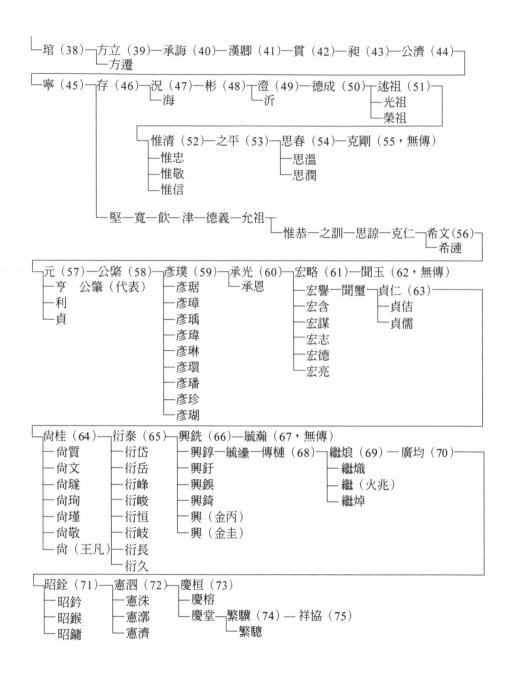

（注：此表據孟廣均編清穆宗同治本《孟子世家譜》及清德宗光緒本《重纂三遷志》
等孟子家志，並參照劉培桂主編《孟子志》（濟南：山東人民出版社2009年版，
第401～402頁）整理而成。

（三）孟子家族「十一派」「二十戶」分支表

第一派：克仁——希文——元——公綮┬彥璞——第一大宗戶
　　　　　　　　　　　　　　　├彥琚┤
　　　　　　　　　　　　　　　├彥璋——第十六關南戶
　　　　　　　　　　　　　　　└彥璠┘

第二派：克誠┬希淵┐
　　　　　　│　　├————————第二城西戶
　　　　　　└希源┘

第三派：克昭┬希升┬濂————————第二城西戶
　　　　　　│　　└俊————————第四故宅戶
　　　　　　└希暎┬註————————第五鳧嶧戶
　　　　　　　　　├敏————————第六西閣戶
　　　　　　　　　└善————————第七影堂戶

第四派：克威┬希本┬詳————————第八元庵戶
　　　　　　│　　├訓————————第九山頭戶
　　　　　　│　　└聰————————第十林東戶
　　　　　　├希勝————————第十一龍淵戶
　　　　　　└希膽————————第十二古彭戶

第五派：克珏——希鍼————————第十三泗源戶
　　（玉）

第六派：克寬——希政————————第十四大源戶

第七派：克尹┬希然┐
　　　　　　│　　├————————第十五臨鞍戶
　　　　　　└希浩┘

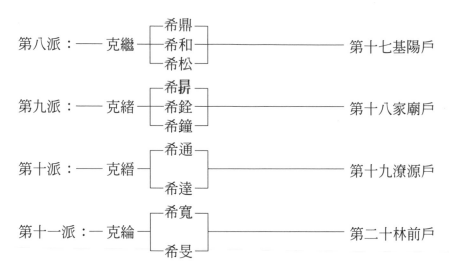

（注：此表據孟子七十代孫孟廣均編清穆宗同治本《孟子世家譜》整理而成）

二、孟子家族大事記

1. 公元前 1041 年（周成王三年）：伯禽封魯，爲孟氏先祖。
2. 公元前 711 年（周桓王九年）：魯桓公繼位，三桓之一慶父爲孟氏始祖。
3. 公元前 609 年（周匡王四年）：魯文公死，三桓崛起，孟孫氏築郕。
4. 公元前 562 年（周靈王十年）：三桓操縱魯國政權，「作三軍」，三分公室。
5. 公元前 538 年（周景王七年）：魯國四分公室，季氏獨強，孟孫氏在三桓中趨弱。
6. 公元前 408 年（周威烈王十四年）：齊國破郕，孟氏子孫分適他國，鄒國孟氏之始。（存疑）
7. 公元前 372 年（周烈王四年）：孟子出生，爲鄒孟氏第一代始祖。
8. 公元前 312 年（周赧王三年）：孟子結束遊歷，歸鄒著述，《孟子》問世。
9. 公元前 289 年（周赧王二十六年）：孟子卒，壽八十四。
10. 公元 725 年（唐玄宗開元十三年）：朝廷詔免孟氏子孫賦役。這是孟氏家族享受免賦役之始。
11. 公元 888 年（唐僖宗文德元年）：孟子四十代孫孟承訓，率族人徙居朝鮮半島，成爲韓國孟氏的始遷祖。孟氏後裔開始向海外開拓。
12. 公元 1037 年（宋仁宗景祐四年）：孔道輔爲孟子建墓立廟，得孟氏四十五代孫孟寧，薦於朝廷，爲孟氏「中興祖」，孟氏授公職之始。

13. 公元 1071 年（宋神宗熙寧四年）：宋神宗採納王安石建議，推行科舉新制，《孟子》正式列入國家科舉考試內容。

14. 公元 1083 年（宋神宗元豐六年）：朝廷追封孟子為鄒國公，孟子始封爵。修東郭孟廟及頒定孟子像冕服規制。

15. 公元 1084 年（宋神宗元豐七年）：孟寧整理孟氏家譜。

16. 公元 1086 年（宋哲宗元祐元年）：孟氏子孫入孔氏廟學學習。

17. 公元 1121 年（宋徽宗宣和三年）：重建孟府、孟廟，即今址。

18. 公元 1122 年（宋徽宗宣和四年）：宋政府撥賜孟府廟戶。這是政府首次撥賜孟府廟戶。

19. 公元 1244 年（宋理宗淳祐四年）：陳振孫撰《直齋書錄解題》，將《孟子》列入經部。《孟子》正式由子升經。

20. 公元 1316 年（元仁宗延祐三年）：朝廷封孟子父為邾國公，母為邾國宣獻夫人。孟子父母始授封贈。

21. 公元 1328 年（元泰定帝泰定五年）：元政府撥賜孟廟祭田三十頃，孟氏家族始有祭田；孟子五十二代孫孟惟恭，以政府所撥錢款，建孟廟、中庸書院、曝書臺。基本奠定今之孟子府廟格局。

22. 公元 1331 年（元文宗至順二年）：加封孟子為鄒國亞聖公。

23. 公元 1368 年（明太祖洪武元年）：孟子五十四代孫孟思諒於元末戰亂後，偕襲封衍聖公朝京面奉明詔，歸鄉繼典祀事，確立為孟氏大宗。

24. 公元 1371 年（明太祖洪武四年）：孟子五十四代孫孟思諒為使宗支定位，子孫不紊，攜族人立宗支法，自五十五代「克」字輩分為十一派，為孟氏後裔十一派、二十戶分支的開始。

25. 公元 1372 年（明太祖洪武五年）：孟子罷享事件。

26. 公元 1452 年（明代宗景泰三年）：孟子五十八代孫孟希文授翰林院五經博士。孟子後裔授始授世職。

27. 公元 1455 年（明代宗景泰六年）：政府詔賜孟廟禮樂生。這是政府首次撥賜禮樂生。

28. 公元 1623 年（明熹宗天啓二年）：孟子六十代孫孟承光及其母孔氏、長子孟弘略在白蓮教起義中殉難。

29. 公元 1687 年（清聖祖康熙二十六年）：賜《御製孟子廟碑》。

30. 公元 1725 年（清世宗雍正三年）：賜孟廟「守先待後」和孟府「七篇貽

矩」扁額。

31. 公元 1738 年（清高宗乾隆三年）：將孟母封號由「邾國宣獻夫人」改為「端範宣獻夫人」。

32. 公元 1748 年（清高宗乾隆十三年）：御書《亞聖孟子贊》。

33. 公元 1750 年（清高宗乾隆十五年）：清高宗親自頒定孟廟祭器。

34. 公元 1757、1762 年（清高宗乾隆二十二、二十七年）：乾隆帝兩次親詣孟廟祭孟。

35. 公元 1832 年（清宣宗道光十二年）：孟子第七十代孫孟廣均授翰林院五經博士，同年在孟府西院建三遷書院；1835 年（清宣宗道光十五年）修《重纂三遷志》；1864 年（清穆宗同治四年）修同治本《孟子世家譜》；擴建孟府，奠定今日規模。

36. 公元 1913 年（民國三年）：孟子七十三代孫孟慶棠授奉侍官，孟氏後裔翰林院五經博士世職結束。

參考文獻

一、專著

1. 《世本八種》，北京：北京圖書館出版社 2008 年版。

2. 《左傳》，阮元《十三經注疏》（上冊），北京：中華書局 1980 年版。

3. 上海師範大學古籍整理研究所較點《國語》，上海：上海古籍出版社 1998 年版。

4. 《四書五經》（下冊），天津：天津市古籍書店 1988 年版。

5. 司馬遷《史記》，北京：中華書局 1982 年第 2 版。

6. 陳壽《三國志》，北京：中華書局 1982 年第 2 版。

7. 范曄《後漢書》，北京：中華書局 1965 年版。

8. 魏收《魏書》，北京：中華書局 1974 年版。

9. 劉向《列女傳》，《四庫全書》（448 冊），上海：上海古籍出版社 1987 年版。

10. 劉向《説苑》，《四庫全書》（696 冊），上海：上海古籍出版社 1987 年版。

11. 劉向《戰國策》，上海：上海古籍出版社 1985 年第 2 版。

12. 董仲舒《春秋繁露》，《四庫全書》（181 冊），上海：上海古籍出版社 1987 年版。

13. 王符《潛夫論》，《四庫全書》（696 冊），上海：上海古籍出版社 1987 年版。

14. 班固《漢書》，北京：中華書局 1962 年版。

15. 班固《白虎通義》，《四庫全書》（850 冊），上海：上海古籍出版社 1989 年版。

16. 趙岐《孟子題辭》,《諸子集成》(1冊),上海:上海書店1986年版。

17. 王充《論衡》,《四部叢刊初編》(75冊),上海:上海書店1989年版。

18. 賈誼《新書》,《四庫全書》(695冊),上海:上海古籍出版社1987年版。

19. 韓嬰《韓詩外傳》,《四庫全書》(89冊),上海:上海古籍出版社 1987年版。

20. 應劭《風俗通義》,《四庫全書》(862冊),上海:上海古籍出版社1987年版。

21. 揚雄《揚子法言》,《四庫全書》(696冊),上海:上海古籍出版社1987年版。

22. 桓寬《鹽鐵論》,《四庫全書》(695冊),上海:上海古籍出版社1987年版。

23. 孔鮒《孔叢子》,《諸子百家叢書》,上海:上海古籍出版社1990年版。

24. 傅玄《傅子》,《四庫全書》(696冊),上海:上海古籍出版社1987年版。

25. 劉邵《人物志》,《四庫全書》(848冊),上海:上海古籍出版社1987年版。

26. 陶潛《陶淵明集》,《四庫全書》(1063冊),上海:上海古籍出版社1987年版。

27. 酈道元《水經注》,《四庫全書》(573冊),上海:上海古籍出版社1987年版。

28. 葛洪《抱朴子》,《四庫全書》(1059冊),上海:上海古籍出版社 1987年版。

29. 沈約《宋書》,北京:中華書局1974年版。

30. 慧遠《沙門不敬王者論》,《弘明集》卷五,《四部叢刊》(81冊),上海:上海書店1989年版。

31. 孫綽《喻道論》,《弘明集》卷三,《四部叢刊》(81冊),上海:上海書店1989年版。

32. 桓玄《與遠法師書》,《弘明集》卷十二,《四部叢刊》(81冊),上海:上海書店1989年版。

33. 蕭子顯《南齊書》,北京:中華書局1972年版。

34. 劉義慶《世說新語》,《四庫全書》(1035冊),上海:上海古籍出版社1987年版。

35. 孫奭《孟子音義》,《四庫全書》(196冊),上海:上海古籍出版社1987年版。

36. 余允文《尊孟辨》,《四庫全書》(196冊),上海:上海古籍出版社2003年版。

37. 孔穎達《春秋左傳正義》，阮元《十三經注疏》（下冊），北京：中華書局 1980 年版。

38. 孔穎達《禮記正義》，阮元《十三經注疏》（上冊），北京：中華書局 1980 年版。

39. 孔穎達《毛詩正義》，阮元《十三經注疏》（上冊），北京：中華書局 1980 年版。

40. 林慎思《續孟子》，《四庫全書》（696 冊），上海：上海古籍出版社 1987 年版。

41. 張九成《孟子傳》，《四庫全書》（196 冊），上海：上海古籍出版社 1987 年版。

42. 旺晫《子思子全書》，《諸子百家叢書》，上海：上海古籍出版社 1990 年版。

43. 程頤、程顥《二程集》，北京：中華書局 1981 年版。

44. 程顥、程頤《二程遺書》，上海：上海古籍出版社 1992 年版。

45. 房玄齡等《晉書》，北京：中華書局 1974 年版。

46. 姚思廉《梁書》，北京：中華書局 1973 年版。

47. 魏徵等《隋書》，北京：中華書局 1973 年版。

48. 李延壽《南史》，北京：中華書局 1975 年版。

49. 劉昫《舊唐書》，北京：中華書局 1975 年版。

50. 馬綜《意林》，《四庫全書》（872 冊），上海：上海古籍出版社 1987 年版。

51. 道宣《釋迦方志》，北京：中華書局 1983 年版。

52. 薛居正等《舊五代史》，北京：中華書局 1976 年版。

53. 僧祐《弘明集》，《四部叢刊》（81 冊），上海：上海書店 1989 年版。

54. 皮日休《皮子文藪》，《四庫全書》（1083 冊），上海：上海古籍出版社 1987 年版。

55. 歐陽修、宋祁等《新唐書》，北京：中華書局 1975 年版。

56. 鄭樵《通志》，《四庫全書》（373 冊），上海：上海古籍出版社 2003 年版。

57. 蘇洵《嘉祐集》，《四庫全書》（1104 冊），上海：上海古籍出版社 1987 年版。

58. 王應麟《困學紀聞》，《四庫全書》（854 冊），上海：上海古籍出版社 1987 年版。

59. 王應麟《玉海》，上海：上海古籍出版社 1992 年版。

60. 羅泌《路史》，《四庫全書》（383 冊），上海：上海古籍出版社 1987 年版。

61. 朱熹、呂祖謙編選《近思錄》，北京：中國三峽出版社 2008 年版。

62. 朱熹《晦庵集》,《四庫全書》(1145 冊),上海:上海古籍出版社 1987 年版。

63. 黎靖德編《朱子語類》,北京:中華書局 1986 年版。

64. 孫復《孫明復小集》,《四庫全書》(1090 冊),上海:上海古籍出版社 1987 年版。

65. 石介《徂徠石先生文集》,北京:中華書局 1984 年版。

66. 司馬光《涑水紀聞》,《四庫全書》(1036 冊),上海:上海古籍出版社 1987 年版。

67. 司馬光《資治通鑒》,北京:中華書局 1997 年版。

68. 司馬光《傳家集》,《四庫全書》(1094 冊),上海:上海古籍出版社 1987 年版。

69. 陳振孫《直齋書錄解題》,《四庫全書》(674 冊),上海:上海古籍出版社 1987 年版。

70. 歐陽修《文忠集》,《四庫全書》(1102～1103 冊),上海:上海古籍出版社 1987 年版。

71. 歐陽修《新五代史》,北京:中華書局 1974 年版。

72. 王堯臣等《崇文總目》,《四庫全書》(674 冊),上海:上海古籍出版社 1987 年版。

73. 柳開《河東先生集》,《四部叢刊初編》(134 冊),上海:上海書店 1989 年版。

74. 陸游《老學庵筆記》,北京:中華書局 1979 年版。

75. 宋濂《文憲集》,《四庫全書》(1223～1224 冊),上海:上海古籍出版社 1987 年版。

76. 《宋大詔令集》,北京:中華書局 1962 年版。

77. 張載《經學理窟》,《張載集》,北京:中華書局 1978 年版。

78. 李覯《李覯集》,北京:中華書局 1981 年版。

79. 李燾《續資治通鑒長編》,《四庫全書》(319 冊),上海:上海古籍出版社 1987 年版。

80. 李心傳《建炎以來繫年要錄》,《四庫全書》(325 冊),上海:上海古籍出版社 1987 年版。

81. 葉紹翁《四朝聞見錄》,《四庫全書》(1039 冊),上海:上海古籍出版社 1987 年版。

82. 杜大珪《琬琰集刪存》,上海:上海古籍出版社 1990 年版。

83. 羅從彥《豫章文集》,《四庫全書》(1135 冊),上海:上海古籍出版社 1987 年版。

84. 王安石《王文公文集》，金澤文庫本。

85. 王安石《臨川文集》，《四庫全書》（1105 冊），上海：上海古籍出版社 1987 年版。

86. 王禹偁《聖宋文選》，郯城於氏清光緒 8 年（公元 1882 年）刊本。

87. 張唐英《蜀檮杌》，《四庫全書》（464 冊），上海：上海古籍出版社 1987 年版。

88. 晁公武《郡齋讀書志》，《郡齋讀書後志》，《四庫全書》（674 冊），上海：上海古籍出版社 1987 年版。

89. 晁說之《嵩山文集》，《四部叢刊續編》（60 冊），上海：上海書店 1985 年版。

90. 陳亮《龍川集》，《四庫全書》（1171 冊），上海：上海古籍出版社 1987 年版。

91. 陳亮編《歐陽文粹》，《四庫全書》（1103 冊），上海：上海古籍出版社 1987 年版。

92. 葉適《習學記言》，《四庫全書》（849 冊），上海：上海古籍出版社 1987 年版。

93. 蘇易簡等撰《文房四譜》，上海：上海古籍出版社 1991 年版。

94. 程瑤田《宗法小記》，《續修四庫全書》（108 冊），上海：上海古籍出版社 2002 年版。

95. 金履祥《孟子集注考證》，《四庫全書》（202 冊），上海：上海古籍出版社 1987 年版。

96. 姚士粦《孟子外書》，清乾隆壬午古新坡鄉校藏本。

97. 吳騫《拜經樓叢書》，清乾隆壬午古新坡鄉校藏本。

98. 程復心《孟子年譜》，《先秦諸子年譜》（4 冊），北京：北京圖書館出版社 2005 年版。

99. 王先慎《韓非子集解》，《諸子集成》（5 冊），上海：上海書店 1986 年版。

100. 王先謙《荀子集解》，《諸子集成》（2 冊），上海：上海書店 1986 年版。

101. 閻若璩《孟子生卒年月考》，《叢書集成續編》（15 冊），上海：上海書店 1994 年版。

102. 閻若璩《四書釋地》，清東浯王氏重刊本。

103. 周廣業《孟子四考》，《續修四庫全書》（158 冊），上海：上海古籍出版社 2002 年版。

104. 崔述《孟子事實錄》，四川大學古籍整理研究所編《儒藏》（10 冊），成都：四川大學出版社 2005 年版。

105. 崔述《崔東壁遺書》，上海：上海古籍出版社 1983 年版。

106. 翟灝《四書考異》,《續修四庫全書》(167 冊),上海:上海古籍出版社 2002 年版。

107. 黃本驥《孟子年譜》,《先秦諸子年譜》,北京:北京圖書館出版社 2005 年版。

108. 曹之升《孟子年譜》,《先秦諸子年譜》(4 冊),北京:北京圖書館出版社 2005 年版。

109. 狄子奇《孟子編年》,《先秦諸子年譜》(5 冊),北京:北京圖書館出版社 2005 年版。

110. 林春溥《孟子時事年表》,《先秦諸子年譜》(4 冊),北京:北京圖書館出版社 2005 年版。

111. 陳寶泉《孟子時事考徵》,《先秦諸子年譜》(4 冊),北京:北京圖書館出版社 2005 年版。

112. 黃位清《孟子時事考》,《先秦諸子年譜》(4 冊),北京:北京圖書館出版社 2005 年版。

113. 趙大浣《孟子年譜》,《先秦諸子年譜》(5 冊),北京:北京圖書館出版社 2005 年版。

114. 黃玉蟾《孟子年譜》,《先秦諸子年譜》(4 冊),北京:北京圖書館出版社 2005 年版。

115. 管同《孟子年譜》,《先秦諸子年譜》(5 冊),北京:北京圖書館出版社 2005 年版。

116. 孟經國《孟子年表》,《先秦諸子年譜》(5 冊),北京:北京圖書館出版社 2005 年版。

117. 易順豫《孟子年略》,《先秦諸子年譜》(5 冊),北京:北京圖書館出版社 2005 年版。

118. 毛奇齡《四書賸言》,《四庫全書》(210 冊),上海:上海古籍出版社 1987 年版。

119. 王懋竑《朱子年譜》,《四庫全書》(447 冊),上海:上海古籍出版社 1987 年版。

120. 魏源《孟子年表》,《先秦諸子年譜》(5 冊),北京:北京圖書館出版社 2005 年版。

121. 魏源《魏源集》(上、下冊),北京:中華書局 1976 年版。

122. 焦循《孟子正義》,《諸子集成》(1 冊),上海:上海書店 1986 年版。

123. 黃宗羲《孟子師說》,《四庫全書》(208 冊),上海:上海古籍出版社 1987 年版。

124. 宋翔鳳《過庭錄》,北京:北平富晉書社中華民國十九年(公元 1930 年)

刊本。

125. 朱彝尊《經義考》,《四庫全書》(677～680 冊),上海:上海古籍出版社 1987 年版。

126. 脫脫等《宋史》,北京:中華書局 1977 年版。

127. 宋濂等《元史》,北京:中華書局 1976 年版。

128. 脫脫等《金史》,北京:中華書局 1975 年版。

129. 馬端臨《文獻通考》,杭州:浙江古籍出版社 2000 年第 2 版。

130. 許謙《許白雲先生文集》,《四部叢刊續編》(71 冊),上海:上海書店 1985 年版。

131. 許謙《讀四書叢說》,《四庫全書》(202 冊),上海:上海古籍出版社 1987 年版。

132. 貝瓊《清江文集》,《四庫全書》(1228 冊),上海:上海古籍出版社 1987 年版。

133. 陶安《陶學士集》,《四庫全書》(1225 冊),上海:上海古籍出版社 1987 年版。

134. 陳士元《孟子雜記》,《四庫全書》(207 冊),上海:上海古籍出版社 1987 年版。

135. 薛應旂《四書人物考》,李經綸編《四庫全書存目叢書》(157 冊),濟南:齊魯書社 1997 年版。

136. 王世貞《弇州四部稿》,《四庫全書》(1279～1281 冊),上海:上海古籍出版社 1987 年版。

137. 胡廣纂修《明實錄》,臺北:中央研究院歷史語言研究所,民國五十一年(公元 1962 年)版。

138. 王守仁《王文成全書》,《四庫全書》(1265 冊),上海:上海古籍出版社 1987 年版。

139. 李之藻《泮宮禮樂疏》,《四庫全書》(651 冊),上海:上海古籍出版社 1987 年版。

140. 黃景昉《國史唯疑》,《續修四庫全書》(432 冊),上海:上海古籍出版社 2002 年版。

141. 方孝儒《遜志齋集》,《四庫全書》(1235 冊),上海:上海古籍出版社 1987 年版。

142. 胡應麟《少室山房集》,《四庫全書》(1290 冊),上海:上海古籍出版社 1987 年版。

143. 呂元善《聖門志》,苗楓林主編《孔子文化大全》,濟南:山東友誼書社 1989 年版。

144. 于慎行《兗州府志》，濟南：齊魯書社 1985 年版。

145. 陳鎬《闕里志》，苗楓林主編《孔子文化大全》，濟南：山東友誼書社 1989 年版。

146. 解縉《古今列女傳》，《四庫全書》（452 冊），上海：上海古籍出版社 1987 年版。

147. 談遷《國榷》，《續修四庫全書》（358 冊），上海：上海古籍出版社 2002 年版。

148. 乾隆官修《清朝通典》，杭州：浙江古籍出版社 2000 年版。

149. 張廷玉等《明史》，北京：中華書局 1974 年版。

150. 黃宗羲《明夷待訪錄》，《續修四庫全書》（945 冊），上海：上海古籍出版社 2002 年版。

151. 《清實錄》，北京：中華書局 2008 年版。

152. 段玉裁《說文解字注》，上海：上海古籍出版社 1988 年版。

153. 畢沅《續資治通鑒》，上海：上海古籍出版社 1987 年版。

154. 紀昀等編《四庫全書總目提要》，上海：上海古籍出版社 2003 年版。

155. 焦竑《焦氏筆乘》，上海：上海古籍出版社 1986 年版。

156. 潘檉章《國史考異》，《續修四庫全書》（452 冊），上海：上海古籍出版社 2002 年版。

157. 錢曾《讀書敏求記》，《續修四庫全書》（923 冊），上海：上海古籍出版社 2002 年版。

158. 黃虞稷《千頃堂書目》，上海：上海古籍出版社 1990 年版。

159. 徐珂編撰《清稗類鈔》（全五冊），北京：中華書局 1984 年版。

160. 萬斯同《群書疑辨》，《續修四庫全書》（1145 冊），上海：上海古籍出版社 2002 年版。

161. 全祖望《鮚琦亭集》，《續修四庫全書》（1429 冊），上海：上海古籍出版社 2002 年版。

162. 陳鵬《春秋國都爵姓考》（正、補），《叢書集成初編》（3479 冊），北京：中華書局 1991 年版。

163. 章學誠《文史通義》，上海：上海書店 1988 年版。

164. 袁枚《小倉山房尺牘》，《袁枚全集》（第五卷），南京：江蘇古籍出版社 1993 年版。

165. 洪榜《初堂遺稿》，北京：北平通學齋民國 20 年（公元 1931 年）版。

166. 龔自珍《龔定庵全集類編》，北京：中國書店 1991 年版。

167. 馬宗霍《中國經學史》，北京：商務印書館 1936 年版。

168. 陳夢雷編《古今圖書集成》，臺灣：鼎文書局中華民國六十六年（公元 1987 年）版。

169. 歸有光《補刊震川先生集》，《續修四庫全書》（1353 冊），上海：上海古籍出版社 2002 年版。

170. 孔繼汾《闕里文獻考》，苗楓林主編《孔子文化大全》，濟南：山東友誼書社 1989 年版。

171. 孫葆田《孟志編略》（山東省博物館藏清光緒十六年刻本），山東文獻集成編纂委員會編《山東文獻集成》（11 冊），濟南：山東大學出版社 2009 年版。

172. 吳任臣《十國春秋》，《四庫全書》（465～466 冊），上海：上海古籍出版社 1987 年版。

173. 孫詒讓《墨子閒詁》，《諸子集成》（4 冊），上海：上海書店 1986 年版。

174. 顧炎武《日知錄》，《四庫全書》（858 冊），上海：上海古籍出版社 1987 年版。

175. 黃宗羲原著，全祖望補修，陳金生、梁運華點校《宋元學案》，北京：中華書局 1986 年版。

176. 谷應泰《明史紀事本末》，《四庫全書》（364 冊），上海：上海古籍出版社 1987 年版。

177. 戴震《戴東原集》，《續修四庫全書》（1434 冊），上海：上海古籍出版社 2002 年版。

178. 戴震研究會等編《戴震全集》，北京：清華大學出版社 1991 年版。

179. 顧祖禹《讀史方輿紀要》，《續修四庫全書》（603 冊），上海：上海古籍出版社 2002 年版。

180. 皮錫瑞《經學歷史》，北京：中華書局 1959 年版。

181. 丘濬《朱子家禮》，清仁宗嘉慶六年（公元 1781 年）寶寧堂刊本。

182. 趙翼《廿二史札記》，王樹民《廿二史札記校證》，北京：中華書局 1984 年版。

183. 趙翼《簷曝雜記》，《續修四庫全書》（1138 冊），上海：上海古籍出版社 2002 年版。

184. 李商隱《李義山文集》，《四庫全書》（1082 冊），上海：上海古籍出版社 1987 年版。

185. 胡孔福《南北朝僑置州郡考》，北京：中華全國圖書館文獻縮微中心北京圖書館 1992 年攝。

186. 陳善《新刊朝溪先生捫虱新話》，北京：中華全國圖書館縮微中心北京圖書館 1991 年攝。

187. 宗密《原人論》，董群譯注《原人論全譯》，成都：巴蜀書社 2008 年版。

188. 江藩《漢學師承記》，漆永祥《漢學師承記箋釋》，上海：上海古籍出版社 2006 年版。

189. 馬國翰《玉函山房輯佚書》，《續修四庫全書》（1200 冊），上海：上海古籍出版社 2002 年版。

190. 惠棟《易漢學》，《四庫全書》（52 冊），上海：上海古籍出版社 1987 年版。

191. 顧棟高《春秋大事表》，《四庫全書》（179～180 冊），上海：上海古籍出版社 1987 年版。

192. 吳若灝《光緒鄒縣續志》，《中國地方志集成》（72 冊），南京：鳳凰出版社 2004 年版。

193. 沈亞之《沉下賢集》，《四庫全書》（1079 冊），上海：上海古籍出版社 1987 年版。

194. 桂馥《歷代石經略》，《續修四庫全書》（183 冊），上海：上海古籍出版社 2002 年版。

195. 劉毓松《通義堂文集》，《續修四庫全書》（1546 冊），上海：上海古籍出版社 2002 年版。

196. 和坤《欽定熱河志》，《四庫全書》（495 冊），臺北：臺灣商務印書館中華民國七十五年（公元 1986 年）版。

197. 昆岡等修、劉啓端等纂（光緒刊）《欽定大清會典事例》，《續修四庫全書》（804 冊），上海：上海古籍出版社 2002 年版。

198. 李鴻章等《欽定大清會典事例》，北京：商務印書館光緒戊申（光緒三十四年，公元 1908 年）年版。

199. 來保、李玉鳴等奉敕撰《欽定大清通禮》，《四庫全書》（655 冊），上海：上海古籍出版社 1987 年版。

200. 馮雲鵬《金石索》，《續修四庫全書》（894 冊），上海：上海古籍出版社 2002 年版。

201. 趙汝珍《古玩指南》，北京：中國書店 1984 年版。

202. 潘相《曲阜縣志》，清高宗乾隆三十九年（公元 1774 年）刻本，《中國地方志集成》（73 冊），南京：鳳凰出版社 2004 年版。

203. 孫永漢修，李經野、孔昭曾纂《續修曲阜縣志》，民國二十三年（公元 1934 年）鉛印本。

204. 覺羅普爾泰修《乾隆兗州府志》，《中國地方志集成》（71 冊），南京：鳳凰出版社 2004 年版。

205. 高士奇《左傳記事本末》，《四庫全書》（369 冊），上海：上海古籍出版

社 1987 年版。

206. 傅隸樸《〈春秋〉三傳比義》，北京：中國友誼出版公司 1984 年版。

207. 劉謹輝《清代〈孟子〉學研究》，北京：社會科學文獻出版社 2007 年版。

208. 劉鄂培《孟子大傳》，北京：清華大學出版社 1998 年版。

209. 楊澤波《孟子評傳》，南京：南京大學出版社 1998 年版。

210. 楊澤波《孟子性善論研究》，北京：中國社會科學出版社 1995 年版。

211. 楊澤波《孟子與中國文化》，貴陽：貴州人民出版社 2000 年版。

212. 董洪利《孟子研究》，南京：江蘇古籍出版社 1997 年版。

213. 曲春禮《孟子傳》，濟南：山東友誼書社 1992 年版。

214. 時鑑《孟子傳》，北京：中國社會出版社 2007 年版。

215. 劉培桂主編《孟子志》，濟南：山東人民出版社 2009 年版。

216. 劉培桂《孟廟歷代碑文題詠選注》，濟南：泰山出版社 2009 年版。

217. 劉培桂《孟子大略》，濟南：泰山出版社 2007 年版。

218. 劉培桂著《孟子與孟子故里》，北京：中國文史出版社 2001 年版。

219. 劉培桂編著《孟子林廟歷代石刻集》，濟南：齊魯書社 2005 年版。

220. 查昌國《孟子與〈孟子〉》，濟南：山東文藝出版社 2004 年版。

221. 濟寧市政協文史資料委員會、鄒縣政協文史資料委員會編《孟子家世》，
     北京：中國文史出版社 1991 年版。

222. 鄒城市孟子學術研究會、孟氏宗親聯誼會編《孟子與孟氏宗族》，北京：
     中國文史出版社 2005 年版。

223. 楊伯峻《孟子譯注》，北京：中華書局 1962 年版。

224. 楊樹達《孟子學說多本子思考》，《積微居文錄》，上海：上海商務印書館
     1931 年版。

225. 余家菊《孟子教育學說》，上海：上海中華書局 1935 年版。

226. 楊國榮《孟子評傳：走向內聖之境》，桂林：廣西教育出版社 1994 年版。

227. 何曉明《亞聖思辨錄：〈孟子〉與中國文化》，開封：河南大學出版社 1995
     年版。

228. 山東鄒城市孟子學術研究會編《孟學研究》，濟南：山東人民出版社 1998
     年版。

229. 黃俊傑《孟子思想史論》，臺北：中央研究院中國文哲研究所籌備處中華
     民國八十六年（公元 1997 年）版。

230. 方俊吉《孟子學說及其在宋代之振興》，臺北：文史哲出版社中華民國八
     十二年（公元 1993 年）版。

231. 梁玉繩《史記志疑》，《續修四庫全書》（263 冊），上海：上海古籍出版

社 2002 年版。

232. 趙爾巽等《清史稿》，北京：中華書局 1977 年版。

233. 郭秉文《中國教育制度沿革史》，《民國叢書》（第三編），上海：上海書店 1934 年版。

234. 周子同《中國學校制度》，《民國叢書》（第三編），上海：上海書店 1934 年版。

235. 李國鈞、王炳照《中國教育制度通史》，濟南：山東教育出版社 2000 年版。

236. 趙家驥、俞啓定、張汝珍《中國教育思想通史》（2 卷），長沙：湖南教育出版社 1994 年版。

237. 王獻唐《春秋邾分三國考》，《王獻唐遺書》，濟南：齊魯書社 1982 年版。

238. 容肇祖《容肇祖集》，濟南：齊魯書社 1989 年版。

239. 梁啓超《〈漢書·藝文志·諸子略〉考釋》，張品興主編《梁啓超全集》（8 冊），北京：北京出版社 1999 年版。

240. 梁啓超《中國近三百年學術史》，北京：人民出版社 2008 年版。

241. 梁啓超著，朱維錚校注《清代學術概論》，北京：中華書局 2010 年版。

242. 梁啓超《飲冰室合集》，北京：中華書局 1989 年版。

243. 蔣伯潛《諸子通考》，杭州：浙江古籍出版社 1985 年版。

244. 王國維《古本〈竹書紀年〉輯校》，瀋陽：遼寧教育出版社 1997 年版。

245. 王國維《古史新證——王國維最後的講義》，北京：清華大學出版社 1994 年版。

246. 王國維《王國維遺書》，《靜庵文集續編》，上海：上海古籍出版社 1983 年版。

247. 朱右曾、王國維《古本竹書紀年輯校》，瀋陽：遼寧教育出版社 1997 年版。

248. 徐復觀《中國人性論史》，上海：上海三聯書店 2001 年版。

249. 錢穆《先秦諸子繫年》，北京：商務印書館 2001 年版。

250. 錢穆《朱子學提綱》，北京：生活·讀書·新知三聯書店 2002 年版。

251. 錢穆《中國近三百年學術史》，北京：中華書局 1986 年版。

252. 劉錦藻《清朝續文獻通考》，杭州：浙江古籍出版社 2000 年第 2 版。

253. 馮友蘭《中國哲學史》，北京：中華書局 1961 年版。

254. 唐君毅《中國哲學原論》，香港：新亞研究所 1974 年版。

255. 荊門市博物館編《郭店楚墓竹簡》，北京：文物出版社 1998 年版。

256. 郭沫若《十批判書》，北京：東方出版社 1996 年版。

257. 陳寅恪《金明館叢稿初編》、《二編》，上海：上海古籍出版社 1980 年版。

258. 楊寬《戰國史料編年輯證》，上海：上海人民出版社 2001 年版。

259. 楊寬《戰國史》，上海：上海人民出版社 1998 年第 3 版。

260. 邢文編譯《郭店老子與太一生水》，北京：學苑出版社 2005 年版。

261. 陸心源《儀顧堂題跋》，臺北：廣文出版社中華民國五十八年（公元 1968 年）版。

262. 馮天瑜、何曉明、周積明《中華文化史》，上海：上海人民出版社 1990 年版。

263. 杜敏《趙岐、朱熹〈孟子〉注釋傳意研究》，北京：中國社會科學出版社 2004 年版。

264. 〔日〕井上徹著，錢杭譯《中國的宗族與國家禮制：從宗法主義角度所作的分析》，上海：上海書店 2008 年版。

265. 錢杭《中國宗族史研究入門》，上海：復旦大學出版社 2009 年版。

266. 徐揚傑《中國家族制度史》，北京：人民出版社 1992 年版。

267. 蔡方鹿《華夏聖學——儒學與中國文化》，成都：四川人民出版社 1995 年版。

268. 吳強華《家譜》，重慶：重慶出版社 2006 年版。

269. 朱炳國《家譜與地方文化》，北京：中國文聯出版社 2008 年版。

270. 徐建華《中國的家譜》，天津：百花文藝出版社 2002 年版。

271. 葉坦、蔣松岩《宋遼夏金元文化史》，上海：東方出版中心 2007 年版。

272. 商傳《明代文化史》，上海：東方出版中心 2007 年版。

273. 張岱年、方克立主編《中國文化概論》，北京：北京師範大學出版社 1994 年版。

274. 梁濤《郭店竹簡與思孟學派》，北京：中國人民大學出版社 2008 年版。

275. 山東師範大學齊魯文化研究中心，美國哈佛大學燕京學社編《儒家思孟學派論集》，濟南：齊魯書社 2008 年版。

276. 杜維明主編《思想‧文獻‧歷史：思孟學派新探》，北京：北京大學出版社 2008 年版。

277. 孔德立《子思與思孟學派》，濟南：山東文藝出版社 2004 年版。

278. 鍾哲點校《陸九淵集》，北京：中華書局 1980 年版。

279. 武漢大學中國文化研究院編《郭店楚簡國際學術研討會論文集》，武漢：湖北民人出版社 2000 年版。

280. 丁四新《郭店楚墓竹簡思想研究》，北京：東方出版社 2000 年版。

281. 郭沂《郭店竹簡與先秦學術思想》，上海：上海教育出版社 2001 年版。

282. 李零《郭店楚簡校讀記》，北京：北京大學出版社 2002 年版。

283. 何浩《楚滅國研究》，武漢：武漢出版社 1989 年版。

284. 胡適《中國古代哲學史》，《胡適文集》(6)，北京：北京大學出版社 1998 年版。

285. 胡適《戴東原的哲學》，劉夢溪《中國現代學術經典‧胡適卷》，石家莊：河北教育出版社 1996 年版。

286. 姜義華主編《胡適學術文集‧哲學與文化》，北京：中華書局 2001 年版。

287. 李大釗《李大釗文集》，北京：人民出版社 1984 年版。

288. 吳雁南、秦學碩、李禹階主編《中國經學史》，北京：人民出版社 2010 年版。

289. 孫筱《兩漢經學與社會》，北京：中國社會科學出版社 2002 年版。

290. 譚優學《唐詩人行年考》，成都：四川人民出版社 1981 年版。

291. 張衍田《史記正義佚文輯校》，北京：北京大學出版社 1985 年版。

292. 任繼愈主編《中國哲學發展史》，北京：人民出版社 1983 年版。

293. 殷海光《中國文化的展望》，上海：上海三聯書店 2002 年版。

294. 王鶴鳴《中國家譜總目》，上海：上海古籍出版社 2008 年版。

295. 劉瑞林《孔氏家族》，北京：華語教學出版社 2000 年版。

296. 張新科《唐前史傳文學》，西安：西北大學出版社 2000 年版。

297. 陳蘭村《中國傳紀文學發展史》，北京：語文出版社 1999 年版。

298. 吳志達的《中國文言小說史》，濟南：齊魯書社 1994 年版。

299. 王增斌、田同旭《中國古代小說綜論通解》，北京：中國文聯出版公司 1998 年版。

300. 王東華《發現母親》，北京：中國婦女出版社 2003 年版。

301. 孟廣均編清穆宗同治本《孟子世家譜》，現存鄒城市文物局。

302. 劉濬編明憲宗成化本《孔顏孟三氏志》，四川大學古籍整理研究所編《儒藏》(9 冊)，成都：四川大學出版社 2005 年版。

303. 史鶚編明世宗嘉靖本《三遷志》，現存北京首都圖書館。

304. 胡繼先編明神宗萬曆本《孟志》，現存清華大學圖書館。

305. 孟衍泰編清世宗雍正本《三遷志》，四川大學古籍整理研究所編《儒藏》(10 冊)，成都：四川大學出版社 2005 年版。

306. 孟廣均編清德宗光緒本《重纂三遷志》，苗楓林主編《孔子文化大全》，濟南：山東友誼書社 1989 年版。

307. 《孟府檔案》，現存鄒城市博物館。

二、論文

1. 傅斯年《歷史語言研究所工作旨趣》,《中央院研究院歷史語言研究所集刊》1928 年第 1 卷第 1 期

2. 李學勤《理論、材料、眼界》,《書林》1984 年第 4 期。

3. 李學勤《竹簡〈家語〉與漢魏孔氏家學》,《孔子研究》1987 年第 2 期。

4. 李學勤《從簡帛佚籍〈五行〉談到〈大學〉》,《孔子研究》1998 年第 3 期。

5. 李學勤《郭店楚簡研究》,《中國哲學》(第 20 輯),瀋陽:遼寧教育出版社 1999 年版。

6. 李澤厚《初讀郭店竹簡印象記要》,《中國哲學》(第 21 輯),瀋陽:遼寧教育出版社 2000 年版。

7. 黃懷信《〈孔叢子〉的時代與作者》,《西北大學學報》1987 年第 1 期。

8. 龐樸《馬王堆帛書解開了思孟五行說之謎》,《文物》1977 年第 10 期。

9. 趙建偉《郭店竹簡〈忠信之道〉、〈性自命出〉校釋》,《中國哲學史》1999 年第 2 期。

10. 陳偉《郭店楚簡〈六德〉諸篇零釋》,《武漢大學學報》(哲社版) 1999 年第 2 期。

11. 湖北省荊門市博物館《荊門郭店一號楚墓》,《文物》1977 年第 7 期。

12. 任式楠、胡秉華《山東鄒縣滕縣古城址調查》,《考古》1965 年第 12 期。

13. 任孔閃《「曹國」新考》,《濟南大學學報》2002 年第 3 期。

14. 馬振鐸《自然人向「人」的轉化》,《孔子研究》1992 年第 2 期。

15. 徐洪興《唐宋間的孟子升格運動》,《中國社會科學》1993 年第 5 期。

16. 賈冬月《劉向〈新序〉〈說苑〉〈列女傳〉的小說特徵》,《綏化學院學報》2006 年第 6 期。

17. 龐樸《孔孟之間——郭店楚簡的思想史地位》,《中國社會科學》1998 年第 5 期。

18. 梁濤《孟子「四端」說的形成及其理論意義》,《中國社會科學院歷史所學刊》2001 年創刊號。

19. 郭齊勇《郭店儒家簡與孟子心性說》,《武漢大學學報》1999 年第 5 期。

20. 楊朝明《密邇於魯,擊柝相聞——邾國》,《文史知識》2009 年第 8 期。

21. 朱松美《趙岐〈孟子章句〉的詮釋學意義》,《山東大學學報》2005 年第 3 期。

22. 朱松美《經典詮釋與體系建構——朱熹〈孟子集注〉的詮釋特色及其時代性分析》,《孔子研究》2005 年第 4 期。

附 圖

圖 1：孟府平面圖

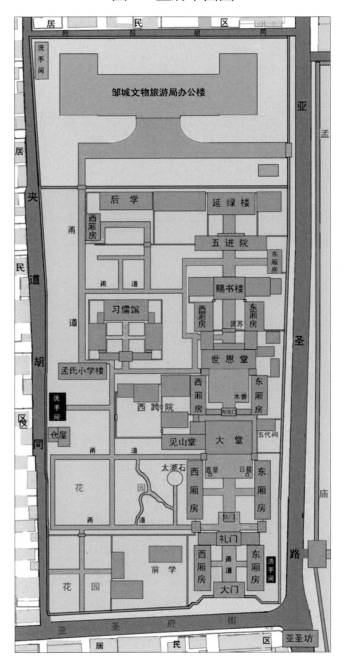

圖 2：孟府俯瞰

圖 3：孟府大門

圖 4：孟府禮門

圖 5：孟府儀門

圖6：孟府內宅門

圖7：孟府大堂

圖 8：孟府大堂內儀仗

圖 9：孟府世恩堂

圖 10：孟府大堂屋脊的戧獸

圖 11：孟府賜書樓

圖 12：孟廟平面圖

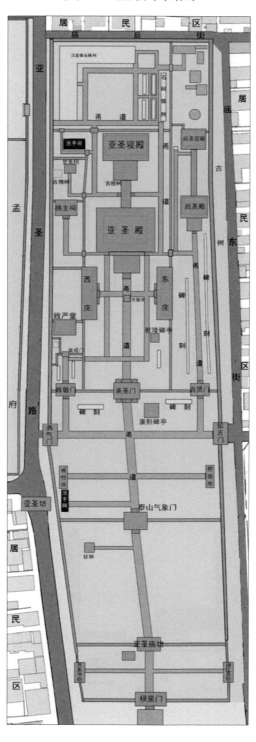

圖 13：孟廟俯瞰

圖 14：孟廟櫺星門

圖 15：孟廟亞聖廟坊

圖 16：孟廟承聖門

圖 17：孟廟承聖門前的康熙御碑亭

圖 18：孟廟繼往聖坊

圖 19：孟廟開來學坊

圖20：孟廟啟聖殿前元至順二年加封孟子為鄒國亞聖公碑

圖 21：孟廟泰山氣象門

圖 22：孟廟亞聖殿

圖 23：孟廟亞聖殿「道闡尼山」匾

圖 24：孟廟亞聖殿內「守先待後」匾

圖 25：孟廟亞聖殿前的乾隆御碑亭

圖 26：孟廟亞聖殿前的天震井

圖 27：孟廟亞聖殿屋脊的戲獸

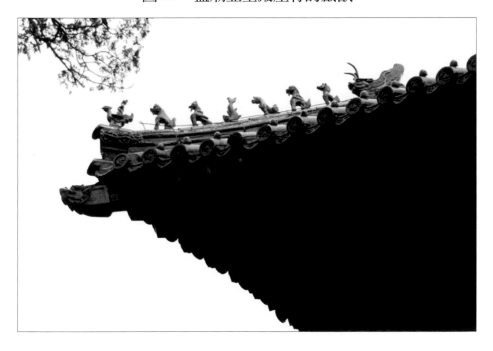

圖 28：孟廟亞聖殿右跨院的焚帛池

圖 29：孟母林孟子父母墓

圖 30：孟母林享殿

圖 31：孟母墓前《孟母墓碑》

圖 32：亞聖林碑

圖 33：2011 年 9 月 19 日家祭

圖 34：孟子林孟子墓

圖 35：2012 公祭大典

圖 36：孟子林享殿

圖 37：五代祠

圖 38：舊藏孟廟祭器

圖 39：孟子袞冕像

圖 40：傳喚樂工諭單

圖 41：催交豬羊信票

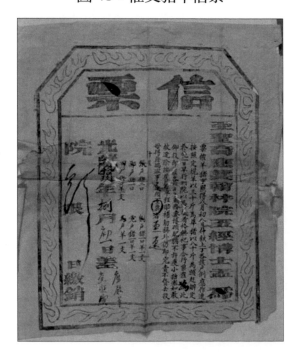

圖 42：蔡莊續製地畝清冊

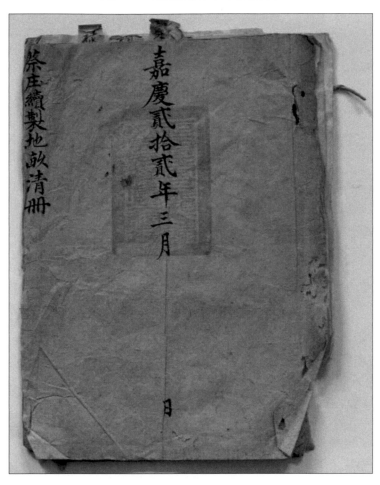

圖 43：孟府部份印章

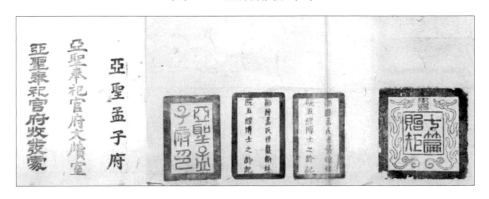

圖44：孟府朝會通知

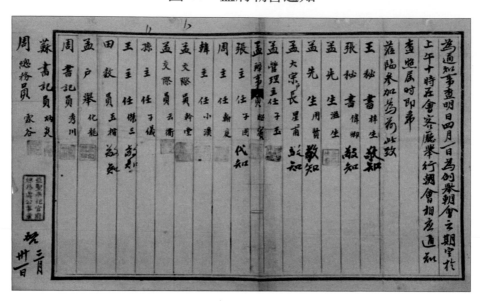

圖45：孟府各戶銀丁、銀糧冊（民國）

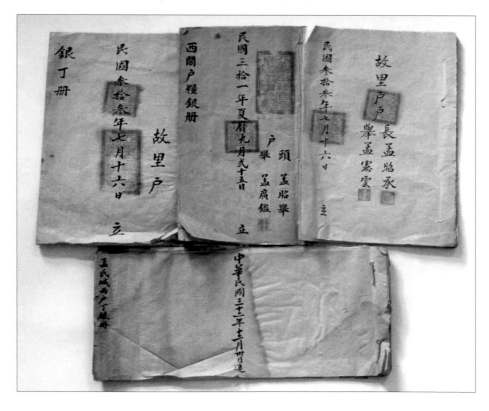

圖 46：徵收野店祀田官莊上地籽粒穀花名總冊（清光緒八年）

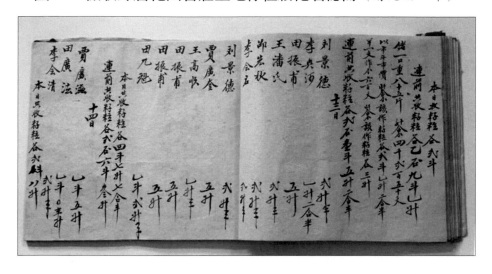

圖 47：孟府秘書處日志

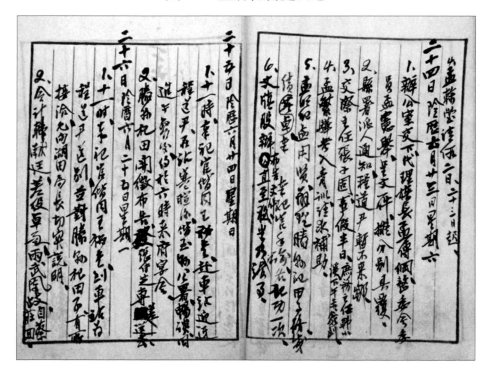

圖 48：孟府職員簽到表

亞聖奉祀官府職員簽到表 三十二年七月份

姓名 日時

孟明紀
孟鶴雲
張子周
孟子玉
韓筱溪
韓猷廷
孟幹堂
孟雲衢 值夜
周霖谷
周翰庭
蘇炳夫

圖 49：孟廟損壞及修復實況呈文

謹將　亞聖廟最近損壞情形暨亟待脩復實況繕
具節畧錄呈
垂鑒
亞聖廟自宋宣和三年(距今八百一十九年)創建以
來歷代繕脩已有三十八次最近一次係於清宣統
二年山東巡撫孫派員所勘脩除撥用正款外其不
足之項由布政使領銜募集共計用款二萬四千伍
百二十八兩自正殿以及殿廡門坊垣牆亭龕等處
均經見新三十年來風雨剝蝕土木朽落漸已多有
損壞而正殿情勢尤為岌岌可危去年十一月曾蒙

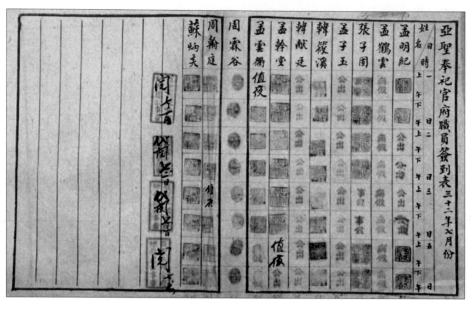

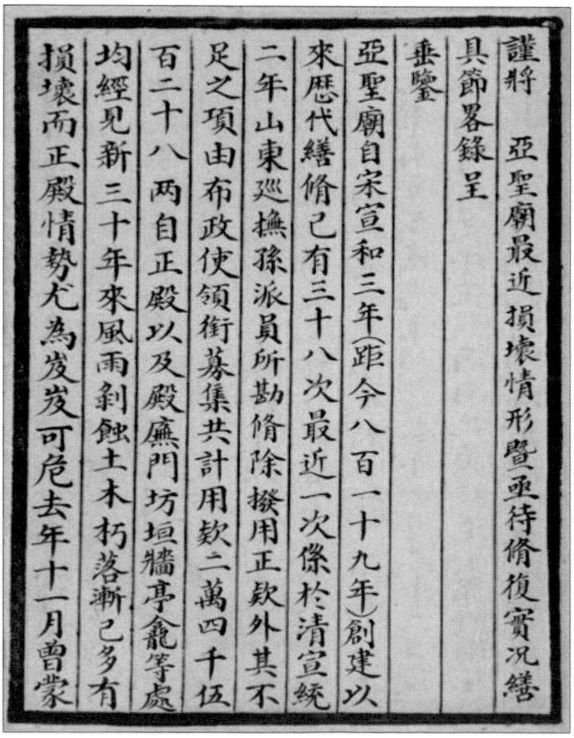

圖 50：鄒縣公署保護古蹟、廟產、祀田布告（民國三十一年）

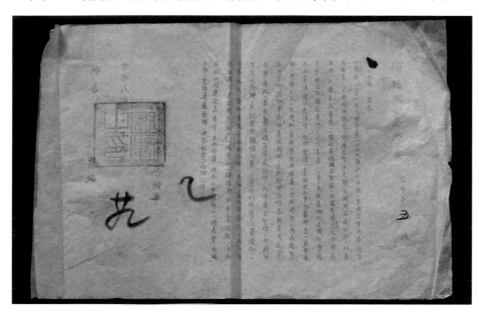

圖 51：乾隆御書《亞聖孟子贊》軸

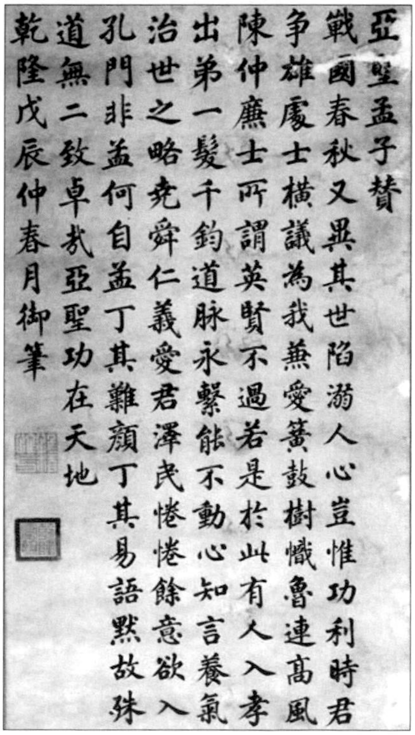

亞聖孟子贊

戰國春秋又異其世陷溺人心豈惟功利時君
爭雄慶士橫議為我蕪愛簧鼓樹懺魯連高風
陳仲廉士所謂英賢不過若是於此有人入孝
出第一髮千鈞道脈永繫能不動心知言養氣
治世之略堯舜仁義愛君澤民惓惓餘意欲入
孔門非益何自孟丁其難顏丁其易語黙故殊
道無二致卓哉亞聖功在天地

乾隆戊辰仲春月御筆

圖 52：清道光十五年賜孟廣均敕封其父母敕命局部

奉
天承運
皇帝制曰委贄策名資孜有作忠之義推恩
逮下貤榮溥錫類之施爾孟繼焕廼翰林
院五經博士加一級孟廣均之父善足開
先謀能裕後衍弓裘之世業令緒相承表
勤儉之家風義方夙著茲以覃恩贈爾為
徵仕郎翰林院五經博士加一級錫之勅
命於戲殊恩特賁用彰孝治於班聯慶典
新膺式表幽光於泉壤
制曰百職凜在公之義挺著良勞九重崇教
孝之模式彰母德爾楊氏廼翰林院五經
博士加一級孟廣均之母相夫以順育子
維勤丙夜鳴機克著中閨之範北堂畫荻
用成詒嗣之名茲以覃恩封爾為太孺人
於戲貴寵錫於勳衛新戚渥典沛恩綸於
彤管益揚芳馨
道光拾伍年拾月初拾日

圖 53：清咸豐五年賜孟廣均贈其父母敕命局部

奉
天承運
皇帝制曰宣猷服采中朝抒報最之忱錫類殊
恩休命示酬庸之典爾孟繼焕廼世襲翰林
院五經博士主事銜藍翎孟廣均之父令德
踐修義方夙著詩書啓後用彰式穀之風弓
冶傳家克作教忠之則茲以覃恩贈爾為承
德郎世襲翰林院五經博士主事銜藍翎錫
之勅命於戲篤生杞梓之材功歸庭訓丕煥
絲綸之色光曜泉臺
制曰壼教凝祥懋嘉猷於朝宁國常有惠播休
命於庭闈爾楊氏廼世襲翰林院五經博士
主事銜藍翎孟廣均之母勤慎宜家賢明訓
徙相夫以順含內美於珩璜鞠子有成樹良
材於楨幹茲以覃恩贈爾為安人於戲昭茲
令善之聲榮施勿替食爾劬勞之報遺範長
垂
世襲翰林院五經博士
咸豐伍年拾月貳拾日
主事銜藍翎孟廣均之父母

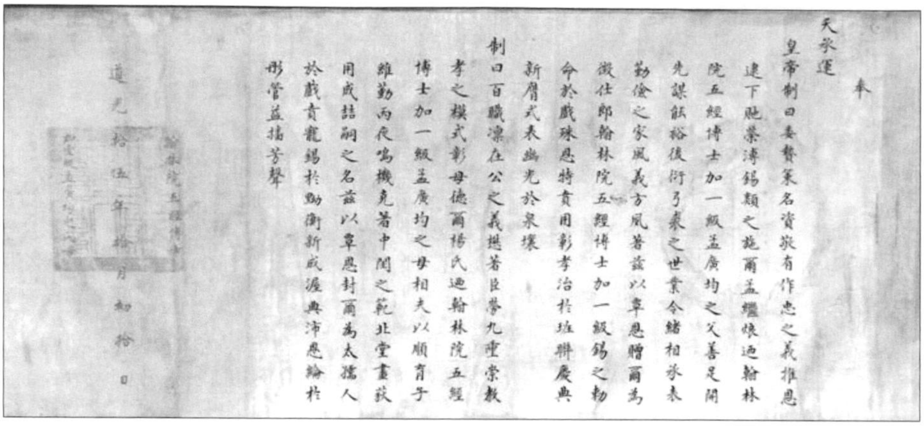

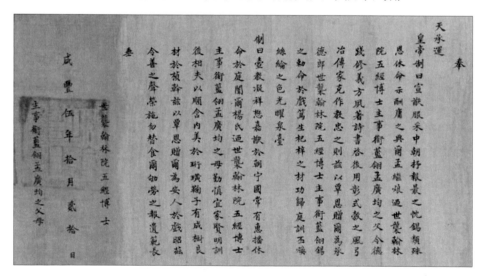

圖 54：清光緒十五年賜孟昭銓敕命局部

圖 55：清同治《孟子世家譜》

圖 56：清道光《孟子世家譜》

圖 57：清雍正《三遷志》

圖 58：清光緒《重纂三遷志》

圖 59：十長物齋之一仿漢瓦硯

圖 60：十長物齋之一蕉葉白硯

圖 61：十長物齋之一萊子侯刻石

圖 62：孟子七十四代孫孟繁驥及夫人王淑芳像

圖 63：孟子七十五代嫡次猶孫孟祥居在 2005 年家祭大典上